O CRISTÃO NA CULTURA DE HOJE

CHARLES COLSON
E NANCY PEARCEY

O CRISTÃO NA CULTURA DE HOJE

3ª impressão

Traduzido por Degmar Ribas

CPAD
Rio de Janeiro
2015

Título do original em inglês: *The Christian in Today's Culture*
Tyndale House Publishers, Wheaton, Illinois, EUA
Primeira edição em inglês: 2001
Tradução: Degmar Ribas

Preparação dos originais: Alexandre Coelho
Revisão: Daniele Pereira
Editoração e adaptação de capa e projeto gráfico: Eduardo Souza

CDD: 248 – Vida cristã
ISBN: 978-85-263-0794-0

As citações bíblicas foram extraídas da versão Almeida Revista e Corrigida, edição de 1995, da Sociedade Bíblica do Brasil, salvo indicação em contrário.

Para maiores informações sobre livros, revistas, periódicos e os últimos lançamentos da CPAD, visite nosso site: http://www.cpad.com.br.

SAC — Serviço de Atendimento ao Cliente: 0800-701-7373

Casa Publicadora das Assembléias de Deus
Caixa Postal 331
20001-970, Rio de Janeiro, RJ, Brasil

3ª impressão: 2015 - Tiragem: 1.000

SUMÁRIO

INTRODUÇÃO: O QUE É UMA VISÃO DE MUNDO?

O modo como vemos o mundo pode mudar o mundo.

As nossas escolhas são moldadas pelo que acreditamos ser real e verdadeiro, certo e errado, bom e bonito. As nossas escolhas são moldadas pela nossa visão de mundo.

O termo *visão de mundo* pode parecer abstrato ou filosófico, um tópico discutido por professores que fumam cachimbo, usando paletó, em ambientes acadêmicos. Mas, na verdade, a visão de mundo de uma pessoa é intensamente prática. Ela é a soma total das nossas crenças sobre o mundo, o "quadro geral" que dirige as nossas decisões e ações diárias. E assim, entender as visões de mundo é extremamente importante para a maneira como vivemos — saber como avaliar todas as coisas a partir dos livros-texto em nossas salas de aula, até a filosofia não expressada que molda a mensagem que ouvimos no programa da Oprah Winfrey, desde as histórias e personagens mostrados nos filmes contemporâneos, até as letras das músicas que ouvimos.

A base da visão de mundo cristã, naturalmente, é a revelação de Deus nas Escrituras. No entanto, infelizmente, muitos crentes falham em entender que as Escrituras têm o objetivo de ser a base para tudo na vida. Nos séculos passados, o mundo secular defendia uma dicotomia entre a ciência e a religião, entre o fato e o valor, entre o conhecimento objetivo e o sentimento subjetivo. Como resultado, os cristãos freqüentemente pensam em termos da mesma falsa dicotomia, permitindo que o nosso sistema de crença seja reduzido a pouco mais que sentimentos e experiência particulares, separados de fatos objetivos.

Os evangélicos têm sido particularmente vulneráveis a esta visão estreita, por causa da nossa ênfase no compromisso pessoal. De um lado, esta tem sido a maior força do movimento, trazendo milhões de pessoas a um relacionamento com Cristo. Em alguma parte da maioria das nossas viagens espirituais está uma trilha de serragem, como decerto há nas minhas. Lembro-me tão nitidamente como se fosse ontem daquela noite abafada de verão em 1973, em meio ao escândalo Watergate, quando eu, um ex-comandante dos fuzileiros navais — freqüentemente chamado de "o mais durão dos caras durões de Nixon", "o homem de guerra da Casa Branca" — me prostrei em lágrimas e clamei por Deus.[1] Longe daquele encontro com Cristo e das garantias de seu perdão, eu teria ficado sufocado no mau cheiro dos meus próprios pecados. A minha alma jamais teria encontrado descanso. Mas esta ênfase em um relacionamento pessoal também pode ser a maior fraqueza do "evangelicalismo", porque ela pode nos impedir de enxergar o plano que Deus tem para nós além da salvação pessoal. O cristianismo genuíno é mais do que o relacionamento com Jesus que é expressado através da devoção pessoal, da presença na igreja, do estudo bíblico e das obras de caridade. É mais que um discipulado, mais que crer em um sistema de doutrinas a respeito de Deus. O cristianismo genuíno é uma maneira de ver e de compreender *toda* a realidade.

É uma visão de mundo.

Entender o cristianismo como um completo sistema de vida é absolutamente essencial, por duas razões. Primeiro, isto permite que o mundo em que vivemos faça sentido para nós e, portanto, ordenemos a nossa vida mais racionalmente. Segundo, isto permite que entendamos as forças hostis à nossa fé, nos preparando para evangelizar e defender a verdade cristã como instrumentos de Deus para transformar a cultura.

ORDEM MORAL

Pelo fato de o mundo ter sido criado por um ser inteligente, e não por acaso, ele possui uma ordem inteligível. Como escreveu

Abraham Kuyper, o grande teólogo do século XIX que serviu como primeiro ministro da Holanda, "Toda vida criada possui necessariamente em si mesma uma lei para a sua existência, instituída pelo próprio Deus".[2] A única maneira de vivermos uma vida racional e saudável é verificarmos a natureza destas leis e ordenanças divinas e então usá-las como a base para a maneira como devemos viver. Tendemos a entender muito bem este princípio quando diz respeito à ordem física. Sabemos que certas leis existem no mundo físico e que se desafiarmos estas leis, pagaremos um preço exorbitante. Ignorar a lei da gravidade pode ter conseqüências muito desagradáveis se por acaso resolvermos andar na beira de um precipício. Viver desafiando as leis físicas conhecidas é o cúmulo da loucura.

Mas não é diferente com as leis morais prescritas para o comportamento humano. Da mesma forma que certas ações físicas produzem reações previsíveis, certo comportamento moral produz conseqüências previsíveis. Hollywood pode retratar o adultério como algo glamouroso, mas ele invariavelmente produz ira, ciúme, relacionamentos rompidos e até mesmo a violência. Desafiar as leis morais pode até levar à morte, seja o motorista alcoolizado dirigindo em alta velocidade que mata uma mãe em seu caminho para a loja, ou o viciado em drogas que contrai e espalha o vírus da AIDS. Nenhuma transgressão da lei moral fica sem conseqüências dolorosas.

Se quisermos ter vidas saudáveis e equilibradas, é melhor conhecermos as leis e as ordenanças pelas quais Deus estruturou a criação. E pelo fato de estas serem as leis da nossa própria natureza interior, Kuyper observa, iremos experimentá-las não como coações externas opressivas, mas como "um guia através do deserto," garantindo a nossa segurança.[3]

Este entendimento das leis da vida é o que as Escrituras chamam de sabedoria. "A sabedoria nas Escrituras é, falando de modo geral, o conhecimento do mundo de Deus e a habilidade de se encaixar nele," diz Cornelius Platinga Jr., presidente do Seminário Teológico Calvin.[4] Uma pessoa sábia é aquela que conhece as fronteiras e os limites, as leis, os ritmos e as estações da ordem criada, tanto no mundo físico como no mundo social. "Ser sábio e conhecer a realidade, e então acomodar-se a ela".[5] Em contraste, aqueles que se recusam a se acomodar às leis da vida não só são imorais, mas também tolos, a despeito de quão bem educados possam ser. Eles falham em reconhecer a estrutura da criação e estão constantemente em desavença com a realidade: "A loucura é nadar obstinadamente contra a corrente do universo... cuspir contra o vento... colorir fora das linhas".[6]

Exatamente. Negar a Deus é nos cegarmos em relação à realidade, e a conseqüência inevitável é nos chocarmos com a realidade de forma dolorosa, assim como um motorista de olhos vendados irá colidir contra os outros motoristas ou sair da pista. Fazemos a ousada afirmação de que cristãos sinceros na verdade têm vidas mais felizes, mais realizadas, mais produtivas em quase todos os aspectos. (Vários estudos estão começando a apoiar esta conclusão.) Isto simplesmente faz sentido. Alguém que aceita os contornos e os limites da ordem física e moral não se envolve em loucura — seja em se lançar de um precipício, ou cometer adultério, ou dirigir alcoolizado.

A VERDADEIRA GUERRA CULTURAL

O nosso chamado não só é para ordenarmos a nossa própria vida por princípios divinos, mas também para exortarmos o mundo. Devemos cumprir tanto a *grande comissão* como a *comissão cultural.* Somos ordenados a pregar as Boas Novas e a trazer todas as coisas à submissão da ordem de Deus, defendendo e vivendo a verdade dEle nas condições históricas e culturais inigualáveis do nosso século.

Exortar o mundo, porém, exige que entendamos as grandes idéias que competem pelas mentes e corações das pessoas. O filósofo Richard Weaver se expressa corretamente no título de seu famoso livro: *Ideas Have Consequences* (Idéias Têm Conseqüências).[7] São as grandes idéias que informam a mente, acendem a imaginação, movem os corações e modelam uma cultura. A história é um pouco mais que o registro da ascensão e queda de grandes idéias — as visões de mundo — que formam os nossos valores e nos movem a agir.

Uma fraqueza debilitadora no "evangelicalismo" é que temos lutado contra o conflito cultural em todos os lados sem saber do que se trata a guerra em si. Não identificamos as visões de mundo que residem na raiz do conflito cultural — e esta ignorância condena os nossos melhores esforços.

A guerra cultural não está apenas relacionada ao aborto, aos direitos dos homossexuais, ou ao declínio da educação pública. Estes são apenas os conflitos. A verdadeira guerra é uma luta cósmica entre as visões de mundo — entre a visão de mundo cristã e as várias visões de mundo seculares e espirituais que se dispõem contra ela. Isto é o que devemos entender se quisermos ser eficazes tanto em evangelizar o nosso mundo hoje, como em transformá-lo para refletir a sabedoria do Criador.

VISÕES MUNDIAIS EM CONFLITO

O mundo não é tão dividido pelos limites geográficos como o é pelas tradições religiosas e culturais, pelas crenças mais profundas que as pessoas têm — pelas visões de mundo. Assim argumentou o distinto estudioso de Harvard, Samuel Huntington, em um célebre artigo há alguns anos atrás.[8] E os cristãos concordariam. Pelo fato de sermos criaturas religiosas, as nossas vidas são definidas pelas nossas crenças definitivas, de uma forma mais intensa do que qualquer outro fator. O drama da história é representado nas fronteiras dos grandes sistemas de crença quando eles passam por seus fluxos e refluxos.

Mas se isto é assim, o que isto nos diz sobre as divisões no mundo hoje? Onde o conflito das civilizações é mais amargo?

Huntington previu um conflito entre as visões de mundo das três maiores civilizações tradicionais: o mundo ocidental, o mundo islâmico e o oriente confuciano. Mas um de seus ex-alunos, o cientista político James Kurth, discordou dele, discutindo que o conflito mais significativo seria dentro da própria civilização ocidental — entre aqueles que aderem a uma estrutura judaico-cristã e aqueles que são favoráveis ao pós-modernismo e ao multiculturalismo.[9]

Eu creio que Kurth está certo. E a razão deste conflito dentro da cultura ocidental é tão significativa, que a cultura ocidental pode, em breve, dominar o globo. A tecnologia da informação está rapidamente atravessando as barreiras tradicionais da geografia e das fronteiras nacionais. A queda da Cortina de Ferro abriu uma grande área do mundo para as idéias ocidentais. As sociedades asiáticas e islâmicas acham que não podem se isolar da afluência dos livros, filmes e programas de televisão ocidentais. Em Singapura me encontrei com um ministro de gabinete cristão que lamentou que, pelo fato de os asiáticos associarem os ocidentais com o cristianismo, a inundação de obscenidades do ocidente está tornando difícil o seu testemunho cristão. Por todo o globo, as pessoas estão reclamando sobre o que um político francês descreveu como uma "invasão cultural americana".[10]

Como resultado, as pessoas por todo o mundo estão lutando com as mesmas questões que enfrentamos nos Estados Unidos. Na África, um dos líderes cristãos mais respeitados do continente pediu permissão para reproduzir transcrições do meu programa de radio, *BreakPoint*. Embora o programa seja dirigido ao público americano, ele achava que os assuntos são os mesmos que ele está tratando na África. Um outro líder cristão africano me disse que as noções ocidentais multi-culturais estão sendo usadas para justificar o tribalismo, e a igreja local é frustrada quanto a como se opor à força divisora. Como as pessoas no Paquistão se comunicam com as pessoas na Pensilvânia, a guerra cultural da América está crescentemente se espalhando por outras nações.

A conclusão sensata é que a nossa própria eficiência em defender e argumentar a favor da verdade tem repercussões por todo o globo. Seria melhor que os cristãos americanos levassem a sério a tarefa de entender a fé bíblica como uma completa visão de mundo, e mostrassem como ela é capaz de enfrentar os desafios de nossa era.

Os três livros nesta série de estudos "Desenvolvendo uma Visão de Mundo Cristã" — baseados no livro *How Now Shall We Live?* — foram criados para lhe ajudar a fazer exatamente isto.

Os cristãos devem entender o conflito das visões de mundo que está mudando a face da sociedade e do mundo. E devemos estar preparados para responder quando as pessoas ficam desiludidas com as crenças e valores falsos, e quando elas começam a buscar as verdadeiras respostas. Devemos saber não só qual é a nossa visão de mundo e por que acreditamos nela, mas também como defendê-la. Devemos também ter algum entendimento das visões de mundo opostas, e por que as pessoas acreditam nelas. Somente então poderemos apresentar o evangelho em uma linguagem que possa ser entendida. Somente então poderemos defender a verdade de uma maneira que seja cativante e persuasiva.

O século XXI promete ser uma época de notáveis mudanças e de surpreendentes desenvolvimentos nas ciências e na cultura. Antes do advento das comunicações instantâneas, as mudanças profundas costumavam levar décadas; hoje, estas mudanças ocorrem da noite para o dia. A questão é: Que papel a igreja representa — qual é a responsabilidade do cristão, individualmente — ao tratar disso? A maioria dos cristãos está ciente da grande comissão, mas eles esquecem da comissão cultural para redimir a cultura: salvar as almas *e* salvar a cultura. A grande tarefa em meio à mudança é fazer com que a Verdade imutável se relacione com uma cultura que passa por uma revolução tecnológica. A única maneira de se fazer isto é defender o cristianismo em todas as áreas da vida. E é exatamente isto que este livro se propõe a fazer.

COMO UTILIZAR ESTE LIVRO

Embora este livro, o último da série "Desenvolvendo uma Visão de Mundo Cristã", seja único, ele se baseia em dois livros anteriores, *Science and Evolution* e *The Problem of Evil*, que trata de questões fundamentais da visão de mundo.

Science and Evolution dirige a pergunta mais básica: *De onde viemos, e quem somos nós?* Quando discutimos e defendemos a nossa fé, precisamos estar equipados para nos opormos à noção dominante de que o nosso universo e o nosso mundo estão aqui por acaso, e que os humanos simplesmente passaram a evoluir a partir de amebas. Este livro expõe evidências de que o nosso mundo e seus habitantes são o resultado de uma mão criadora de um Criador pessoal. Mas o livro não pára por aqui. Ao argumentar a favor da visão de mundo criacionista, ele apresenta argumentos racionais mostrando os defeitos e as implicações da visão de mundo naturalista. Como humanos, fomos criados à imagem de Deus, com o propósito de glorificarmos a Deus e desfrutarmos dEle para sempre.

É aqui que o segundo livro, *The Problem of Evil*, começa. Deus criou um mundo e uma multidão de criaturas, incluindo a humanidade, e considerou esta criação "boa". Todavia, no Éden, a humanidade "caiu," e as coisas nunca mais foram as mesmas. Isto levanta a segunda pergunta básica da visão de mundo: *O que deu errado com o mundo?* E logo atrás dela a terceira: *O que podemos fazer para consertá-lo?* Estas são as perguntas dirigidas no livro *The Problem of Evil*, que explora as questões profundas sobre o pecado, o mal e o sofrimento. Como em *Science and Evolution*, o segundo livro na série apresenta as maneiras ineficazes pelas quais várias visões de mundo abordam o problema, e mostra a inadequação das promessas que elas fazem em termos de salvação.

Agora neste livro, *O Cristão na Cultura de Hoje*, abrangemos uma quarta questão significativa: *Então como, agora, devemos viver a nossa visão de mundo cristã?* O que significa para nós o desempenho dos mandatos bíblicos que nos são dados como cristãos? Aqui você encontrará muitos exemplos da vida real de cristãos que estão aplicando a sua fé e transformando suas famílias, escolas e vizinhos, bem como nas arenas da economia, lei e política, ciência, artes, música, e cultura popular. Este chamado para a ação, juntamente com as discussões correlatas, lhe inspirarão a se equipar e a se tornar parte da força redentora de Deus no novo milênio.

Para lhe ajudar a entender, assimilar e se lembrar do material contido nestes capítulos, incluímos perguntas e atividades para um grupo de estudo em seis partes. O estudo para grupos pequenos é uma das maneiras mais dinâmicas de nós, cristãos, podermos aprender juntos e nos apoiarmos uns aos outros, não só na exploração das nossas visões em relação ao mundo, mas também na articulação das nossas crenças, de modo que façam sentido para as pessoas que possuem visões de mundo opostas. No momento, você pode não se sentir qualificado ou confiante o suficiente para falar sobre a visão que você tem do mundo, mas esperamos que a sua experiência em grupo lhe equipe para se tornar um comunicador eficiente da verdade.

DICAS PRÁTICAS

No início de cada capítulo, você encontrará perguntas que lhe ajudarão a se concentrar em pontos-chave enquanto lê. Sugerimos que você as destaque ou sublinhe durante a leitura, marcando os pontos de que você quer se lembrar, e os pontos que você quer discutir e esclarecer com o seu grupo. No texto de alguns capítulos, frases-chave já estão sublinhadas para facilitar a leitura e a discussão.

Cada parte de estudo abrange o material em dois ou três capítulos. No final de cada parte você encontrará perguntas para discussão. Cada conjunto de perguntas revê e reforça o conteúdo do capítulo. Ele também lhe remete a uma breve passagem das Escrituras relevante ao conteúdo do capítulo e/ou a questões complementares da visão de mundo.

Deixamos alguns espaços em branco após cada pergunta, permitindo que você faça anotações, mas sem expectativas claras de que você escreva respostas exaustivas antes que chegue à reunião de grupo. A ênfase neste guia está em dinâmicas de discussão e de grupo.

Atividades de encenação sugeridas no final das partes 1 a 5 não estão simplesmente entretendo os que preenchem o tempo; elas têm o propósito de ajudar a solidificar a verdade em sua experiência. Todos nós aprendemos e nos lembramos melhor das coisas quando as experimentamos, mais do que quando meramente ouvimos ou lemos sobre elas. Estas encenações podem muito bem disparar a informação ou o argumento racional a que você possa precisar recorrer, para ter uma conversa posterior com um cético.

Sugerimos que você dedique dez minutos de uma parte à atividade de encenação; na maior parte das atividades, os membros dos grupos praticam apresentando a um não-cristão o que eles aprenderam neste livro. As encenações não devem ser montadas de uma maneira que traumatize a alguém. O objetivo é o encorajamento, não a intimidação. Veja na parte 1 as diretrizes e as instruções para encenações adicionais. As encenações podem ser montadas em grupos de dois ou três participantes, ou podem ser representadas diante de todo o grupo.

Cada parte é finalizada com uma pergunta sintética conclusiva. Sugerimos que cada pessoa no grupo verbalize uma recapitulação em uma sentença: "Uma das coisas de que quero me lembrar — daquilo que li, ou ouvi, ou fiz — nesta parte é..."

TENDO UM IMPACTO

Confiamos que este livro proporcionará ao seu grupo um fórum de discussão intensa, um trampolim para a ação, e uma ferramenta para a responsabilidade. Encorajamos você a lutar com as idéias apresentadas no livro. Mesmo que você discorde de alguns pontos, estamos confiantes de que você irá chegar a um entendimento mais profundo de sua visão de mundo. Acima de tudo, esperamos que você seja movido a agir, a traçar objetivos e estratégias para se tornar uma força redentora de Deus neste novo milênio.

Este livro é simplesmente um ponto inicial para que você explore e persiga a verdade daquilo que significa viver uma visão de mundo cristã.

PARTE 1

TUDO NOVO

CAPÍTULO 1

O GOLPE DE NOCAUTE

Enquanto você lê o capítulo 1, tenha em mente as seguintes questões:

- Que encontros, eventos e verdades levaram Danny Croce a Cristo?
- Que lições Danny aprendeu como um cristão jovem?

Naquelas primeiras noites depois que foi levado à prisão na Plymouth County Correctional Facility, Danny Croce não conseguia dormir. Nem mesmo chegava perto. Ele observava e ouvia os seus companheiros resmungando e o antigo encanamento do edifício protestando. A própria prisão parecia inquieta. Sombras de vapor dançavam pelo teto nu de concreto, invejosas da fraca luz do corredor.

Completamente desperto no seu beliche, Danny se afundava em sombras profundas, revivendo a noite que o tinha trazido a esta cela. "Menino de cidadezinha" de Brockton, Massachusetts, pátria do famoso lutador de meio-pesado Marvelous Marvin Hagler, Danny também tinha lutado profissionalmente. Agora as cenas daquela noite o atingiam como golpes curtos com poder de alavanca. Um ataque do qual ele não conseguia se desviar.

Uma vez mais, ele viu o ônibus dançando na sua faixa, com os faróis altos iluminando a cortina da chuva que caía. Ele desviou para a direita. O seu carro subitamente saltou para o ar, o motor acelerado enquanto as rodas giravam livremente. O silêncio da noite foi quebrado pelo som do metal sendo cortado. Danny procurou na repentina escuridão, tentando ver alguma coisa. *O que está bloqueando a minha visão?* As rodas do Chevy novo finalmente tocaram o chão, chocando-se contra a terra mole. O volante brincava violentamente com as suas mãos. Ele ainda não podia ver nada. *O que* é *aquilo?* Ele acendeu a luz interior, o que somente intensificou a proximidade da espessa cobertura escura sobre o seu pára-brisa. A sua cegueira durou uma horrível eternidade de um momento antes que o pára-brisa subitamente se clareasse e ele deslizasse até parar.

Cambaleando para fora do seu carro, ele viu uma barreira policial em pedaços e um homem jogado no chão. Ele perguntou aos que estavam ali o que tinha derrubado o homem.

"Foi você", disseram eles.

Ele olhou novamente e sentiu uma punhalada quando reconheceu o homem. Era o policial John Gilbert. O mesmo John Gilbert que jogava bilhar com ele no bar, e que zombava dele sobre estar em forma para o ringue.

O carro de Danny tinha arrastado Gilbert por quase trinta metros, disseram. Achatado sobre o pára-brisa numa capa de chuva preta, foi o corpo de Gilbert que tinha bloqueado a visão de Danny.

Lembrando-se do acontecimento, Danny sentia-se como se uma capa de chuva estivesse cobrindo o seu rosto como uma mortalha, a chuva correndo como lágrimas de remorso. Ao longo das noites, a cena se repetia na cabeça de Danny como se Deus, ou quem sabe o Diabo, tivesse emendado a fita, fazendo-a repetir sem parar. Era o seu próprio inferno, que ele sabia que era merecido. E no inferno, os "se pelo menos..." se repetem para sempre.

Se pelo menos ele tivesse saído do bar depois da primeira vez que cochilou. *Se pelo menos* o seu companheiro Sully, que trabalhava com ferro, não tivesse acabado em pior estado que ele, e tivesse tido condições de dirigir. *Se pelo menos* não estivesse chovendo naquele dia e ele e Sully tivessem podido ficar e acabar o oitavo andar daquele edifício em que estavam trabalhando. *Se pelo menos* eles tivessem sido capazes de seguir o lema de Sully: olhe para onde você deseja ir, e deixe os seus pés irem para lá. *Se pelo menos* ele tivesse sido capaz de ver as conseqüências, ele nunca teria sido levado ao ponto que aquele dia o levara. Mas ele não tinha visto nada.

Danny freqüentemente se perguntava se foi a cocaína que tinha iniciado aquela cadeia de acontecimentos. Houve alguma coisa mais que ele viu na escuridão. Os cristais da cocaína branca pura depois que o éter etílico evaporou. A primeira de uma série de más escolhas que fizeram com que Gilbert se esparramasse pelo pára-brisa de Danny.

Quando Danny se virou no beliche para olhar para a parede, ele viu a família de Gilbert — a sua esposa, os dois filhos, a cadeira vazia à mesa de jantar. Ele quis pedir desculpas a Jeanie Gilbert mil vezes antes da condenação, mas os seus advogados não permitiram. Assim, ele continuou sendo o fantasma deles... e eles permaneciam sendo o seu pesadelo.

O vídeo começou a passar novamente... meia-noite... 2 da manhã... 4:30. Às vezes parecia a Danny que ele estava dirigindo as cenas, procurando por aquele caminho oculto que levava a um final diferente. Às vezes ele podia somente se defender do assalto, com os dois punhos cerrados sobre as suas sobrancelhas. As lembranças dançavam em direção a ele — ganchos, golpes altos, diretos no queixo.

Mesmo antes que Danny recebesse o telefonema de Sully sobre o estado de John Gilbert, ele já esperava as más notícias. Da mesma maneira como ele tinha sabido como a luta iria terminar naquela vez em que enfrentou Tommy Rose. Tommy era o número quatorze dos pesos leve naquela época e a luta era o grande momento na carreira de boxeador de Danny. Tommy Rose era um boxeador famoso.

No início, Danny pensou que tinha encurralado Tommy, e continuava tentando golpeá-lo. Ele tentou fazer Tommy pensar que o direito era o seu golpe melhor, daquela maneira Tommy iria contra-atacar fracamente, e Danny poderia avançar e entregar a sua bomba de um gancho de esquerda. Ele deu alguns golpes, mas no final do terceiro round — ou foi do segundo? — os braços e as pernas de Danny perderam a força. Ele ficou ali, em pé, como uma vaca que logo vai cair depois do golpe do matadouro, enquanto Tommy lhe dava a pior surra da sua vida.

Foi assim também com o telefonema de Sully: sabendo que suas pernas não tinham força, sabendo o que estava por vir.

— A coisa está feia — disse Sully.

— Ele está morto, não está?

— Sim, está morto.

Mas havia uma diferença. Danny não conseguia lembrar-se do golpe de Tommy que apagou as suas luzes, mas ele nunca iria esquecer a maneira impaciente como Sully disse "morto" — como se mal pudesse esperar para sumir da vida de Danny.[1]

▪ ▪ ▪

Durante a primeira semana de Danny na prisão, ele foi designado para um trabalho nos campos, cultivando o duro solo da Nova Inglaterra, ainda quase congelado em abril. Ao final de um turno, quando os homens se dirigiam à torre de água para a contagem e para o retorno às celas, Danny ouviu que alguém o chamava.

— Ei, Croce! Venha aqui! — disse um sujeito ao lado da carreta de feno. Danny não o conhecia, então continuou caminhando em direção à torre de água. Mas o sujeito moveu-se e bloqueou a sua passagem. Ele era grande e forte. Danny viu que os outros internos olhavam sobre os ombros para os guardas ao longe, e depois para ele e o sujeito.

— Então, Croce, eu ouvi dizer que você lutou contra Tommy Rose. Ouvi dizer que você foi valente. Mas o problema é que não me lembro de que um Croce tenha lutado contra Rose.

— O juiz me chamou de Rivaro naquela luta.

— Por quê? Vergonha do seu nome? O seu nome carcamano — Crochay. É por isso que a sua família diz que é "Crose", eu posso apostar. Toda a sua família envergonhada, com um assassino como você no seu meio. — O sujeito virou-se para sorrir para os que observavam a cena. Um matador em todas as partes, menos no ringue.

Danny sabia que ele teria que usar as suas mãos na prisão. Ele somente estava surpreso que fosse tão cedo. Eu conheço bem o jogo — disse. — Saia do meu caminho.

— Eu estou *no* seu caminho, seu fedelho. Um verdadeiro matador, é isso o que você é. Desde que esteja dirigindo um carro.

Os rapazes ao redor riram, e o homem balançou o seu peso como um Golias. Então lançou-se contra Danny, com um golpe de direita contra a sua têmpora.

Mas ele deu o golpe como se tivesse o braço torcido, o que deu a Danny tempo suficiente para decidir-se contra o típico contra-ataque cruzado. Ele não queria nenhum tempo extra adicionado à sua sentença, de modo que esperava derrubar esse sujeito sem machucá-lo muito. Ele desfechou uma combinação tripla no estômago do sujeito — *bm, bm, bm* — e o rosto do homem murchou.

No entanto, ele voltou a atacar Danny. Desta vez, fingiu dar uma facada, ou atirou a faca tão fraco que Danny não conseguiu diferenciar uma coisa da outra.

Danny atingiu-o em um dos lados da cabeça com a direita, depois lhe desfechou um gancho de esquerda, levantando o desajeitado nos saltos dos sapatos. O homem foi direto ao chão, sem saber o que o atingiu.

Normalmente, quando uma luta terminava, fosse em um bar ou em um ringue, havia aclamações e gritos. Mas os companheiros de Danny mantiveram silêncio. Então, uma coisa muito estranha aconteceu. Eles começaram a aproximar-se mais. Por um momento, Danny pensou que ele teria que lutar contra todos eles. Foi quando ele entendeu. Eles estavam afastando-o, protegendo-o.

"Na torre de água há uma torneira", alguém disse. Eles o protegeram da vista enquanto ele lavava o sangue da sua mão. Depois, eles se alinharam para a contagem.

— O'Brien, chamou o guarda.

— Ele caiu — disse alguém. — Perto da carreta de feno.

— Sempre dormindo, esse irlandês — disse o guarda.

— Todos riram, com prazer, e falsamente.

Pelo menos, eu não vou precisar lutar novamente durante algum tempo, pensou Danny.

▪ ▪ ▪

Incapaz de dormir à noite, Danny passava os dias grogue. Ele tinha que descobrir uma maneira de descansar, ou um dos recém-chegados iria desafiá-lo, e ele perderia a sua reputação. Ele temia a ordem de voltar às celas, o ruído das portas das celas se fechando, e o tempo arrastando-se mais uma vez, enquanto os momentos negros daquele carro o faziam suar frio.

Em uma noite, depois de cerca de três meses da condenação, um interno chamado John Dunn enfiou a sua cabeça em sua cela de Danny, pouco antes da ordem de fechar as portas. Danny não ficou feliz por vê-lo. Ele sabia que Dunn se julgava alguém espiritual.

— Nós estamos fundando um grupo para pessoas que assassinaram enquanto dirigiam — disse Dunn.

— Como um grupo de Alcoólatras Anônimos? — perguntou Danny.

Dunn fez que sim com a cabeça.

— Você consegue um bom tempo por isso — tempo da sua sentença — ele acrescentou. — Um dia a menos por uma hora no grupo.

Danny pensou nos dezoito meses ainda à sua frente.

— Acho que você vai me ver por lá — disse.

No final, Danny contou a sua história ao grupo. Quando terminou, vários homens disseram, de uma maneira ou de outra: "Era a hora dele. Todo mundo tem a sua hora".

Teoricamente, o processo devia trazer algum alívio, mas Danny não sentiu nenhum. *Não era* a hora de John Gilbert. O problema era esse.

Posteriormente, um hippie de cabelos compridos veio até ele. "Você já orou a Deus?"

Danny não orava desde que era um menino. Ele nem mesmo pensava muito sobre religião. Porém mais tarde, naquela noite, de volta à sua cela, ele se encontrou implorando, mais por desespero do que por qualquer outra coisa. "Por favor, Deus, faça-me dormir."

Esta é a última coisa de que ele se lembra. De repente, já era manhã, e pela primeira vez depois de meses, ele estava com apetite para o café da manhã.

No entanto, a insônia voltou. Ele esperou diversas noites, e depois orou uma vez mais, tão simplesmente como na vez anterior. "Por favor, Deus, faça-me dormir."

Novamente, a próxima coisa que ele soube é que era manhã.

Isto era tão curioso que ele se sentiu impelido a conversar com o rapaz de cabelos compridos. Danny não sabia praticamente nada sobre religião. Ele sabia apenas que os cristãos, quando falavam com você ou lhe entregavam um folheto, estavam carregando "aquele Livro". Então, ele perguntou ao hippie se ele tinha uma Bíblia, e o homem emprestou a Danny o seu Novo Testamento.

Ao ler os Evangelhos, Danny descobriu que o Jesus que eles descreviam atraía a sua simpatia. Jesus era direito com todos, e embora sempre fosse vítima de ciladas, conservou a sua postura. Ele dizia tão claramente às pessoas o que estava nos seus corações que Ele as nocauteava com as palavras, sem desferir nenhum golpe — o oposto de Danny, que lutava desde que a sua família foi morar em Brockton. "Quer dizer que você pensa que é bom demais para nós" — gritou um dos garotos maiores. Ou eles gritavam coisas feias sobre a sua mãe, qualquer coisa para começar uma briga. Da primeira vez, ele recusou-se a lutar, e eles o jogaram em uma cesta de lixo. Então ele aprendeu a usar os punhos. Agora, ler a Bíblia o lembrava de como ele tinha se tornado esse sujeito duro — e que farsa tudo isso era.

Quanto mais Danny se sentia atraído a Jesus, mais ele se via sob uma nova luz. Ele estava acostumado a comparar-se com o rapaz sentado no banquinho ao seu lado, no bar, e até que ele não parecia tão mal. Mas quando se comparou a Jesus, começou a sentir medo. Este homem, que nunca levantou os punhos, o amedrontava como ninguém jamais tinha feito.

Ele também leu as passagens sobre as pessoas que eram "lançadas às trevas exteriores", onde havia "pranto e ranger de dentes". Danny sabia algo sobre trevas. Em sua mente, ele estava trancado naquele carro, incapaz de ver, incapaz de mudar de direção, levando a morte consigo — não somente a morte de John Gilbert, mas também a sua própria.

Deitado à noite no seu beliche, Danny começou a rever toda a sua vida, horrorizado com a pessoa que havia se tornado. Ele se viu esperando pela sua próxima bebida, pela sua próxima dose de cocaína; ele se viu usando as mulheres. A sua última namorada tinha sido boa para ele, mas ele teria se livrado dela pela próxima dose de cocaína. Na verdade, talvez ele tivesse feito isso.

No domingo seguinte, quando o guarda perguntou quem queria sair para ir à capela, Danny gritou "Cela 16". Mas ficou ali sentado como uma pedra durante o culto, ouvindo pouco. Ele estava ali para fazer uma pergunta. No final, ele se aproximou do Capelão Bob Hansen e perguntou-lhe se as passagens que ele tinha lido sobre as trevas exteriores eram realmente sobre o inferno.

— Sim — respondeu o capelão.

— Então, eu estou com problemas — disse Danny.

— Quando você voltar à sua cela, ajoelhe-se ao lado do seu beliche — disse o capelão. — Confesse a Deus os seus pecados e ore para que Jesus Cristo entre no seu coração.

Danny fez exatamente isso. Na sua cela, ele se ajoelhou, confessou que era um pecador e pediu que Cristo fosse o seu Senhor. Ao fazer isso, ficou se lembrando de coisas horríveis que tinha feito, e as lembranças trouxeram dor e ao mesmo tempo um desejo de ser perdoado. Conversar com Deus parecia estar conversando com alguém de quem ele tinha sentido falta durante todo o tempo, sem sabê-lo. Ele quase podia ouvir Deus respondendo em um silêncio que ecoava o seu sofrimento e o envolvia. Danny não somente se sentiu ouvido, mas também compreendido e aceito.

Ele dormiu naquela noite. E todas as noites depois daquela.

■ ■ ■

Danny começou a usar uma cruz como símbolo de sua fé. Ele caminhava pelas celas com um suporte espiritual, uma testemunha da Verdade que tinha descoberto. Ele caminhava com uma nova confiança, convidando a todos para que fossem à capela. Alguns prisioneiros até mesmo davam um passo para trás quando ele passava, como se ele fosse apertá-los contra uma parede se não se tornassem cristãos.

Interiormente, Danny decidiu que não iria tolerar nenhuma provocação por causa das suas novas convicções. Eles podiam chamá-lo de "monstro de Jesus", mas ninguém iria dizer isso na sua cara. Ele orava para que ninguém o tocasse. Ele conseguiria controlar-se, se eles o deixassem em paz.

As únicas lutas que aconteciam eram aquelas no seu interior — uma guerra entre as suas novas convicções e os seus antigos hábitos.

Um dia, quando estava jogando pingue-pongue, Danny colocou o seu cigarro habitual na boca e acendeu o seu isqueiro. De repente, alguma coisa disse: "Pare". O filtro já não tinha mais um gosto limpo. Ele colocou o cigarro de volta no maço e se perguntou o que estaria acontecendo.

O capelão Hansen sempre disse que devemos procurar as respostas na Bíblia. Então, naquela noite, Danny realmente fez uma busca no índice da Bíblia. Ele encontrou uma única passagem que dizia alguma coisa sobre fumaça; era no livro de Isaías, e tinha a ver com "tições fumegantes". Mas ele não tinha dúvidas de que tinha ouvido uma voz dizer "pare".

Finalmente, ele descobriu 1 Coríntios e entendeu que o seu corpo era a moradia de Deus. Ele não deveria deliberadamente estragá-lo. Então orou pedindo a força de vontade para deixar de fumar. No primeiro dia Danny teve que orar vinte vezes... ao sentar-se no refeitório para beber café... ao trabalhar nos campos... ao jogar cartas em uma mesa no pátio — todos os lugares e ocasiões que lhe davam vontade de fumar outra vez.

No dia seguinte ele orou dezenove vezes. A batalha do cigarro o deixou de joelhos durante semanas.

Danny logo ouviu aquela mesma voz atacando a maioria dos seus hábitos de tanto tempo. Era uma voz paciente que dizia "pare" somente a uma coisa de cada vez, mas a lista era longa, começando com fumar e beber, depois passou para o uso de drogas e para o praguejar. Ele descobriu que quando começou a limpar a sua linguagem, perdeu metade do seu vocabulário. Ele também descobriu que as suas primeiras vitórias produziram uma superconfiança nascida do orgulho espiritual.

Um dia, quando estava jogando cartas, ele disse a outro interno cristão: "Por que você está colocando esse cigarro na boca, irmão? Você não sabe que Deus irá livrar você dele, se você pedir?"

"Eu acredito, Danny, mas não cheguei lá ainda" — disse o seu amigo.

Não muito tempo depois, Danny passeava pelos chuveiros, onde os rapazes fumavam drogas durante o dia, em uma área escondida. Ele pôde sentir o aroma suave. Uma necessidade interior o provocou: *Como seria dar somente mais algumas tragadas?* Ele não conseguiu resistir à tentação de descobrir.

Quando Danny estava saindo, a primeira pessoa que ele encontrou foi o irmão que ele tinha insistido para que deixasse de fumar. "Ei, Danny", sorriu o rapaz, gesticulando com o seu cigarro, "parece que você também não é assim tão perfeito".

Danny foi à sua cela e pediu que Deus lhe desse forças. Estas batalhas internas consigo mesmo eram mais difíceis que qualquer outra coisa que ele já tinha enfrentado no ringue.

No final, depois de inúmeras orações diárias, os antigos hábitos começaram a desaparecer, e Danny começou a sentir-se como a "nova criatura" mencionada nas Escrituras.

Então, pouco antes de entrar na capela, quando ainda estava no pátio, um dos novos internos começou a atormentar um frágil rapaz de dezenove anos, chamado Squeaky. O rapaz, que estava preso por falsificar cheques, realmente era um rato. Ele até mesmo se parecia com um, com o seu cabelo sem cor e as suas orelhas de abano.

Por sua vez, o novo interno parecia realmente um mau sujeito, magro, mas musculoso, com coisas para provar. Ele empurrou com força o ombro de Squeaky com a mão.

Squeaky não fez nada a não ser agarrar o lugar que doía.

— Você é um sujeito valentão — disse Danny, aproximando-se.

— Este cara estava olhando para mim como se fosse homossexual ou coisa parecida.

— Ele não estava olhando para você. Squeaky nunca olha para nada que não seja o chão.

— Você está me chamando de mentiroso?

— Você quer brigar com alguém, brigue com alguém que sabe brigar. Eu.

— Este camarão é a sua prostituta?

Danny não respondeu.

— Bem, eu vou lutar com você, seu monstro homossexual. — Então o recém-chegado lançou uma enxurrada de palavrões, provocando um desejo de luta.

O seu primeiro golpe veio com uma habilidade maior do que Danny esperava. Ele atravessou a defesa que Danny tinha erguido e o acertou em um lado da cabeça. Por um momento, Danny antecipou outro de esquerda, um de direita, qualquer combinação que o ritmo do rapaz criasse.

Mas o recém-chegado simplesmente desferiu um golpe e se afastou. Mais um, e se afastou. Danny se defendia e simulava ataques.

Quando o recém-chegado se moveu pela terceira vez, Danny deu um passo à frente e o apanhou com três golpes curtos na cabeça — *bm, bm, bm*. Isto deixou o rosto do rapaz branco, com sangue gotejando da sobrancelha. A antiga fúria se ergueu em Danny, e ele acabou com o rapaz com um cruzado de direita. O rapaz sentou-se nos fundilhos das suas calças, sangrando abundantemente na boca, e não se levantou.

"Squeaky é um dos rapazes de Danny agora" — disse alguém. "Você terá que nascer de novo, Squeaky".

"Você não me deve nada, Squeaky" — disse Danny, repentinamente sentindo-se como se tivesse perdido a luta.

Soou a campainha. Hora de ir à capela.

Danny assistiu ao culto, preocupado com os seus próprios pensamentos. Mais tarde, foi até o capelão Hansen e perguntou o que devia fazer.

"Você sabe o que você deve fazer", disse o capelão. "Quando você ofende o seu irmão, deve fazer o que é certo. Você deve ir até ele."

Quando Danny apareceu na cela do recém-chegado, o rapaz gritou com ele, e Danny mal pôde conter o instinto de levantar a mão.

— Eu vim ver como você está passando. Sinto muito ter batido em você. Eu sei o que faço, tanto que bati em você desta maneira.

— É, você provou isso — disse o recém-chegado. A sua boca estava inchada e torta.

— Você não precisa provocar os sujeitos como Squeaky. Agora que você brigou comigo, as pessoas irão lhe deixar em paz. Você acertou aquele primeiro golpe.

— Isto não deteve você por muito tempo.

— Como eu disse, sei o que faço. Estamos entendidos?

— Estamos — disse o recém-chegado. Ele se levantou e apertou a mão de Danny rapidamente, e depois se amontoou no seu beliche.

Danny pensou em convidar o sujeito para ir à capela, mas sabia que não era o momento para convites. *Ele vai fazer perguntas a meu respeito*, pensou Danny. *Haverá outras ocasiões.*

De volta ao dormitório, onde tinha recebido permissão de viver nos últimos meses, Danny olhou pela janela. Ele podia ver a torre de água e os campos além dela, as filas cheias de pés de alface, os campos do fundo com o milho à altura do peito. O dia estava terminando e a noite chegava com um céu chuvoso, as nuvens ruborizadas com o pôr-do-sol.

De repente, Danny sentiu-se livre. Em pé, no meio da Plymouth Country Correctional Facility, faltando ainda meses de pena para cumprir, ele se sentiu livre como nunca havia se sentido fora da prisão. Ali, ele tinha feito do seu mundo uma prisão. Aqui, na prisão, Deus o tinha libertado. *Olhe para onde você deseja ir, e deixe os seus pés irem para lá.* Agora ele via onde os seus antigos hábitos o levaram, e ele era livre para dar uma volta e escolher outro caminho — livre para escolher o bem, mesmo que os seus antigos hábitos ainda o provocassem.

Olhando para a torre de água, ele se lembrou da sua primeira luta ali. Lembrou-se de ter lavado o sangue das mãos depois de ter martelado O'Brien. Mas foi preciso mais do que toda a água da torre para lavar o sangue de John Gilbert das suas mãos. Foi preciso o sangue de Cristo — a água viva.

▪ ▪ ▪

Dez anos depois de ter sido solto, Danny Croce entrou mais uma vez na Plymouth Country Correctional Facility. Embora o governador tivesse fechado o antigo edifício e construído um novo, as instalações eram basicamente as mesmas.

Ele ficou no hall entre as portas duplas operadas pela segurança. A primeira porta se fechou atrás dele. A segunda não se abriu. Ele tocou novamente a campainha.

"Quem é você?", disse uma voz pelo inter-comunicador.

Por um momento de pânico ele pensou. Lembrou-se de ter estado na antiga prisão. Era ele o homem que tinha matado John Gilbert? Sim, era.

Quem mais ele era? Rostos e acontecimentos passaram pela sua memória como um vídeo avançando para frente. O dia em que ele foi solto. O seu casamento. Os seus cinco filhos. Os anos trabalhando com crianças problemáticas em Boston. Então a grande virada: ter sido admitido em Wheaton College e ganhar uma bolsa de estudos Charles W. Colson para ex-prisioneiros. A sua formatura. A sua ordenação. Sim, ele se lembrava de quem tinha sido e também de quem ele era agora.

— Quem é você? — repetiu a voz.

— Eu sou o novo capelão da prisão — respondeu Danny.

A cultura, no seu sentido mais amplo, é o objetivo para o qual Deus criou o homem à sua imagem... [e que] inclui não somente os mais antigos impulsos de... caçar e pescar, da agricultura e da criação de animais, mas também o comércio e a ciência e a arte.

HERMAN BAVINCK

CAPÍTULO 2
SALVO PARA QUÊ?

Enquanto você lê o capítulo 2, tenha em mente as seguintes questões:

- Qual é a missão cultural da humanidade? Como o pecado a afetou?
- De que maneiras os missionários cristãos da Idade Média combinavam a missão cultural com a "grande comissão" da evangelização?
- Por que a atualidade é outra época excelente para que os cristãos corajosamente vivam e proclamem a sua fé?

O "soco de acordar" de Danny Croce é o slogan perfeito para este livro. Não porque é uma animadora história de conversão — embora ela seja isto mesmo — mas por causa do que Danny fez *depois* que a sua vida arruinada foi redimida. É o tipo de "soco de acordar" que os cristãos contemporâneos necessitam com urgência, assim como uma metáfora adequada para o tema que será desenvolvido pelo restante do livro.

Quando Danny Croce se tornou um cristão, embarcou em uma aventura para modificar o mundo. A primeira coisa que se transformou foi a sua vida: ele cumpriu a sua pena, saiu da prisão, se casou, estabeleceu uma vida confortável e obteve um grau superior. Mas mudar a sua própria vida não foi o fim para Danny. Depois da sua formatura, ele não enfiou o seu diploma de Wheaton debaixo do braço e partiu para a vida confortável que a sua educação poderia ter lhe proporcionado. Não, ele decidiu transformar o mundo que ele tinha conhecido. Ele voltou à prisão.

E ele realmente a transformou. A Plymouth Country Correctional Facility abriga mil e quatrocentos internos em 22 unidades, das quais quatro são os "buracos", as temidas unidades de segregação e de custódia protetora. Em cada unidade, Danny identificava um cristão fiel e fervoroso, ou pregava e dava testemunhos até que Deus convertesse alguém. A seguir, Danny indicava estes homens para trabalhar como líderes, ajudando e orientando outros; para capacitá-los, continuou a disciplliná-los e ensiná-los, dando aulas de teologia e doutrina, freqüentemente utilizando materiais de nível de seminário. Ele também mantém estudos bíblicos semanais na prisão, ajudado pelos voluntários do ministério Prison Fellowship. E todos os dias Danny conversa individualmente com os internos, ensinando, encorajando e ajudando-os a resolver os seus problemas pessoais.

Ele ajuda internos como Peter, que recebeu uma carta da sua esposa dizendo-lhe que estava pedindo o divórcio. Danny orou com Peter, depois dirigiu noventa quilômetros para encontrar-se com a esposa desafeta. Depois de muitos encontros, Peter e sua esposa se reconciliaram, e agora estão crescendo juntos em Cristo.

Quando Deus nos torna novas criaturas, devemos ajudar a criar um novo mundo ao nosso redor, e a obra de Danny Croce na prisão de Plymouth oferece um exemplo surpreendente. Muitas vezes eu testemunhei este tipo de transformação dentro de uma cultura podre de prisão, e os resultados são consideráveis, em termos da redução de problemas de disciplina e da redução de reincidência.[1]

MAIS QUE UMA EXPERIÊNCIA PESSOAL

Sim, as culturas podem ser renovadas — até aquelas consideradas as mais corruptas e irremediáveis. Mas se quisermos restaurar o nosso mundo, em primeiro lugar devemos nos libertar da noção confortável de que o cristianismo é uma mera experiência pessoal, que se aplica somente à vida privada de alguém. "Nenhum homem é uma ilha", escreveu o poeta cristão John Donne. Mas um dos grandes mitos dos nossos dias é o de que nós *somos* ilhas — que as nossas decisões são pessoais e que ninguém tem o direito de nos dizer o que fazer nas nossas vidas particulares. Nós nos esquecemos facilmente de que cada decisão particular contribui para o ambiente moral e cultural em que vivemos, propagando-se em círculos cada vez maiores — primeiramente, na nossa vida pessoal e familiar, e depois na sociedade mais ampla.

Isto acontece porque cada decisão que tomamos reflete o nosso ponto de vista. Toda escolha, toda ação, ou expressa um falso ponto de vista, e desta maneira contribui para um mundo desordenado e arruinado, ou expressa a verdade de Deus, e ajuda a construir um mundo que reflete a sua ordem criada. O nosso objetivo aqui é mostrar a você como fazer escolhas genuinamente bíblicas em todas as áreas da sua vida. As três categorias de ponto de vista — *criação, queda* e *redenção* — fornecem uma estrutura conceitual pela qual podemos identificar o que está errado com a maneira não cristã de pensar, e então formular uma perspectiva cristã sobre cada assunto.

Assim, a primeira tarefa será ter discernimento, examinar várias visões, avaliando como elas respondem às questões fundamentais da vida: *Criação* — de onde viemos, e quem somos? *Queda* — o que há de errado com o mundo? *Redenção* — como podemos consertá-lo? Descubra como qualquer ponto de vista responde a estas três perguntas, e você será capaz de ver como as idéias não bíblicas deixam de corresponder à realidade. Por sua vez, o ponto de vista bíblico fornece respostas que são internamente coerentes e que de fato funcionam.

Finalmente, quando aplicarmos esta análise de três partes, aprenderemos a colocar em prática os princípios bíblicos em todas as áreas da vida. Como vimos com Danny Croce, *as pessoas transformadas transformam culturas.* E é isto o que todo cristão é convocado para fazer, como as Escrituras deixam claro.

A MISSÃO CULTURAL

A justificação das Escrituras para a construção da cultura começa no livro de Gênesis. No começo da criação, a terra é sem forma, vazia, escura e não desenvolvida. Então, em uma série de passos, Deus estabelece as características básicas de criação: a luz e as trevas, "debaixo da expansão" e "sobre a expansão", mar e terra, e assim por diante. Mas depois Deus mudou a sua estratégia.

Até o sexto dia, Deus fez o trabalho da criação diretamente. Mas agora Ele cria os primeiros seres humanos e ordena que eles continuem o trabalho a partir de onde Ele o deixou: eles devem refletir a sua imagem e dominar (Gn 1.26). A partir de então, o desenvolvimento da criação será basicamente social e cultural: será o trabalho de humanos que obedecem à ordem de Deus de encher e sujeitar a terra (Gn 1.28).

Algumas vezes chamado de "a comissão cultural", ou "o mandato cultural", a ordem de Deus é o ponto culminante do seu trabalho de criação. A cortina do palco foi erguida, e o diretor dá aos personagens a sua deixa na obra teatral da história.[2] Embora a criação por si mesma seja "boa", a tarefa de explorar e desenvolver os seus poderes e as suas potencialidades, a tarefa de construir uma civilização, Deus entrega aos que levam a sua imagem. "Sendo frutíferos eles devem enchê-la ainda mais; sujeitando-a, eles devem formar ainda mais", explica Al Wolters em *Creation Regained*.[3]

A mesma ordem ainda nos obriga hoje. Embora a queda do homem tenha introduzido o pecado e o mal na história humana, ela não apagou o mandato cultural. Desde Adão e Eva, as gerações ainda têm filhos, formam famílias e se espalham pela terra. Elas ainda criam animais e plantam nos campos. Elas ainda constroem cidades e governos. Elas ainda criam músicas e obras de arte.

O pecado introduz um poder destrutivo na ordem criada por Deus, mas ele não anula aquela ordem. E quando formos redimidos, não apenas seremos libertados das motivações do pecado que nos orientam, mas também renovados para cumprir o nosso objetivo original, capacitados para fazer aquilo para que fomos criados: construir sociedades e criar cultura — e, ao fazer isso, restaurar a ordem criada.

Neste livro, afirmamos que a missão cultural do Senhor é inseparável da grande comissão. Esta pode ser uma afirmação chocante para muitos cristãos conservadores, que, durante grande parte do século XX, evitaram a noção de uma cultura reformista, associando este conceito com o evangelho liberal social. A única tarefa da igreja, segundo a opinião de muitos fundamentalistas e evangélicos, é a de salvar quantas almas sejam possíveis, de um mundo que está literalmente indo para o inferno. Mas esta negação implícita de um ponto de vista cristão não é bíblica e é a razão pela qual perdemos muito da nossa influência no mundo. A salvação não consiste simplesmente na libertação dos pecados; a salvação também quer dizer estar restaurado para a tarefa que nos foi designada no início — a tarefa de criar cultura.

Quando nos voltamos para o Novo Testamento, reconhecidamente não encontramos versículos que ordenem de forma específica que os crentes se engajem na política, ou na lei, ou na educação ou nas artes. Mas não precisamos encontrar, porque o mandato cultural dado a Adão ainda é válido. Cada parte da criação veio da mão de Deus, cada parte aderiu ao motim da raça humana e à sua inimizade em relação a Deus, e cada parte irá, algum dia, ser redimida. Esta é a mensagem do apóstolo Paulo aos Romanos, na qual ele promete que a "criatura será libertada da servidão da corrupção, para a liberdade da glória dos filhos de Deus" (Rm 8.21). A redenção não é somente para os indivíduos, mas para toda a criação de Deus.

A Soberania de Cristo

Paulo expõe o assunto poderosamente em Colossenses 1.15-20, onde ele descreve a soberania de Cristo de três maneiras: (1) *todas as coisas foram criadas por Cristo e para Cristo*: "nele foram criadas todas as coisas que há nos céus e na terra, visíveis e invisíveis... tudo foi criado por ele e para ele"; (2) *tudo se une em Cristo*: "ele é antes de todas as coisas, e todas as coisas subsistem por ele"; (3) *todas as coisas serão reconciliadas por Cristo*: "porque foi do agrado do Pai que toda a plenitude nele habitasse e que, havendo por ele feito a paz pelo sangue da sua cruz, por meio dele reconciliasse consigo mesmo todas as coisas, tanto as que estão na terra como as que estão nos céus". A redenção abrange todos os aspectos da criação, e o final dos tempos não irá representar o fim para a criação, mas o começo de um novo céu e de uma nova terra: Deus irá fazer novas todas as coisas (Ap 21.5).

A lição é clara: os cristãos são salvos não apenas *de* alguma coisa (o pecado), mas também *para* alguma coisa (a soberania de Cristo sobre toda a vida). A vida cristã começa com a restauração espiritual, que Deus opera pela pregação da sua Palavra, da oração, dos sacramentos, da adoração e do exercício dos dons espirituais em uma igreja local. Este é o começo indispensável, pois somente a pessoa redimida pode ser cheia do Espírito de Deus e pode verdadeiramente conhecer e realizar o plano de Deus. Mas então devemos proceder à restauração de toda a criação de Deus, o que inclui as virtudes privadas e públicas; a vida pessoal e familiar; a educação e a comunidade; o trabalho, a política e a lei; a ciência e a medicina; a literatura, a arte e a música. Este objetivo redentor permeia tudo o que fizermos, porque não existe uma linha divisória invisível entre o que é sagrado e o que é secular. Devemos trazer "todas as coisas" sob a soberania de Cristo, em casa e na escola, na palestra e na reunião de trabalho, na tela do cinema e no palco dos concertos, no conselho municipal e na câmara legislativa.

É isto o que queremos dizer quando dizemos que um cristão deve ter um ponto de vista abrangente: uma *visão* ou perspectiva que abranja todos os aspectos do *mundo*. Pois cada aspecto do mundo foi criado com uma estrutura, um caráter, uma norma. Estes princípios ocultos são as "leis" de Deus — o projeto e o objetivo de Deus para a criação — e podem ser conhecidos tanto por meio de *revelações especiais* (as palavras de Deus dadas nas Escrituras) como por *revelações gerais* (a estrutura do mundo que Ele criou). Estas incluem tanto as leis da natureza quanto as normas para a vida humana.

As Leis do Governo de Deus

Este ponto deve ser enfatizado, porque a maioria das pessoas na atualidade opera em uma distinção de fatos e valores, acreditando que a ciência descobre "fatos", que elas acreditam que são confiáveis e verdadeiros, ao passo que a moralidade e a religião são baseadas em "valores", que elas acreditam que são subjetivos e relativos a cada indivíduo. Infelizmente, com freqüência os cristãos refletem esta atitude secular. Temos a tendência de nos sentirmos confiantes com as leis de Deus para a natureza, tais como as leis da gravidade, do movimento e da hereditariedade; mas somos bem menos confiantes com as leis de Deus sobre a família, a educação ou o Estado. Mas um ponto de vista verdadeiramente cristão não faz tais distinções. Ele insiste em que as leis de Deus governam toda a criação. E da mesma maneira como aprendemos a viver de acordo com a lei da gravidade, também precisamos aprender a viver de acordo com as normas de Deus para a sociedade.

A razão por que estes dois tipos de leis parecem muito diferentes é que as normas para a sociedade são obedecidas por opção. No mundo físico, as pedras caem, os planetas se movem nas suas órbitas, as estações do ano vêm e vão, e o elétron circunda o núcleo — tudo isto sem nenhuma opção — porque aqui Deus governa diretamente. Mas na cultura e na sociedade, Deus governa indiretamente, confiando aos seres humanos a tarefa de fabricar ferramentas, fazer justiça, produzir arte e música, educar as crianças, e construir casas. E embora uma pedra não possa desafiar a lei da gravidade de Deus, os seres humanos *podem* rebelar-se contra a ordem criada de Deus — e freqüentemente o fazem. Mas isto não deveria nos cegar para o fato de que existe uma única ordem universal e objetiva que abrange tanto a natureza quanto a natureza humana.

Todas as principais culturas, desde o começo da história, entenderam este conceito de uma ordem universal — todas, isto é, exceto a cultura ocidental pós-moderna. Apesar das diferenças entre elas, todas as civilizações principais acreditaram em uma ordem divina que estabelece as leis tanto no campo natural quanto no humano. No Extremo Oriente ela era chamada *Tao*; no antigo Egito era chamada *Ma'at* e na filosofia grega, *Logos*.[4]

Da mesma forma, no Antigo Testamento o salmista fala quase de um único fôlego de Deus espalhando a neve como lã e revelando as suas leis e os seus decretos a Jacó, sugerindo que não existe diferença entre as leis de Deus para a natureza e aquelas para as pessoas (veja Sl 147.16-19). Os dois tipos de lei são parte de uma única ordem universal. O Evangelho de João empresta a palavra grega para este plano universal de criação (*logos*) e, de uma maneira espantosa, a identifica com uma pessoa — o próprio Jesus Cristo. "No princípio, era o Verbo *[logos]*", que é a origem da criação (Jo 1.1). Todas as coisas foram feitas por ele, e sem ele nada do que foi feito se fez" (Jo 1.3). Em outras palavras, o próprio Jesus é a origem do abrangente plano ou projeto da criação.

Como resultado, a obediência a Cristo significa viver de acordo com aquele plano em todos os aspectos da vida. Família e igreja, negócios e comércio, arte e educação, política e lei são instituições baseadas na ordem criada por Deus; elas não são arbitrárias na sua configuração. Uma escola não é um negócio e não deveria ser administrada assim; uma família não é um Estado e não deveria ser administrada assim. Cada um tem a sua própria estrutura normativa, ordenada por Deus, e cada um tem a sua própria esfera de autoridade subordinada a Deus.[5] Para o cristão, não deve haver dicotomia entre o que é sagrado e o que é secular, porque nada fica excluído da ordem criada por Deus. A nossa tarefa é reivindicar toda aquela ordem criada para o seu domínio.[6]

Um Campo de Batalha Espiritual, mas a Guerra Foi Ganha

O mundo é um campo de batalha espiritual, com dois poderes disputando o mesmo território. O adversário de Deus, Satanás, invadiu a criação e agora tenta conservá-la como seu território ocupado. Com a morte e a ressurreição de Jesus Cristo, Deus lançou uma contra-ofensiva para reivindicar o seu domínio por direito, e nós somos os soldados de Deus nesta batalha em curso. "Ele nos tirou da potestade das trevas e nos transportou para o Reino do Filho do seu amor" (Cl 1.13). Redimidos, estamos armados para a luta que amplia aquele reino e expulsa as forças de Satanás. A luta pode ser violenta, mas não devemos perder a esperança, pois estamos basicamente em uma operação de limpeza. Graças à ressurreição, a guerra já foi ganha: a vitória é certa.[7]

A história do cristianismo está cheia de gloriosas demonstrações da verdade e do poder do evangelho. Ao longo dos séculos, quando os cristãos viviam a sua fé colocando em prática tanto a missão cultural quanto a grande comissão, eles renovaram, restauraram e, às vezes, até mesmo construíram novas culturas. Eles literalmente viraram o mundo de cabeça para baixo.

TODA VERDADE É A VERDADE DE DEUS

No século I, um pequeno grupo de dissidentes judeus espalhou uma mensagem ridícula sobre um criminoso que ressuscitou dos mortos. Tendo se iniciado com um começo tão ignóbil, o cristianismo cresceu com uma força que dominou a cultura ocidental e finalmente o mundo. Como? Graças ao testemunho dramático dos crentes sob perseguição. Testemunhando a paz e a alegria que brilhava no rosto dos homens e mulheres normais condenados à morte pelas suas convicções, os pagãos eram atraídos a Cristo e à sua igreja.

No século II, Tertuliano, um dos patriarcas da igreja, chegou a repreender as autoridades seculares pelo fracasso de sua rigorosa política: "A sua crueldade [contra nós] não lhe traz nenhum lucro, por mais esquisito que isto seja. Ao contrário, ela traz mais pessoas para a nossa fé. Quanto mais você nos mata, mais nós crescemos em número. O sangue dos cristãos é a semente [da igreja]". Como resultado do seu admirável testemunho, os cristãos em pouco tempo estavam em todos os cantos da sociedade antiga. "Nós enchemos todos os seus lugares — metrópoles, ilhas, fortalezas, cidades, salas de reuniões, até mesmo acampamentos militares, tribos, conselhos municipais, o palácio, o senado e o fórum", disse Tertuliano, zombando dos romanos. "Não deixamos nada para vocês, exceto os templos."[8]

No entanto, ao mesmo tempo em que os cristãos cresciam em número, eles também trabalhavam para transformar a cultura a partir do lado de dentro. Outro patriarca da igreja do século II, Justino Mártir, mostrou o caminho.

Quando jovem, Justino decidiu se tornar filósofo e estudou com professores das várias escolas filosóficas do mundo antigo, desde o estoicismo a Aristóteles, e foi até Platão. Finalmente, ele percebeu que a verdade que procurava podia ser encontrada nas Escrituras e tornou-se um crente, mas não abandonou a filosofia. Ao tornar-se um cristão, dizia, ele havia simplesmente se tornado um filósofo *me-*

lhor. Agora ele era capaz de reunir todas as verdades individuais descobertas por vários filósofos e ver o sentido delas dentro da estrutura daquela única verdade perfeita fornecida pela revelação divina. "O que quer que tenha sido corretamente dito por um homem, pertence a nós, cristãos", escreveu ele.[9]

Justino não insistia para que os cristãos fossem relativistas complacentes, como se todos os caminhos levassem a Deus. Ele decididamente se opunha ao paganismo da sua época, e foi levado a julgamento por ser um cristão, onde se recusou a renunciar à sua fé e foi executado. Não, Justino não iria comprometer as verdades do cristianismo. Mas ele realmente acreditava que os pagãos percebem a realidade somente de uma maneira parcial, e ensinava que Cristo é o resumo de todas as verdades parciais personificadas na filosofia e na cultura pagãs.

Seguindo o caminho de Justino, a Igreja Primitiva procurou realizar tanto a grande comissão quanto a missão cultural, para redimir tanto a alma quanto a sociedade. E quando o Império Romano caiu, foram os cristãos quem salvaram a civilização em um dos mais comoventes capítulos da história ocidental.

Salvando a Civilização

A Idade Média começou com um golpe frio. No ano 406 d.C., o rio Reno congelou, formando uma ponte de gelo que permitiu que um grupo de bárbaros passasse dos territórios germânicos para o território romano. Nos anos seguintes, sucessivas ondas de vândalos e visigodos, suevos e alanos devastaram o império romano e a Europa, reduzindo as cidades a escombros e dizimando a população. Toda a infra-estrutura da civilização romana foi destruída, para ser substituída por pequenos reinos governados por reis-guerreiros analfabetos e bárbaros.

Quando a sombra da Idade Média caiu sobre a Europa ocidental, quem emergiu dos escombros? Quem reconstruiu a civilização ocidental? A igreja cristã.[10]

No ano 401 d.C., um rapaz inglês de dezesseis anos chamado Patricius foi seqüestrado por um grupo guerreiro irlandês, levado à força da sua pátria romanizada e vendido a um mesquinho capitão irlandês chamado Miliucc, que enviou o rapaz para cuidar das suas ovelhas. Patricius passou meses sozinho nas colinas, com a fome corroendo as suas entranhas e o frio úmido açoitando os seus membros, até que finalmente procurou ajuda no único lugar que sobrava: ele começou a orar.

Antes disso, Patricius não tinha realmente crido no Deus de quem os seus pais cristãos lhe tinham falado, e pensava que os sacerdotes eram uns tolos. Mas ele encontrou em Deus uma fonte de resistência que o ajudou a suportar os seis longos anos de amargo isolamento e privações. "Cuidar do rebanho era a minha ocupação diária, e eu orava constantemente durante as horas do dia", escreveu mais tarde. "O amor de Deus e o medo dEle me rodeavam mais e mais — e a fé cresceu e o Espírito se ergueu."

Então, em uma noite, Patricius foi despertado por uma voz misteriosa que lhe disse que ele iria para casa. "Veja, o seu barco está preparado", disse a voz. Embora incerto sobre a direção ou a distância, Patricius partiu em direção ao mar. Depois de mais de trezentos quilômetros, Patricius encontrou um barco que partia para a Inglaterra.

No entanto, quando chegou à sua terra natal, Patricius descobriu que não mais se encaixava ao seu povo. "Endurecido física e psicologicamente pelas experiências não compartilháveis, desesperadamente atrasado em relação à educação dos seus colegas, ele não pode estabelecer-se", escreve o historiador Thomas Cahill.[11] Então, em uma noite, o antigo escravo ouviu novamente a voz de Cristo, desta vez dizendo-lhe que voltasse à Irlanda. Ele passou por educação teológica e no final retornou como Patrício, missionário, para os irlandeses.

Este não foi um retorno romântico, ao som das baladas irlandesas. Quando Patrício começou a sua missão, enfrentou sacerdotes irlandeses pagãos (druidas), que ainda praticavam o ritual do sacrifício humano para os seus monstruosos deuses celtas (freqüentemente retratados comendo pessoas). Os violentos guerreiros irlandeses, acreditando que a cabeça humana era o lugar onde ficava a alma, penduravam as cabeças dos seus inimigos em seus cinturões, como troféus.

A esta cultura sedenta de sangue Patrício trouxe a mensagem cristã do amor e do perdão, e estabeleceu mosteiros por toda a terra. O movimento monástico na Irlanda começou a revolucionar o mundo, substituindo os antigos valores de uma sociedade guerreira pelos novos valores do cristianismo. Durante a vida de Patrício, os guerreiros abandonaram as suas espadas de batalha, o estado de guerra inter-tribal decresceu sensivelmente e o comércio de escravos acabou. Uma cultura de batalha e de poder bruto foi transformada por uma ética que santificava o trabalho manual, a pobreza e o serviço. Uma cultura de analfabetismo e ignorância tornou-se uma cultura de aprendizado.

Além disso, depois da queda de Roma, os mosteiros irlandeses também se tornaram refúgios para um grande número de estudiosos e monges cristãos que fugiam dos bárbaros, que chegavam de toda a Europa e até mesmo de lugares tão distantes como o Egito, a Armênia e a Síria. Como resultado, diz o historiador Kenneth Clark, por mais surpreendente que possa parecer, "por um período de tempo razoável — quase cem anos — o cristianismo ocidental sobreviveu agarrado a lugares como Skellig Michael, um pináculo de rocha a 28 quilômetros da costa irlandesa".[12] Mas ele sobreviveu, e no final uma enxurrada de missionários da Irlanda atravessou a Escócia, a Inglaterra e o continente europeu. Por todo o caminho, os monges fundaram mosteiros e levaram a sua tradição de copiar e preservar a Bíblia, juntamente com qualquer outro livro em que eles pudessem colocar as mãos — incluindo os grandes clássicos dos gregos e romanos, alguns dos quais não tinham sido vistos na Europa durante séculos. Eles também ensinavam latim, música e pintura aos seus convertidos.

Para dar uma idéia do seu sucesso, no início dos anos 600, quase setecentas comunidades monásticas tinham sido fundadas ao longo das costas rochosas e montanhas somente da Escócia, e entre 650 e 850 d.C. mais da metade de todos os comentários bíblicos conhecidos foram escritos por irlandeses. A toda parte onde fossem, os monges irlandeses levavam as suas Bíblias e os seus livros presos na cintura, exatamente da mesma maneira como os pagãos irlandeses antes levavam as cabeças dos seus inimigos.

Foi assim que "os irlandeses salvaram a civilização", para usar as palavras de Cahill, pois foi o trabalho disciplinado dos monges que deteve a maré do barbarismo pela Europa, preservou o melhor da cultura greco-romana e deu novo vigor à vida monástica decadente do continente. O mosteiro tornou-se um centro de cultura, substituindo as cidades moribundas e expandindo-se em um vasto complexo habitado por monges, trabalhadores, servos e subordinados. Gradativamente, "o pântano se tornou um eremitério, uma casa religiosa, uma fazenda, uma abadia, uma vila, um seminário, uma escola e uma cidade", escreve John Henry Newman.[13]

Adicionalmente, este feito assombroso aconteceu muitas outras vezes durante a Idade Média. Vindos do norte, os vikings repetidas vezes desceram precipitadamente para as costas ou navegaram pelos rios do interior para saquear e destruir, assassinando as pessoas, arruinando os campos, roubando os bens e queimando as cidades por toda a Europa. Vindos do leste, os magiares (húngaros) e os ávaros, os hunos e os mongóis sucessivas vezes varreram as estepes, deixando uma devastação similar e a morte por onde passavam. Mas a cada vez, o cristianismo mostrava o seu poder inextinguível e sobrenatural de regeneração espiritual. A cada vez, as comunidades monásticas surgiam dos escombros para se tornarem ilhas de paz e ordem espiritual.

A primeira preocupação dos monges, naturalmente, era alimentar a vida de fé interior, mas a reforma espiritual inevitavelmente levou à mudança social quando eles atendiam o chamado para defender os oprimidos e para falar corajosamente contra o mal em lugares elevados. Nos monges, diz o historiador Christopher Dawson, "os nobres feudais sem lei, que não se preocupavam com a moralidade nem com a lei, reconheceram a presença de alguma coisa mais forte do que a força bruta — um poder sobrenatural divino que eles não ousaram ignorar".[14]

A paz duradoura não veio à Europa, entretanto, até que os próprios bárbaros foram evangelizados, e um dos mais estimulantes capítulos da história da igreja cristã é a transformação dos bárbaros, de guerreiros sedentos de sangue em fazendeiros amantes da paz, determinados a viver do trabalho das suas próprias mãos ao invés do furto e do roubo.[15] Quando os bárbaros se converteram e as invasões destruidoras terminaram, a sociedade européia começou a florescer. As cidades cresceram, os sindicatos surgiram para proteger os interesses dos artesãos e dos profissionais, e se enraizaram as idéias de um governo representativo.

Neste cenário, o cristianismo deu à luz a uma nova instituição, a universidade, que se desenvolveu a partir das escolas ligadas às grandes catedrais em lugares como Paris e Bolonha, e finalmente veio a substituir os mosteiros como centro de aprendizado e de cultura. Mais tarde, a Reforma iria ocasionar um avanço espetacular na formação da cultura, inspirando uma nova ética mundial que daria combustível para a revolução industrial e criaria um clima político que tornou possíveis as democracias livres.

Ações Modeladoras de Vida Interior

É assim que o cristianismo deve funcionar na sociedade — não apenas como uma fé particular, mas como uma força criativa na cultura. A vida de fé interior deve modelar as nossas ações no mundo. Em cada escolha e decisão que fazemos, ajudamos a superar as forças do barbarismo — seja ele medieval ou moderno — ou consentimos com essas forças; ou ajudamos a construir um caráter que dá a vida e ama a paz, ou agitamos as chamas do egoísmo e da destruição.

O NOVO MILÊNIO

No amanhecer do novo milênio, enfrentamos o mesmo desafio e a mesma oportunidade que a Igreja Primitiva e que os monges medievais enfrentaram: o de construir uma cultura formada por uma visão bíblica de mundo. Por todos os lados ouço evangélicos cansados da batalha, dizendo que perdemos a guerra da cultura e que deveríamos voltar a construir as nossas igrejas. Mas sob a luz da nossa herança histórica, não devemos nos entregar ao desespero. Isto seria não apenas um pecado (a falta de fé na soberania de Deus), mas também uma má interpretação dos nossos tempos. Abandonar o campo de batalha agora seria desistir da causa, justamente quando estamos no limiar de uma grande oportunidade.

Nos últimos anos, todas as grandes propostas que avançaram no século passado caíram, uma a uma, como soldadinhos de brinquedo. O século XX foi a época da ideologia, dos grandes "ismos": comunismo, socialismo, nazismo, liberalismo e do cientismo (ou linguagem científica). Por toda parte, os ideólogos nutriam visões de criar a sociedade ideal com algum esquema utópico. Mas hoje em dia todas as principais construções ideológicas estão sendo lançadas ao ar pelo chicote da história. Tudo o que sobra é o cinismo do pós-modernismo, com as suas afirmações irônicas de que não *existe* uma verdade nem um significado objetivo, que somos livres para criar a nossa própria verdade desde que entendamos que ela não é nada mais que um sonho subjetivo, uma ilusão confortadora.

E enquanto as ideologias reinantes desmoronam, as pessoas estão presas em um impasse: tendo acreditado que a autonomia individual era o santo cálice que levaria à libertação, agora elas vêem que levava somente ao caos moral e à coerção do estado. O tempo é propício para uma mensagem de que a paz social e a realização pessoal que as pessoas realmente procuram estão disponíveis apenas no cristianismo. A igreja permaneceu inabalável durante o fluxo das marés de dois milênios. Ela sobreviveu às perseguições dos primeiros séculos, às invasões bárbaras da Idade Média, e aos ataques intelectuais da era moderna. As suas paredes sólidas se erguem por cima das ruínas atiradas pela paisagem intelectual. Que Deus não permita que nós, herdeiros de santos e mártires, hesitemos neste momento de tamanha importância.

O novo milênio é uma época em que nós, cristãos, devemos celebrar, aumentar a nossa confiança, tocar as trombetas e levantar bem alto a nossa bandeira. É a época para provar, de maneira atrativa, que o cristianismo oferece a esperança mais racional e realista tanto para a redenção pessoal quanto para a renovação social.

Mas se quisermos causar um impacto em nossa cultura, o primeiro passo deve ser o de nos unirmos a Cristo, fazendo um esforço consciente entre todos os verdadeiros crentes para nos unirmos a despeito das linhas raciais, étnicas e confessionais. Em sua grande oração sacerdotal, Jesus orou fervorosamente para que nós fôssemos um, assim como Ele é um com o seu Pai. Por quê? *Para que o mundo* creia que Ele é o Cristo (veja Jo 17.20-23). A implicação inevitável das palavras de Jesus é a de que a unidade cristã é a chave para a evangelização e para a renovação cultural. Muito da fraqueza da igreja pode ser atribuída à nossa incapacidade ou indisposição para obedecer à ordem de procurar a unidade em Cristo.

Assim, unidos como o povo de Deus, deveremos obedecer as duas grandes comissões: primeiro a de conquistar os perdidos e então a de construir uma cultura. Os cristãos devem agarrar este momento para mostrar ao mundo que o cristianismo não apenas é a verdade... é a única grande esperança da humanidade.

O cristão e o materialista cultivam crenças diferentes sobre o universo. Não é possível que ambos estejam certos. Aquele que está errado age de uma maneira que simplesmente não se encaixa no universo real.

C. S. Lewis

CAPÍTULO 3

NÃO SE PREOCUPE, SEJA RELIGIOSO

Enquanto você lê o capítulo 3, tenha em mente as seguintes questões:

- Quais são os resultados de rejeitar as visões bíblicas da criação, da queda e da redenção?
- Qual é o "impasse modernista" e por que ele torna a mensagem cristã atraente às pessoas?
- Quais são os resultados das pesquisas médicas e sociais que indicam que o modo de vida cristão e fiel vale a pena — em termos concretos?

Como podemos redimir uma cultura? Como podemos reagir à oportunidade que está diante de nós, no início de um novo milênio?

A resposta é simples: de dentro para fora. Do individual à família e à comunidade, e depois exteriormente em círculos cada vez mais amplos. Precisamos começar compreendendo o que quer dizer viver pelos princípios do ponto de vista cristão, no nosso próprio comportamento e nas nossas escolhas. A menos que façamos isso, interpretaremos os mandamentos bíblicos segundo o espírito da época e, portanto, estaremos de acordo com o mundo, e não de acordo com a Palavra de Deus.

Há alguns anos, em meio a um debate sobre uma doutrina, um jovem discordou de Nancy sobre uma afirmação de Paulo em 1 Coríntios.

— Eu não concordo com você — disse ele.

— Não, você está discordando de Paulo — Nancy corrigiu-o gentilmente.

— Está bem, então eu discordo de Paulo — ele disse, e encolheu os ombros.

Ele explicou que, da maneira como ele via as coisas, a Bíblia foi escrita há muito tempo, para uma época diferente, e que hoje o Espírito Santo pode revelar uma nova verdade — uma verdade que pode até mesmo contradizer o que a Bíblia ensina. Bem, este jovem era um cristão sincero — presidente de um grupo de um campus cristão e um líder entre os seus colegas — mas tinha absorvido a estrutura mental de uma cultura secular e estava reinterpretando as Escrituras no contexto daquela estrutura. Ele tinha perdido o seu entendimento de verdade e revelação, de um ponto de vista que coloca as raízes das Escrituras no Deus que é a realidade definitiva. Isto se propagou às suas escolhas pessoais, evidenciadas pelo fato de que ele estava dormindo com a sua namorada. Ele não era ignorante da ética bíblica, e não estava se desviando deliberadamente. As suas convicções honestas lhe diziam que a Bíblia não era mais do que documentos humanos e que, portanto, não era normativa para a sua vida. Sempre que ele lia as Escrituras, havia um filtro mental instalado que mantinha um ponto de vista não-cristão, resultando em uma compreensão distorcida da doutrina e da ética pessoal.

Se quisermos transformar a nossa cultura pagã como os monges fizeram na Idade Média, precisamos começar em nós mesmos, entendendo o que um ponto de vista cristão significa para a nossa própria moral e para as nossas escolhas de vida. Isto é importante hoje mais do que nunca, porque as escolhas morais individuais determinam a saúde de toda uma sociedade. As pesquisas de opinião coerentemente mostram que os americanos se preocupam, acima de tudo, com a decadência social e moral — crimes, ruptura de famílias, excesso de drogas, sexo e violência nos meios de comunicação — tudo isso, resultado das escolhas morais feitas, em última análise, pelos indivíduos.[1]

VIDA SEM VALORES?

Dados estes fatos, poderíamos esperar que os púlpitos amedrontadores da nação se devotassem a encorajar as pessoas para que assumissem a responsabilidade pelas suas vidas, exercessem a auto-disciplina necessária para modificar o seu comportamento. Em vez disso, nas últimas décadas, as vozes culturais dominantes argumentaram que os indivíduos têm o direito de viver da maneira como quiserem e que a *sociedade* tem a responsabilidade de pagar a conta de qualquer conseqüência negativa que resulte disso.

Esta atitude foi inteligentemente exemplificada na vinheta cômica "Outland" durante o controverso debate sobre a saúde pública em 1993. No primeiro quadro, o pingüim Opus e seus amigos estão precariamente equilibrados em um triciclo à beira de um precipício. Por toda a sua volta há sinais de advertência: Perigo! Pare! Um cartaz de um médico-chefe diz: "Mergulhar de precipícios é prejudicial à saúde". Mas os personagens ignoram os avisos e continuam, inclinando-se para baixo. O triciclo tomba, naturalmente, e todos eles voam. Na lama, Opus estende a mão e exige: "Rápido! Saúde pública grátis ilimitada!"[2]

Infelizmente, esta é a atitude que muitos americanos tomaram com relação às patologias que assolam livremente tanto as nossas vidas pessoais quanto a sociedade: a de que o nosso comportamento é assunto nosso e que a sociedade tem a obrigação de compensar qualquer conseqüência negativa das nossas escolhas autônomas.

O comportamento sexual é um excelente exemplo. Os relacionamentos sexuais fora do casamento são responsáveis pela disseminação de doenças sexualmente transmissíveis (DSTs), pela maioria dos abortos, por lares sem pai, e pela dependência crônica da saúde pública. Mas esta ruína social fez com que os educadores sexuais ensinassem os jovens a evitar o sexo fora do casamento? Dificilmente. Desde os anos 60 até os 80, os programas de educação sexual das escolas públicas e os seus defensores eram inflexíveis quanto ao fato de que a atividade sexual era um assunto inteiramente de decisão do aluno. E quando aconteciam as inevitáveis conseqüências, estes mesmos educadores exigiam soluções do governo para remediar os efeitos negativos. Para evitar as DSTs, o governo fornecia preservativos às escolas. Quando a promiscuidade homossexual levou às doenças fatais, jogou-se a culpa no governo, que teve que pagar a conta para mais pesquisas. Quando o sexo levou à gravidez, esperou-se que o governo pagasse pelos abortos ou que proporcionasse assistência pública para as famílias sem pai.

Esta atitude começou nos anos 60, quando um novo conceito de moralidade pública se fixou, declarado corajosamente nas palavras do sociólogo Christopher Jencks. Falando sobre as famílias sem pais, Jencks argumentou que se as pessoas "verdadeiramente preferem uma família composta de uma mãe, filhos e uma série de homens temporários, então dificilmente será problema do governo federal tentar modificar esta escolha". Qual é o problema do governo, então? Ele "deveria inventar maneiras para satisfazer a estas famílias [sem pais] oferecendo-lhes o suprimento das mesmas necessidades físicas e psicológicas da vida que estão disponíveis aos outros tipos de famílias".[3]

Observe cuidadosamente o que Jencks está dizendo: que o governo *não deve* tentar ajudar a modelar a atmosfera moral da nação, nem desencorajar o comportamento irresponsável. Ao contrário, o seu papel é "inventar maneiras" para compensar quaisquer desvantagens criadas pelas más escolhas que as pessoas fazem. Como o psiquiatra David Larson explica, espera-se que o governo se certifique de que as pessoas tenham o seu bolo, e que o comam, também![4]

Esta atitude não está limitada ao governo. É surpreendente a quantidade de americanos comuns que caíram na armadilha de esperar que alguém assuma o custo da sua própria irresponsabilidade. A American Medical Association diz que o crescimento das despesas da saúde pública na atualidade pode se atribuído principalmente a "fatores de estilo de vida e a problema sociais". Alguns estudos indicam que até 70% de todas as doenças são resultado das escolhas do modo de vida.[5] As pessoas sabem que deveriam deixar de fumar, deixar de comer alimentos sem valor nutritivo, e fazer exercícios regularmente. Mas quantos dão estes passos básicos de cuidado preventivo? E quando os seus hábitos não salutares lhes dão uma doença cardíaca, ou câncer de pulmão, eles esperam que o plano de saúde os proteja das conseqüências dos seus próprios maus hábitos.[6] A vinheta de Opus está incomodamente próxima da verdade.

De onde vem esta idéia de estilos de vida sem valores? Quais são as raízes do seu ponto de vista? Como as categorias da *criação, queda* e *redenção* nos ajudam a diagnosticar o que está errado com a visão secular predominante — e a ver como uma visão cristã leva a um modo de vida melhor, mais saudável e mais racional?

Em poucas palavras, se rejeitarmos os ensinamentos da Bíblia a respeito da criação, terminaremos tendo a natureza como nossa criadora. A moralidade, então, se torna alguma coisa inventada pelos humanos quando eles atingiram determinado nível de evolução. Não existe uma fonte transcendental de padrões morais que dite como deveríamos viver. Cada indivíduo tem o direito de desenhar o seu próprio caminho. E se rejeitarmos a idéia do pecado e da Queda, nada é errado objetivamente, e não existe uma culpa real. Apenas existem falsos sentimentos de culpa que resultam da desaprovação social. A conclusão lógica deste pensamento é que a redenção significa nos libertarmos da falsa culpa e restaurarmos a nossa autonomia natural eliminando o estigma de todos os estilos de vida. E o papel das autoridades públicas é o de mobilizar recursos para ter certeza de que nenhuma conseqüência negativa resulte daquelas escolhas que qualquer indivíduo pode fazer. Pois se todas as escolhas são iguais moralmente, então ninguém deveria sofrer pelas escolhas que faz.

Por sua vez, o cristianismo afirma que Deus criou o universo com uma estrutura definida — uma ordem material e uma ordem moral. Se vivemos de modo contrário a esta ordem, pecamos contra Deus, e as conseqüências invariavelmente serão prejudiciais e dolorosas, tanto em um nível pessoal quanto em um nível social. Por outro lado, se nos submetermos àquela ordem e vivermos harmoniosamente com ela, então as nossas vidas serão mais felizes e mais saudáveis. O papel das autoridades públicas é o de encorajar as pessoas a viver de acordo com os princípios que resultam na saúde e harmonia social.

Durante as quatro últimas décadas, o nosso discurso público foi dominado pelo modelo livre de valores. Ainda hoje, suas conseqüências desastrosas estão se tornando excessivamente claras. Mesmo determinados adeptos do secularismo começaram a ver que a sociedade simplesmente não pode acompanhar os custos da irresponsabilidade pessoal e moral: ao longo das mesmas quatro décadas, o aborto e a gravidez das adolescentes aumentaram; o sistema de saúde pública ficou sobrecarregado; a taxa de crimes disparou, em especial entre os jovens; os custos dos planos de saúde aumentaram tão rapidamente que o governo continua ameaçando tomar o controle (mesmo que o sistema público de saúde projete a falência em poucos anos). Está cada vez mais evidente que a saúde pública *não* foi capaz de "inventar maneiras" para satisfazer as famílias sem pais, "oferecendo-lhes o suprimento das mesmas necessidades físicas e psicológicas da vida que estão disponíveis aos outros tipos de famílias", como colocou Jencks.[7] Ao contrário, ela contribuiu para criar uma subclasse desordenada e desmoralizada. Ao compensar o comportamento irresponsável, o governo basicamente o subsidiou, e assim o encorajou ainda mais.

Os americanos chegaram ao "impasse modernista": Foi dito que eles tinham o direito de serem livres das restrições da moralidade e da religião, mas como as escolhas irrestritas levaram ao colapso social, eles começaram a desejar a proteção que a moralidade fornecia antigamente. Afinal, nós não *tínhamos* epidemias de crime, lares desfeitos, abortos ou doenças sexualmente transmissíveis quando os americanos na sua maioria aceitavam a moralidade bíblica. Muitos estão começando a entender que a moralidade não é simplesmente uma limitação arbitrária à escolha individual, mas sim uma proteção contra a desintegração social.

É por isso — depois de décadas de retórica pública sobre os direitos individuais — que agora ouvimos os líderes culturais lutando para encontrar alguma linguagem secular comum para fazer reviver um senso de dever cívico e virtude. Organizações como a National Fatherhood Initiative, de David Blankenhorn, estão emergindo para deter o colapso da família. Os educadores sexuais estão começando a falar em ensinar as crianças a retardar o envolvimento sexual (se não até o casamento, pelo menos até a idade adulta). A educação da personalidade está entrando nas salas de aula.

OS BENEFÍCIOS DA VIDA CRISTÃ

Esta nova abertura às argumentações morais dá aos cristãos uma extraordinária oportunidade para afirmar que viver de acordo com a ordem moral bíblica é mais saudável tanto para os indivíduos quanto para a sociedade. E existe um número crescente de evidências científicas que podemos usar para comprovar os nossos argumentos. Os estudos médicos estão confirmando que aqueles que freqüentam regularmente a igreja e agem de maneira coerente com a sua fé estão muito melhor, física e psicologicamente. Considere algumas descobertas recentes.[8]

Dependência do Álcool

A dependência do álcool é mais elevada entre aqueles com pouco ou nenhum envolvimento religioso.[9] Um estudo descobriu que aproximadamente 89% dos alcoólatras declararam que perderam o interesse pela religião durante a sua juventude.[10]

Dependência de Drogas

Inúmeros estudos descobriram uma correlação inversa entre o envolvimento religioso e a dependência de drogas. Entre os jovens, a importância da religião é o fator que melhor prognostica os padrões de dependência química. Joseph Califano, antigo secretário do departamento Health and Human Services, e um arquiteto da Great Society de Lyndon Johnson, mudou surpreendentemente de lado quando se tornou chefe do Centro para Viciados e Dependentes Químicos da Universidade de Columbia. Em 1998, Califano me convidou, juntamente com o general McAffey, o czar anti-drogas de Bill Clinton, a acompanhá-lo em uma conferência de imprensa onde ele informou os resultados de um estudo de três anos que mostrava a relação entre a dependência de drogas e o crime. As estatísticas eram assombrosas: em 80% dos crimes havia a participação de drogas ou de álcool.[11] Então Califano apontou para mim e disse ao grupo de jornalistas reunidos: "Ele tem a resposta. Todo indivíduo que eu conheci que deixou as drogas ou o álcool com sucesso disse que a religião foi a chave para a reabilitação". Califano agora apóia vigorosamente o uso do dinheiro público nos programas para tratamento de drogas que "cuidam das necessidades espirituais".[12]

Crime

Também existe uma forte correlação entre a participação em atividades religiosas e a não participação nos crimes. Em um estudo, o professor Richard Freeman, de Harvard, descobriu que a freqüência regular à igreja é um fator primário para evitar que os jovens urbanos afro-americanos se voltem para as drogas ou para o crime.[13] Outro estudo revelou que a freqüência regular a um estudo bíblico do ministério Prison Fellowship cortou a reincidência em dois terços.[14]

Depressão e Estresse

Diversos estudos descobriram que altos níveis de comprometimento religioso resultam em níveis mais baixos de depressão e estresse[15]. Em uma pesquisa do instituto Gallup, os entrevistados com um forte envolvimento religioso tinham o dobro da probabilidade de se descreverem como sendo "muito felizes".[16] Armand Nicholi, professor de psiquiatria na Harvard Medical School e um crente profundamente envolvido, afirma, com a sua larga experiência de vida, que os cristãos têm muito menos probabilidade de sofrer de doenças mentais do que os seus companheiros seculares. Por quê? Porque "a única característica essencial a todos os tipos de depressão" é "o sentimento de desesperança e de desamparo", e os cristãos nunca estão sem esperança.[17]

Suicídio

As pessoas que não freqüentam a igreja têm quatro vezes mais probabilidades de cometer suicídio do que as que freqüentam a igreja regularmente. Na verdade, a falta da freqüência à igreja se relaciona mais fortemente com as taxas de suicídio do que qualquer outro fator de risco, incluindo o desemprego.[18]

Estabilidade Familiar

Inúmeros estudos descobriram uma forte correlação inversa entre a freqüência à igreja e o divórcio, e um estudo mostrou que a freqüência à igreja é o fator mais importante de prognóstico de estabilidade conjugal.[19] A religião também demonstrou ser um fator importante para evitar as relações sexuais entre adolescentes, os bebês nascidos fora do casamento, a discórdia entre pais e filhos, e outras formas de rupturas familiares.

O clássico projeto de pesquisa sociológica "Middletown" estudou os habitantes de uma cidade típica americana três vezes, a primeira nos anos 20 e pela terceira vez nos anos 80. Os dados deste período indicam um claro "relacionamento entre a solidariedade familiar — saúde familiar, se você preferir — e a afiliação e atividade em uma igreja".[20] Em um estudo sobre os fatores que contribuem para as famílias saudáveis, 84% das famílias fortes identificaram a religião como um fator importante que contribui para a sua força. Em outro estudo, os pais afro-americanos citaram a influência da igreja como significativa na educação dos seus filhos e na definição de orientação moral.[21]

Satisfação Conjugal e Sexual

Para que não se julgue que estes números significam que as pessoas religiosas permanecem nos seus casamentos infelizes por um senso de dever, considere estas estatísticas. As pessoas que freqüentam a igreja têm mais probabilidade de dizer que se casariam com o mesmo cônjuge outra vez — uma medida importante da satisfação conjugal. Um estudo de 1978 mostrou que a freqüência à igreja predizia a satisfação conjugal melhor do que qualquer outra variável.[22] E o estudo *Sex in América*, de 1994, mostrou que as mulheres muito religiosas obtêm um nível mais alto de satisfação sexual no seu casamento do que as mulheres não religiosas.[23]

Saúde Física: Os estudos mostraram que as pacientes da maternidade e os seus recém-nascidos têm menos complicações médicas se as mães têm uma afiliação religiosa. Pertencer a um grupo religioso pode abaixar a pressão sangüínea, aliviar o estresse e melhorar as chances de sobrevivência depois de um ataque cardíaco. Os pacientes de cirurgia de coração com fortes convicções religiosas têm maiores possibilidades de sobreviver à cirurgia. Os homens e mulheres mais velhos que freqüentam cultos são menos deprimidos e fisicamente mais saudáveis do que os sem fé religiosa. Eles também são mais saudáveis do que aqueles que não vão aos cultos, mas assistem aos cultos em casa pela televisão. As pessoas que vão à igreja têm pressão sangüínea mais baixa, mesmo quando há fatores de risco anteriormente envolvidos, como o fumo.[24]

A freqüência à igreja até afeta as taxas de mortalidade. Entre os homens que freqüentam regularmente a igreja, o risco de morrer de uma doença de coração arteriosclerótica é somente 60% dos que vão com pouca freqüência. A taxa de mortalidade por enfisema pulmonar entre os homens que vão à igreja é menos da metade e por cirrose hepática é somente 25% dos que não vão à igreja.[25] A ciência parece estar confirmando o ensino do livro de Provérbios: "O temor do Senhor aumenta os dias" (Pv 10.27).

■ ■ ■

Isto não quer dizer que toda pessoa de fé é saudável e feliz, mas as estatísticas realmente "fazem uma poderosa afirmação sobre a típica condição humana", escreve Patrick Glynn na obra *God: The Evidence*. Tanto a experiência clínica quanto os dados das pesquisas sugerem que "entre os determinantes mais importantes da felicidade e do bem-estar do ser humano estão as nossas crenças espirituais e as nossas escolhas morais".[26]

As estatísticas são tão instigantes que até mesmo um secularista confirmado se sentiria convencido de que a religião é boa para a sociedade. Na verdade, foi exatamente isso que Guenter Lewy concluiu em seu recente livro *Why America Needs Religion*. Lewy começou a escrever um livro em defesa do secularismo, mas depois de investigar os dados, acabou argumentando, para a sua própria surpresa, que a fé em Deus faz as pessoas mais felizes e mais satisfeitas. "Em se tratando de delinqüência juvenil, crime, preconceito, nascimentos fora do matrimônio ou conflitos conjugais e divórcio, existe uma taxa significativamente menor destes indicadores de falência moral e doenças sociais entre os cristãos".[27] Em resumo, uma pessoa *consegue* ter uma vida moral e saudável sem Deus, mas em termos estatísticos, as chances são poucas.

Além disso, os benefícios de ser cristão não são somente uma questão de atitude e de estilo de vida. É impossível não admitir o que é francamente sobrenatural. O Dr. Dale Matthews documentou experiências nas quais voluntários oravam por determinados pacientes de artrite reumatóide. Para evitar um possível efeito placebo ao saber que alguém orava por eles, não se informou aos pacientes quais deles estava participando da experiência. A taxa de recuperação entre aqueles por quem se tinha orado foi razoavelmente mais alta do que entre um grupo de controle, pelo qual não se orou.[28]

É hora da profissão médica reconhecer o potencial de cura da dimensão espiritual, diz o professor de Harvard, Herbert Benson. Embora ele mesmo não seja um cristão praticante, Benson admite que os humanos são "projetados para a fé religiosa". Nós "somos movidos a Deus... o nosso projeto fez com que acreditar em um absoluto infinito seja parte da nossa natureza".[29] Isto é o mais próximo que um não crente pode chegar para confirmar a reivindicação bíblica de que o espírito humano foi criado para viver em comunhão com Deus.

Estas descobertas, no entanto, não significam que qualquer tipo de religião é benéfica. Gordon Allport, o grande psicólogo em religiões, estabelece uma distinção entre a religião *intrínseca* e a *extrínseca*. As pessoas extrinsecamente religiosas usam a religião com propósitos externos, como o político que freqüenta a igreja para obter respeitabilidade, ou a pessoa que ora pedindo benefícios materiais. Mas as pessoas intrinsecamente religiosas servem a Deus sem nenhuma segunda intenção. Elas oram para ter a comunhão com Ele e compreender a sua verdade; elas doam sem fazer cálculos. Na experiência profissional de Allport, a melhoria da saúde mental está relacionada somente com a religião intrínseca. Os benefícios vão para aqueles que crêem sinceramente, não para aqueles que usam a religião com motivos próprios.[30] Estas descobertas parecem destruir o estereótipo freudiano da religião como sendo uma mera satisfação dos desejos, alguma coisa que inventamos para obter determinados benefícios, pois se inventássemos uma religião com objetivos externos, seríamos mais infelizes que nunca.

De maneira similar, os benefícios ocorrem somente àqueles que praticam a sua fé, não àqueles que simplesmente a professam. Na verdade, os estudos de Larson demonstraram que é extremamente *não* salutar manter fortes crenças religiosas sem praticá-las. As pessoas exibem altos níveis de estresse se dizem que crêem em Deus, mas negligenciam a freqüência à igreja, deixam de ler as Escrituras e meditar sobre elas, omitem a oração antes das refeições ou caem no pecado. Um estudo sobre alcoólatras crônicos descobriu que um número surpreendentemente alto deles mantém crenças religiosas conservadoras, mas não atua de acordo. Os estudos de Larson sugerem que o estresse causado por esta contradição entre fé e prática parece contribuir com o seu alcoolismo.[31]

Em resumo, os cristãos incoerentes sofrem ainda mais do que o ateu coerente. A pessoa mais infeliz é aquela que conhece a verdade, mas não a obedece.

O PRINCÍPIO DA SABEDORIA

O aumento das evidências científicas que validam o ponto de vista cristão foi enormemente inspirado pela obra de um homem, David Larson, presidente do National Institute for Healthcare Research (Um instituto que trabalha com pesquisas ligadas à saúde). A história de Larson exemplifica não somente como os cristãos devem perseverar nas suas convicções, mas também o que podemos conseguir quando o fazemos.

Quando Larson começou a sua educação em psiquiatria, um dos seus professores tentou desencorajá-lo. — Diga-me, Dave — disse o professor. — A sua fé é importante para você, não é?

— Sim — respondeu Larson.

— Então eu penso que você deveria deixar de lado esta idéia de tornar-se um psiquiatra. Para os pacientes psiquiátricos, a religião só pode fazer mal.

O professor de Larson estava afirmando o conhecimento convencional entre os psiquiatras e psicólogos, herdado de Sigmund Freud, o fundador da psicanálise, que definia a religião como "uma neurose obsessiva universal", um "desamparo infantil" e "a regressão ao narcisismo primário". A terminologia já mudou depois de Freud, mas a maioria dos psiquiatras e psicólogos mantém a hipótese de que a religião é um fator negativo para a saúde mental e que ela se associa com as patologias mentais.[32]

Mas Larson recusou-se a ser dissuadido, e ao prosseguir com os estudos ele observou um padrão muito interessante: a religião, afinal, não estava associada com as doenças mentais. Na verdade, era exatamente o contrário. A religião na realidade ajudava a proteger *contra* as doenças mentais.

Esta descoberta impeliu Larson a realizar a sua própria investigação e hoje em dia o seu trabalho começou a modificar toda uma profissão. "Há um número crescente de psicólogos que estão descobrindo a religião, se não nas suas vidas pessoais, pelo menos nos seus dados", informa o *New York Times*. "O que antes era, na melhor das hipóteses, um assunto desusado na psicologia, renasceu como um enfoque respeitável para a investigação científica".[33] Os dados mostram que a religião, longe de ser uma doença mental, na verdade é benéfica à saúde mental, à saúde física, ao fortalecimento familiar e à ordem social.

Estes novos dados científicos fornecem uma ferramenta maravilhosa para a apologética, pois mostra claramente que se ignorarmos os princípios bíblicos, acabaremos vivendo de maneiras que vão contra a natureza do nosso ser, e pagaremos um alto preço em ter estresse, depressão, conflitos familiares, e até mesmo doenças físicas. Em lugar de ser um conjunto arbitrário de regras e restrições que reprimem e distorcem a nossa verdadeira natureza, o cristianismo na verdade descreve a nossa verdadeira natureza e nos mostra como viver de acordo com ela. E quando fazemos isso, colhemos os frutos por operar da maneira como fomos feitos para trabalhar. "O temor do Senhor é o princípio da sabedoria... Porque, por mim, se multiplicam os teus dias, e anos de vida se te acrescentarão" (Pv 9.10,11). A evidência é uma poderosa confirmação do livro de Provérbios; uma visão bíblica da natureza humana realmente está de acordo com a realidade.

Ao admitir estes benefícios concretos da fé, muitos cristãos estão se unindo para a sua própria vantagem financeira, espiritual e emocional — assim como proporcionando um testemunho eficaz para a cultura mais ampla. O programa de saúde Christian Care Medi-Share, sediado na Flórida, oferece aos membros 100% de cobertura por um custo muito menor do que a maioria dos programas de seguro saúde em grupos convencionais — um pouco menos de 200 dólares mensais por família. Por sua vez, os membros se comprometem a ter um estilo de vida saudável: não fumar, não usar drogas ilegais, não ter relações sexuais fora do casamento e moderar o uso do álcool. Eles também oram uns pelos outros. Quando um membro do grupo fica doente ou se machuca, os outros oram e escrevem cartas de encorajamento. John Reinhold, fundador e presidente do programa Christian Care Medi-Share, diz: "Os nossos membros acreditam em dividir e cuidar, mas não querem subsidiar essas coisas... àqueles que decidem viver de uma maneira que inevitavelmente leva a um colapso prematuro de mente e de corpo".[34]

Não podemos fugir das conseqüências das nossas próprias decisões. Nos nossos corpos, satisfazemos ou o ponto de vista bíblico ou um ponto de vista que se opõe ao da Bíblia. E quando encarnamos a verdade de Deus nas nossas vidas e famílias, ajudamos a trazer uma vida nova à nossa vizinhança e à nossa igreja, às nossas cidades e à nação, em um círculo cada vez mais amplo.

PARTE 1

QUESTÕES PARA DEBATE

CAPÍTULO 1

1. Estude a jornada espiritual de Danny Croce até Cristo. Quem disse o que a ele? O que ele leu e viu? Como foi o testemunho, direto ou indireto, que ele recebeu? Como isto se compara à sua própria conversão? Embora o Espírito opere de maneira diferente em cada pessoa, existem alguns padrões evidentes no seu grupo?

2. Como um novo cristão, o que Danny esperava de si mesmo? O que as outras pessoas esperavam dele? Como as outras pessoas reagiam a ele — positivamente ou negativamente? O que ele era livre para fazer, e por quê? Compare a jornada dele à sua própria. Que paralelos você vê?

CAPÍTULO 2

3. E se John Donne tivesse escrito uma meditação com a frase "Todo homem é uma ilha" (em lugar de "Nenhum homem é uma ilha, isolada; cada homem é uma partícula do continente, uma parte da terra" *Devotions upon Emergent Occasions*, 1624, "Devotion 17")? Escreva mais frases — metafóricas ou descritivas — para descrever as pessoas isoladas e a paisagem (a vista do mar). Quais evidências você vê de que "todo mundo é uma ilha" é o provérbio predominante na nossa cultura contemporânea? Quais são os sintomas pouco saudáveis que esta filosofia ocasiona?

4. "Em primeiro lugar nós devemos nos libertar da noção confortável de que o cristianismo é uma mera experiência pessoal, que se

aplica somente à vida privada de alguém." Comente se você acha que isto é verdade, ou não. Se você está de acordo com a afirmação, a verdade contida nela parece ameaçadora? Por que sim ou por que não?

5. Qual é a missão cultural da humanidade? Como o pecado a afetou?

6. Leia em voz alta Colossenses 1.13,14. De que, segundo a passagem, fomos salvos? O que isto significou em sua própria vida?

7. Leia e comente o parágrafo sobre Colossenses 1.15-20, a soberania de Cristo. A seguir, leia em voz alta 2 Coríntios 5.14-21. Se você recebeu um "ministério de reconciliação" e se você é um "embaixador de Cristo", qual é o seu relacionamento com outros cristãos, a sua atitude em relação a eles e a sua mensagem a eles? E com não crentes? E com a cultura como um todo? E com o mundo criado? Com você mesmo? Com Cristo?

8. O que a salvação quer dizer, ou envolve? O que significa que os cristãos são salvos não somente *de* alguma coisa, mas também *para* alguma coisa?

9. Qual é o problema inerente da distinção moderna entre fatos e valores? Qual é a relação entre as leis de Deus e um ponto de vista cristão?

10. O que faz desta época da história uma oportunidade excelente para que os cristãos corajosamente vivam e proclamem a sua fé? (Comente isto também com base no material do capítulo 3.)

CAPÍTULO 3

11. Quais são os resultados de rejeitar as visões bíblicas da criação, da queda e da redenção? (Se você estudou os dois primeiros livros desta série, esta pergunta serve como uma revisão.)

12. Os "círculos propagadores" redentores do ponto de vista cristão começam com o indivíduo, mas vão além dele. Repasse a longa lista de estudos que mostram que os cristãos se apresentam muito saudáveis e bem ajustados, se comparados com a população em geral. Como isto se compara com as suas próprias observações?

13. Já houve ocasiões na sua vida em que você sentiu a verdade deste comentário: "A pessoa mais infeliz é aquela que conhece a verdade, mas não a obedece"? Compartilhe a sua experiência se você acha que outras pessoas poderão aprender com ela.

14. Começando hoje mesmo, o que você pode fazer para perceber mais os benefícios positivos do ponto de vista cristão na sua vida? Como você e outras pessoas podem se ajudar, uns aos outros, a superar os obstáculos no seu caminho?

ENCENAÇÕES

As encenações podem ser maneiras "sem pressão" para que os participantes pratiquem a explicação do ponto de vista cristão aos céticos. Lembre-se de algumas regras básicas. Quaisquer comentários dos ouvintes devem ser feitos (e recebidos) como encorajamento e não como crítica pessoal. "Você poderia acrescentar..."; "Você poderia sorrir mais e manter um tom amistoso"; "Você poderia começar com uma premissa mais básica...".

Escolha uma opção, dependendo do tamanho do seu grupo e da sua dinâmica.

1. Diante de todo o grupo, peça a dois voluntários que encenem uma conversa entre um cético e um cristão. Todo o grupo pode fazer comentários construtivos. Se o tempo permitir, outro par pode fazer a mesma coisa.

2. Coloque os participantes em pares. As duas pessoas podem revezar-se interpretando os papéis, cada um interpretando o cristão e o cético de cada vez.

3. Forme grupos de três pessoas. Uma delas interpreta o cristão, outra assume o papel do cético, e a terceira será um observador que fará os comentários. Alterne as funções.

INÍCIO DE CONVERSA

Imagine que o seu vizinho diga: "Você não fuma; você não bebe. Vocês, cristãos, nunca se divertem". Reveja alguns dos benefícios do ponto de vista cristão que você percebeu na sua vida. (Se é verdade que você nunca se diverte, talvez esta atividade irá servir como um toque de despertar, e esta encenação pode tornar-se um meio para que você e outras pessoas se ajudem, uns aos outros, a aprender como falar da "alegria da sua salvação".)

RESUMO FINAL

De que você deseja se lembrar, entre o que leu (ou ouviu, ou fez) nesta parte?

Considere partilhar isso com o grupo.

PARTE 2

EM CASA, NA ESCOLA

Se as tendências da família nas últimas décadas se estenderem ao futuro, o resultado será não apenas a incerteza crescente dentro do casamento, mas também a eliminação gradativa do casamento, dando lugar a ligações casuais orientadas à expressividade e à auto-satisfação dos adultos. O problema com este panorama é que as crianças sofrerão danos, os adultos provavelmente não serão mais felizes e a ordem social irá desmoronar.

David Popenoe

CAPÍTULO 4

O CAMPO DE TREINAMENTO DE DEUS

Enquanto você lê o capítulo 4, tenha em mente as seguintes questões:

- De que maneiras o choque de pontos de vista é evidente nas definições contemporâneas da "família" e nos assuntos de família?
- Qual é a sutil distinção que está no centro dos conflitos morais contemporâneos?
- Como a filosofia do "ser livre" afeta a família e outras instituições sociais?
- O que diz o ponto de vista cristão sobre a família?

Imagine que os seus filhos trazem para casa um livro da biblioteca que garante que o divórcio não é nada sério, somente uma transição pela qual algumas famílias passam. Ou *não* imagine. Vá você mesmo à biblioteca e irá encontrar um arco-íris de livros infantis que minimizam a importância de um casamento intacto.

"Existem tipos diferentes de papais", garante um livro para crianças em idade pré-escolar. "Algumas vezes um papai vai embora, como o seu. Ele pode nunca mais ver os seus filhos." Em outras palavras, o divórcio é somente uma variação normal da paternidade. "Algumas crianças conhecem o seu pai e a sua mãe, e outras não", diz outro livro. Outro trata o divórcio como um momento desagradável, que pode ser controlado pela aplicação de algumas regras práticas. "Viver somente com o pai ou com a mãe quase sempre significa que haverá menos dinheiro. Esteja preparado para desistir de algumas coisas".[1]

A mensagem? Que os pais que permanecem e os pais que vão embora são apenas "tipos diferentes de pais" e que o divórcio não tem nenhum significado moral.

A mensagem não se limita aos livros com figuras para crianças pequenas. Quando o Institute for American Values pesquisou vinte dos mais usados livros de faculdades em cursos sobre o casamento e a família, a pesquisa revelou um panorama surpreendentemente negativo do assunto.[2] Os livros enfatizam problemas tais como a violência doméstica, enquanto minimizam os benefícios do casamento. Eles advertem as mulheres de que o casamento provavelmente será psicologicamente sufocante e até mesmo ameaçador fisicamente. "Nós sabemos" — afirma um livro — "... que o casamento tem um efeito adverso sobre a saúde mental das mulheres", uma afirmação que não tem nenhuma comprovação em dados empíricos. Na verdade, a maioria dos estudos indica que tanto os homens quanto as mulheres apresentam níveis mais altos de felicidade quando são casados.[3] Ao mesmo tempo, estes livros ignoram os bem documentados efeitos do divórcio sobre as crianças, e somente a metade deles chega a mencionar o fato de que a ruptura familiar está fortemente relacionada com o aumento do crime juvenil.

Não teria sido surpreendente se o estudo do Institute for American Values tivesse encontrado alguns livros ideologicamente parciais. O que é perturbador é a descoberta de que praticamente *todos* os livros usados pelos alunos por toda a nação estão pregando a visão de um feminismo radical e a revolução sexual aos futuros professores, orientadores e assistentes sociais da nossa nação.

Por puro interesse próprio, se não por alguma outra razão, praticamente todas as civilizações protegeram a família tanto legal quanto socialmente, pois ela é a instituição que propaga a raça humana e civiliza as crianças. Mas na América pós-moderna, a família está sendo atacada em diversas frentes, desde os livros até as revistas populares, na televisão e no cinema, por meio de políticas estaduais e federais. Esta demolição sistemática da mais antiga e mais básica instituição social é a principal causa do caos social na América nas últimas décadas.

Quando nos afastamos um pouco do campo dos indivíduos e das suas escolhas, o primeiro círculo de influências é o dos relacionamentos íntimos da família. Em nenhum lugar o choque entre os pontos de vista é mais pronunciado do que aqui. Em nenhum lugar os seus efeitos são mais desastrosos. Em nenhum lugar ele atinge mais profundamente a ordem natural que forma a base de todas as civilizações. E em nenhum lugar é mais evidente o fato de que nós, cristãos, precisamos adotar uma estratégia de ponto de vista se quisermos fazer alguma diferença. Muitos fiéis se tornaram ativos politicamente em assuntos relacionados com a família, mas nossos esforços são basicamente mais reativos que pró-ativos, principalmente porque fracassamos em confrontar as suposições básicas de ponto de vista.

A FAMÍLIA NA ÉPOCA DE MURPHY BROWN

Os pontos de vista conflitantes sobre a família foram apresentados detalhadamente em 1992, quando o então vice-presidente Dan Quayle fez o seu infame discurso "Murphy Brown" (seriado de televisão protagonizado por Candice Bergen), que evocou reações ridicularizantes em todos os cantos do país. Muitos americanos sintonizaram o primeiro programa da temporada seguinte somente para ouvir a resposta de Candice Bergen. E a estrela não desapontou o país. Como Murphy Brown, ela olhou diretamente para a câmera e repreendeu os telespectadores dizendo que não existe uma definição normativa sobre a família. Tudo o que importa, disse ela, é "o compromisso, o amor e o carinho".

No entanto, pouco tempo depois, Candice Bergen foi entrevistada pela *TV Guide* e adotou uma linha diferente. "No que diz respeito aos meus valores familiares" — disse ela — "os meus filhos e a minha família sempre foram a minha prioridade". Bergen até mesmo afirmou que ela tinha estado um passo à frente de Dan Quayle, tendo advertido os produtores do programa para que "não enviassem a mensagem..., especialmente às mulheres jovens, de que nós estamos encorajando-as a serem mães solteiras". Ela concluiu declarando: "Eu mesma... acredito que o ideal é que a família tenha o pai e a mãe. Sou a última pessoa que pode pensar que o pai é obsoleto".[4] Quando fala como o ícone cultural Murphy Brown, ela insiste que não existe uma estrutura familiar normativa. Mas como Candice Bergen, esposa e mulher, ela apóia entusiasmada a família de pai e mãe, comprometida.

Se quisermos entender o liberalismo moral contemporâneo, precisamos dissecar esta incoerência embaraçosa. Vivemos em uma época em que a liberdade foi definida como a livre escolha absoluta. Não importa *o que* escolhemos, a dignidade do indivíduo está na simples capacidade de escolher. Assim, somos perfeitamente livres para favorecer o casamento e os valores tradicionais, enquanto não negarmos aos demais o direito de escolher outros valores, ou seja, enquanto não afirmarmos que a nossa escolha está baseada em um padrão objetivo e normativo da verdade, que se aplica a todas as pessoas.

Assim, Bergen se sente perfeitamente livre para revelar a sua própria adesão aos ideais tradicionais da família porque tudo o que ela está fazendo é expressar a sua opinião particular, pessoal e subjetiva. Mas quando Dan Quayle expressa os mesmos ideais, ele é atacado e ridicularizado pelos humoristas dos programas de fim de noite. Até mesmo Bergen o condenou como sendo "arrogante", "agressivo" e "ofensivo" — mesmo que ela aparentemente defenda os mesmos pontos de vista.[5] Por quê? Porque Quayle está apresentando estas opiniões não como uma preferência pessoal, mas como verdades morais objetivas.

Esta sutil distinção está no centro dos conflitos morais que dividem a nossa cultura hoje em dia. Como resultado, não podemos determinar o ponto de vista das pessoas simplesmente perguntando a sua posição em questões morais especiais: Você é favorável ou contrário(a) ao aborto? Você é favorável ou contrário(a) à união homossexual? Em vez de fazer isso, devemos perguntar como elas *justificam* as suas opiniões. Muitos americanos conservam ideais tradicionais, mas os encaram como sendo assunto de decisão pessoal, e se recusam a impô-los como normas objetivas e universais. O exemplo mais familiar é o daqueles que "pessoalmente se opõem" ao aborto, mas defendem o direito que os outros têm de fazer a sua própria escolha. Em suas próprias vidas, muitos americanos praticam um comportamento ético exemplar, mas quando alguém lhes pede para expor os princípios objetivos que justificam esse comportamento, eles não conseguem oferecer nada além de "me parece que é o certo".[6]

Isto certamente é verdade quando o assunto é a família e a sexualidade. As pessoas usam as palavras tradicionais *casamento* e *família*, mas estas já não trazem um sentido de obrigação objetiva. Muitos americanos já não encaram o casamento como um compromisso moral com a sua própria definição e natureza, um compromisso que nos faz exigências morais, independentemente do que possamos preferir. Ao contrário, o casamento é visto como uma construção social, como alguma coisa que alguém pode definir de acordo com as suas próprias preferências. Até mesmo aqueles que usam o manto da conservação moral caem nesta armadilha. Na Convenção Nacional Republicana de 1992, a então primeira dama Barbara Bush fez esta afirmação confusa: "Não importa como *você* defina a família, isto é o que queremos dizer com valores familiares".[7]

É importante que deixemos a retórica e cheguemos à raiz deste conflito, que uma vez mais depende das nossas suposições básicas sobre a *criação,* a *queda* e a *redenção.* O ponto de vista cristão ensina que desde o início Deus criou os indivíduos em seus relacionamentos. Ao criar os seres humanos como homem e mulher, Deus estabeleceu a inter-relação entre a sexualidade humana, o relacionamento conjugal e a instituição da família, cada uma com as suas normas morais divinamente fornecidas. Embora possa haver uma grande variedade na expressão cultural destas instituições, quando entramos na aliança do casamento e da família nós nos submetemos a uma estrutura objetiva e dada por Deus.

Porém, durante o Iluminismo, os filósofos começaram a rejeitar a doutrina da criação, substituindo-o por um "estado de natureza" hipotético pré-social e pré-político. Neste estado primitivo, os indivíduos são a única realidade derradeira; os laços sociais são criados pelas escolhas que os indivíduos fazem. É por isso que o filósofo francês Pierre Manent diz que o princípio básico do liberalismo moderno é que "nenhum indivíduo tem alguma obrigação com a qual ele não consentiu".[8]

Isso muda radicalmente o ponto de vista de alguém sobre o casamento, pois se ele não está enraizado na maneira como fomos criados originalmente, mas somente na escolha individual, então é também algo que podemos *alterar* com a nossa escolha. E ainda mais, todas as escolhas se tornam moralmente equivalentes, e não existe justificativa para favorecer algumas escolhas mais do que outras. Se alguém deseja ter um casamento tradicional, está muito bem. Se outra pessoa deseja um casamento com alguém do mesmo sexo ou alguma outra variação, está bem.

Esta equivalência moral levou a uma defesa agressiva de práticas fora dos padrões. Em Hollywood, por exemplo, tornou-se normal ter filhos fora do casamento e costurar famílias resultantes de vários relacionamentos. Para estas pessoas, o casamento anterior não é simplesmente um assunto de urgências sexuais não refreadas mas a expressão de uma convicção genuína, uma afirmação de que coabitar é tão moralmente aceito como o casamento.

O crítico de cinema Michael Medved descobriu isso quando elogiou o trabalho de produção cinematográfica de um casal de Hollywood em particular, referindo-se a eles como "casados". Era uma suposição natural, uma vez que eles estavam juntos havia mais de quinze anos e tinham tido dois filhos. Ah, mas ninguém mais pode supor estas coisas, e Medved recebeu uma carta zangada de um amigo do casal, dizendo que os dois certamente *não* eram casados e que eles se sentiriam "ofendidos" por saberem que haviam sido descritos desta forma.[9]

Ofendidos? Supor que alguém é casado passou a ser um insulto? O que estamos vendo é que os desafios à moralidade tradicional são tratados como cruzadas morais. Pois se não há escolhas erradas, então nenhum estilo de vida poderá ser criticado, e ninguém deve ser levado a sentir-se culpado. Na verdade, fazer isto é completamente errado. Colocando em termos de pontos de vista, no liberalismo moderno, o único "pecado" é encerrar os outros com regras opressivas e códigos morais artificiais; a "redenção" significa restaurar a escolha livre que houve no estado original da natureza. Como certa vez escreveu o filósofo político John Stuart Mill, "O mero exemplo da não conformidade, a mera recusa em se dobrar aos costumes, é por si mesmo um serviço".[10] Bem, *existe* uma interpretação positiva sobre a imoralidade: se você rejeitar deliberadamente as regras morais e sociais, na verdade estará realizando um serviço, ajudando a libertar as pessoas da garra das tradições morais opressivas.

Ser Livre

Esta é a filosofia do "ser livre", diz o filósofo político de Harvard, Michael Sandel, em um ponto de vista que retrata o ser isolado como anterior a todos os comprometimentos ou às obrigações morais. Nas sociedades tradicionais, a identidade de uma pessoa é encontrada e expressa por meio dos papéis sociais que ela tem na família, na igreja, na cidade, no comércio, na tribo e no grupo étnico. No entanto, hoje em dia os papéis e as responsabilidades são encarados como separados à identidade essencial de alguém, o núcleo central de alguém, e até mesmo contraditórios a isso. O ser pode aceitar ou rejeitar estas responsabilidades no processo de autonegação.[11]

Isto pode parecer abstrato, mas tem conseqüências práticas intensas. Um dos temas do movimento feminista radical tem sido o de que as mulheres são sufocadas pelos papéis de esposa e mãe e precisam descobrir o seu verdadeiro ser *independentemente* destes relacionamentos. Como resultado, as últimas décadas viram uma grande migração de mulheres para o mercado de trabalho, quando a realização pessoal se torna mais importante do que o casamento e a família para algumas mulheres. O agudo crescimento do aborto pode ser visto como um forte indicador de uma diminuição do interesse em ter filhos. De maneira similar, o crescente uso de creches reflete, em parte, um menor comprometimento em ser quem cuida dos próprios filhos. O Dr. Stanley Greenspan, professor de pediatria na Escola de Medicina da Universidade George Washington, observa que esta é a primeira vez na história em que existe uma tendência crescente nas famílias de classe média "de terceirizar o cuidado dos seus bebês".[12]

A origem destas tendências, entretanto, não é unicamente o feminismo. Uma das razões por que as mulheres acham o tema da autonomia tão persuasivo é o fato de que já foi adotado por *homens* por aproximadamente meio século. Na época colonial, a masculinidade era definida em termos de responsabilidade pela família e pelo bem comum; hoje em dia, a "verdadeira" masculinidade tende a ser definida como individualista, agressiva e auto-afirmativa. Esta nova imagem emergiu no final do século XIX nos filmes de faroeste e aventuras que "celebravam o homem que escapou do confinamento da vida doméstica".[13] Nos anos 50, a revista *Playboy* entrou em cena, advertindo que o casamento é uma armadilha que irá "esmagar o espírito aventureiro e amante de liberdade do homem".[14] Os papéis de marido e pai, em vez de serem responsabilidades ordenadas por Deus que expressam a natureza essencial do homem, passaram a ser vistos como convenções restritivas que contradizem o verdadeiro ser de um homem. Isto gera frutos mortais, à medida que os homens abandonam as responsabilidades familiares, uma tendência tão difundida hoje em dia que faz com que o problema social dominante na América seja a fuga dos homens da família.[15]

A noção do "ser livre" fez com que tanto homens quanto mulheres vissem os relacionamentos familiares como papéis arbitrários e limitadores. É por isso que pessoas como a pesquisadora sexual Shere Hite podem insistir que "a ruptura da família é uma boa coisa", porque ela nos libera dos papéis e das regras restritivas".[16]

Esta visão negativa do casamento gerou conseqüências por toda a cultura. Se as pessoas ousam dizer que o casamento é superior a outros arranjos, elas são acusadas de "discriminação". Elayne Bennett, criadora de Best Friends, um programa que ensina as jovens a adiar o seu envolvimento sexual até depois do colegial, certa vez respondeu por que ela não insistia em pedir às jovens que adiassem o sexo até o casamento. "Se falarmos sobre casamento" — disse — "as escolas não nos deixarão entrar".[17] Vamos deixar que isto repouse por um momento: muitas escolas públicas hoje em dia *nem levam em conta* um programa que considera o casamento como um ideal. Além disso, muitas políticas públicas já não protegem o casamento como um bem social singular. Na lei dos impostos, existe a penalidade do casamento; nos negócios, existem benefícios conjugais para as pessoas que não são casadas; nos tribunais, existem leis que colocam as uniões homossexuais no mesmo nível do casamento.[18] A família é tratada como uma coleção frouxa de indivíduos defensores de direitos, que se unem a outros em qualquer caminho que escolham para o seu próprio benefício.

A cultura popular faz eco desta mensagem. As mesmas pessoas que nos trazem aqueles confortadores filmes familiares da Hallmark também produziram um cartão de casamento que diz: "Eu não posso prometer para sempre, mas posso prometer hoje". Com a mesma mensagem, um cartaz em uma grande loja retrata um jovem dizendo à sua namorada: "Eu só estou propondo casamento, não um compromisso para a vida inteira". A aclamada escritora Toni Morrison disse que o núcleo familiar "é um paradigma que simplesmente não funciona... por que nós ainda estamos presos a ele, eu não sei".[19] E os filmes populares coerentemente retratam o divórcio e o adultério como formas de libertação. Na cena final do famoso filme *Uma Babá quase Perfeita*, o personagem central assegura, a uma menina cujos pais se divorciaram, que depois do divórcio alguns pais "se dão muito melhor... e podem tornar-se pessoas melhores e pais e mães muito melhores".[20]

Verificação da Realidade?

Que tal uma verificação da realidade? As estatísticas da ciência social mostram que os pais divorciados geralmente *não* se tornam "pais e mães muito melhores". Poucos pais chegam a ver os seus filhos com regularidade, e as mães passam menos tempo com os filhos, por causa da devastação emocional que sofrem, e o aumento das responsabilidades que suportam. Na verdade, as conseqüências negativas do divórcio estão sendo avaliadas novamente, e as descobertas são horríveis.[21]

Considere estas estatísticas. Os filhos das famílias de pais separados têm uma probabilidade seis vezes maior de serem pobres, e a metade das mães solteiras dos Estados Unidos vive abaixo da linha de pobreza. Os filhos do divórcio sofrem uma dor intensa, que freqüentemente dura por muitos anos. Até mesmo quando chegam à juventude eles têm praticamente o dobro da probabilidade de necessitar ajuda psicológica. Os filhos de famílias desfeitas têm mais problemas acadêmicos e de comportamento na escola e têm o dobro da probabilidade de abandonar o colegial.[22] As meninas em lares de pais separados têm uma chance muito maior de uma sexualidade precoce e uma probabilidade três vezes maior de terem um filho fora do casamento.[23]

O crime e o consumo de drogas estão fortemente relacionados aos lares de pais separados. Os estudos mostram que 60% dos estupradores cresceram em lares sem pais, como também 72% dos assassinos adolescentes e 70% de todos os presos com penas longas. Na verdade, a maioria das patologias sociais que corrompem a vida americana na atualidade pode ser relacionada à falta de um pai.[24]

É surpreendente que quando os pais divorciados voltam a se casar os seus filhos não melhoram, e alguns estudos na verdade mostram que as crianças desenvolvem mais patologias. Os filhos em idade pré-escolar em famílias de segundo casamento, por exemplo, têm quarenta vezes mais probabilidade de serem vítimas de violência física ou sexual.[25]

Os adultos também sofrem terríveis danos com o divórcio. Um estudo que examinou o impacto do divórcio dez anos após a separação descobriu que em dois terços dos casais divorciados um dos parceiros ainda está deprimido e em situação financeira precária. E em um quarto de todos os casais divorciados, *os dois* antigos parceiros estão em pior situação, sofrendo de solidão e depressão.[26]

O divórcio chega a afetar a saúde física. Os filhos de casais divorciados têm maior propensão a doenças, acidentes e suicídio. Os homens divorciados têm o dobro da probabilidade dos homens casados de uma morte devida a doença cardíaca, enfarte, hipertensão e câncer. A probabilidade de morrer em acidentes de automóveis ou de cometerem suicídio é quatro vezes maior, e é sete vezes maior para pneumonia ou cirrose hepática. As mulheres divorciadas gastam um tempo 50% maior no tratamento de doenças e ferimentos por ano quando comparadas às mulheres casadas, e têm uma probabilidade duas a três vezes maior de morrer de qualquer forma de câncer. Tanto homens divorciados quanto mulheres têm uma probabilidade cinco vezes maior de sucumbir ao uso de drogas.[27]

O impacto do divórcio na saúde, diz David Larson, presidente do National Institute for Healthcare Research, "é começar a fumar um maço de cigarros por dia".[28]

E os efeitos não se limitam às famílias diretamente envolvidas. Quando se espalha a notícia da ruptura familiar, toda a vizinhança sofre. Quando o pai sai de casa, a vizinhança freqüentemente sofre crime e delinqüência. Existem lugares onde os professores não conseguem ensinar porque as crianças malcomportadas corrompem as salas de aula. Além disso, os filhos do divórcio têm muito mais probabilidade de também se divorciarem quando adultos, de modo que as conseqüências negativas são transmitidas à próxima geração. Desta forma, a ruptura familiar afeta toda a sociedade.[29]

A geração dos filhos dos ex freqüentemente percebe estas verdades melhor do que os seus pais o fazem. Muitos sofreram com o(s) divórcio(s) dos seus pais e basicamente dizem que esperam de forma desesperada um casamento que dure, embora ao mesmo tempo eles sejam profundamente pessimistas quanto ao casamento. Quando o malcomportado astro do rock Kurt Cobain cometeu suicídio, os repórteres que investigaram a sua vida privada descobriram que, quando ele tinha oito anos de idade, seus pais se divorciaram e o colocaram em uma espiral descendente. "Isto o destruiu", admitiu a sua mãe Wendy Cobain. "Ele mudou completamente." A experiência foi tão dolorosa que quando Cobain fez uma tentativa anterior de suicídio, em 1994, no seu bolso havia um bilhete que dizia: "Eu prefiro morrer que passar por um divórcio".[30]

A hora é oportuna para que os cristãos defendam o ponto de vista bíblico do casamento e da família, usando estatísticas como estas para montar um argumento convincente de que as pessoas são mais felizes e mais saudáveis em famílias estáveis. E então precisaremos aprender como modelar o ponto de vista bíblico diante do mundo que está assistindo.

O CASAMENTO COMO UM ESPELHO MÍSTICO

O que o ponto de vista cristão afirma sobre a família? A doutrina da criação nos diz que Deus nos criou com uma natureza definida (à sua imagem) e nos deu uma tarefa definida: alimentar e desenvolver as forças da natureza (encher a terra e sujeitá-la) e formar famílias e criar sociedades (frutificar e multiplicar-se). A imagem de Deus, em parte, está refletida na diferenciação da humanidade em dois sexos: "E criou Deus o homem à sua imagem... macho e fêmea os criou" (Gn 1.27). A implicação é que ser um marido ou uma esposa, ser um pai ou uma mãe, não é um papel artificial ou arbitrário separado do nosso "verdadeiro" ser, uma ameaça à autêntica individualidade. Ao contrário, estes relacionamentos formam uma parte intrínseca da nossa identidade fundamental, do que nos faz plenamente humanos. A libertação não é encontrada ao escaparmos destes papéis, mas sim ao adotá-los e assumirmos as nossas responsabilidades de uma maneira fiel aos ideais de Deus.

Em outras passagens das Escrituras, aprendemos que o casamento também é rico em simbolismo espiritual e significado — um espelho místico do relacionamento entre Deus e o seu povo. As antigas religiões de fertilidade com freqüência supunham que Deus era homem e mulher simultaneamente, e a teologia pagã se expressava em celebrações de fertilidade que envolviam rituais de fornicação na prostituição que era praticada no templo. É por este motivo que no Antigo Testamento a idolatria é freqüentemente chamada de fornicação. Mas a teologia bíblica se expressou no casamento com o amor fiel entre marido e mulher como uma imagem do amor fiel de Deus pelo seu povo. No Novo Testamento, Paulo conecta o relacionamento entre um marido e uma mulher ao "profundo (ou "grande") mistério" da união de Cristo com a sua noiva, a Igreja (veja Efésios 5).

Quando marido e mulher se unem, eles formam uma família, a instituição central da sociedade humana — o campo de treinamento, na verdade, para todas as outras instituições sociais. A sexualidade humana não foi projetada somente como uma fonte de prazer ou uma maneira de expressar afeto. Ela foi projetada como um elo poderoso entre marido e mulher, para formar um ambiente seguro e estável para levar as crianças vulneráveis até a idade adulta. A vida familiar é a "primeira escola" que nos prepara para participar da vida religiosa, cívica e política da sociedade, treinando-nos nas virtudes que nos capacitam a colocar o bem comum diante dos nossos próprios objetivos pessoais. Dizer não ao sexo fora do casamento significa dizer sim a esta visão mais ampla do casamento como a fundação de uma instituição duradoura que não somente satisfaz as necessidades pessoais mas também nos une a uma comunidade mais ampla por meio de obrigações morais e benefícios.

Não é suficiente insistir que o sexo fora do casamento é um pecado, ou que praticar a homossexualidade é errado. Precisamos aprender a expor, de uma maneira positiva, o ponto de vista bíblico completo que dá sentido a estes princípios morais. Precisamos explicar o que significa viver dentro de uma ordem moral criada e objetiva em vez de perpetuar o reino caótico do ser autônomo.

COMO SER O SALVADOR DE UM CASAMENTO

Com que eficiência a igreja ensinou este modelo bíblico e ajudou os fiéis a viverem neste modelo? Alguns dos melhores trabalhos foram realizados por instituições paralelas, como a Focus on the Family, de James Dobson. Os livros, artigos e programas de rádio de Dobson têm sido particularmente eficientes, e não podemos saber o quanto eles fizeram para ajudar a fortalecer as famílias e aumentar a sua dedicação ao viver segundo os princípios bíblicos.

Infelizmente, as igrejas locais nem sempre são tão eficientes. A sua reação ao declínio do casamento com freqüência tem sido torcer as mãos e fazer discursos bombásticos contra uma cultura decadente. Poucos líderes cristãos têm capacidade para frear as tendências destrutivas que vêm aumentando o número de divórcios, mesmo dentro das suas próprias congregações.

Princípios Sólidos

Quais são alguns dos princípios mais importantes que as igrejas podem ensinar às famílias? Em primeiro lugar, os crentes deveriam ser encorajados a tratar as suas famílias como um ministério — uma missão para com a cultura à sua volta. Muitos dos meus amigos têm este tipo de visão em relação às suas famílias, e uma família em especial conseguiu um grande sucesso. Quando eram um jovem casal, Jack e Rhodora Donahue decidiram que a sua função como cristãos era produzir uma família forte. Hoje, eles têm 13 filhos e 75 netos, e todos são cristãos dedicados. Alguns são pastores, alguns estão envolvidos em escolas cristãs, e a maioria coopera com em ministérios leigos como Young Life and Prison Fellowship. E os Donahues continuam a educar os seus filhos e netos, freqüentemente oferecendo jantares para os quais eles convidam oradores para falar sobre algum assunto especial, e depois passam a noite debatendo questões relacionadas moral, teológica e filosoficamente.

Em matéria de um modelo histórico agitador, considere Jonathan Edwards, pastor de uma congregação, estudioso e líder do First Great Awakening (o Primeiro Grande Avivamento). Juntamente com a sua esposa Sarah ele criou 11 filhos; e por volta de 1900 a família tinha 1.400 descendentes, entre eles 13 diretores de escolas, 65 professores, 100 advogados, 30 juízes, 66 médicos e 80 pessoas em importantes cargos públicos, incluindo 3 governadores, 3 senadores e um vice-presidente dos Estados Unidos.[31] Com famílias de tal educação e distinção, não é de admirar que os puritanos tenham feito tanto para modelar a mente e o caráter dos americanos. Se os evangélicos modernos esperam deixar o mesmo poderoso legado, precisamos perceber que a tarefa de construir uma cultura requer um compromisso de longo prazo, e precisamos nos concentrar em educar famílias tementes a Deus que influenciarão as futuras gerações.

Seja a sua família pequena ou grande, sejam os seus recursos extensos ou limitados, todo pai cristão é convocado para fazer da sua casa um ministério. Isto significa educar os nossos filhos com um ponto de vista bíblico e capacitá-los para provocar um impacto no mundo. A longo prazo, esta é a melhor maneira para que os cristãos possam restaurar e redimir a cultura ao seu redor.

Estratégias para a Igreja

Como a igreja pode educar estas famílias? Há alguns anos, o jornalista de Washington, Michael McManus, pesquisou os melhores programas para casais em termos de enriquecimento da vida conjugal e do resgate de casamentos em sérias dificuldades. O que começou como uma pesquisa para as colunas do jornal acabou se tornando um ministério. Michael organizou uma estratégia abrangente que ele chama de Marriage Savers (Salvadores de Casamentos) e os programas, nesta abordagem positivamente baseada na Bíblia, estão fazendo a diferença por todo o país. Quando diversas igrejas em uma comunidade concordam em adotar a estratégia, ela *realmente* diminui a taxa local de divórcios e fortalece os casamentos.[32]

Considere alguns dos programas eficazes que Marriage Savers proporciona:

Namoros inteligentes: os hábitos de um casal em sua relação um com o outro se formam muito tempo antes que eles se casem. Isto significa que a igreja precisa começar ajudando os namorados, e a primeira mensagem que eles precisam ouvir é que, se quiserem ter um bom casamento, têm que evitar as relações sexuais antes do matrimônio. A National Survey of Family Growth descobriu que as mulheres que não eram virgens quando se casaram têm uma taxa de divórcio 71%. Dizer não à relação sexual antes do casamento significa dizer sim a um casamento mais forte.[33]

Experimentar é um erro: muitos casais encaram o morar juntos como um tipo de experiência de vida conjugal, uma maneira de ver se são compatíveis para um possível casamento posterior. Mas a realidade é exatamente o contrário: viver juntos irá, quase que com certeza, *destruir* as suas chances de um bom casamento. Cerca de 90% dos casais que moram juntos dizem que querem se casar, mas a National Survey of Families and Households descobriu que aproximadamente a metade deles se separa antes de assinar a certidão de casamento. Aqueles que chegam a se casar têm mais de 50% de probabilidade de se divorciarem. Morar juntos não é uma preparação para o casamento, mas literalmente leva os casais ao fracasso.[34]

Cativando os casais: muitas igrejas se tornaram "máquinas de bênçãos", ansiosas por casar qualquer casal que venha bater à sua porta, sem lhes dar qualquer treinamento sobre como ter um casamento forte. Na verdade, 3/4 de todos os casamentos são abençoados em uma igreja ou sinagoga, o que quer dizer que as igrejas estão envolvidas na assombrosa taxa de divórcio do país. Mas as igrejas têm acesso a programas excelentes e eficazes, como PREPARE (Premarital Personal and Relationship Evaluation), que ajuda os casais a identificar os seus pontos fortes e as suas fraquezas para que possam aplainar os principais conflitos *antes* de dizerem o "sim". Outro programa eficiente é Engaged Encounter, um programa intensivo de fim de semana que ensina os casais a se relacionarem melhor. Ambos os programas podem preparar os casais para enfrentar as dificuldades que aparecem até mesmo no melhor dos casamentos.[35]

Choque do casamento: depois do fim do encantamento romântico, muitos casais enfrentam a época mais crítica do casamento, pois muitos divórcios na verdade se originam nos hábitos estabelecidos naqueles primeiros anos. ENRICH é um programa que dá suporte aos casais inexperientes, capacitando-os a descobrir os seus pontos fortes e as suas fraquezas, identificando as áreas problemáticas principais.[36] Na lei do Antigo Testamento, um homem recém-casado era dispensado do serviço militar e de outras obrigações por um ano, para que ficasse livre na sua casa e alegrasse a sua mulher: "por um ano inteiro ficará livre na sua casa e alegrará a sua mulher, que tomou" (Dt 24.5). Fica claro que o princípio bíblico é o de proteger e educar os novos casais.

Seguro contra o divórcio: nenhuma igreja deve ficar olhando enquanto os casais da congregação se separam. Um dos melhores programas disponíveis para ajudar os casais é Marriage Encounter, um retiro de fim de semana com uma taxa de sucesso de 90% no fortalecimento dos matrimônios. E para casamentos em dificuldades sérias, existe Retrouvaille (uma palavra francesa que significa "recuperação"), que funciona seguindo o modelo dos Alcoólatras Anônimos, com aconselhamento pessoal dado por casais que passaram por sérios problemas conjugais. Entre os casais que freqüentaram Retrouvaille, aproximadamente a metade já estavam separados ou divorciados, e 80% deles voltaram a unir-se e permaneceram juntos.[37]

Na verdade, todos os programas "salvadores de casamento" confiam em outros casais como mentores. Seja trabalhando com casais de noivos, recém-casados ou casamentos em sérias dificuldades, os conselheiros mais eficientes são os casais que conseguiram superar as suas próprias dificuldades.

Políticas da Comunidade

Algumas vezes, os pastores hesitam em pedir que os casais procurem aconselhamento, por medo de que eles simplesmente passem a freqüentar outra igreja. Para evitar isso, McManus estabeleceu as Community Marriage Policies, em que diversas igrejas de uma cidade concordam em impor de maneira uniforme mínimos requisitos para os que desejam se casar. Os resultados têm sido dramáticos. A primeira cidade a adotar esta política foi Modesto, na Califórnia, onde os ministros de noventa e cinco igrejas concordaram em pedir que os casais passassem por meses de preparação para o casamento, fizessem um inventário de pontos fortes e fraquezas pré-conjugal, e se encontrassem com um casal mentor. Uma década depois, a taxa de divórcio da cidade caiu 40%, apesar de um grande aumento da população. Nos dois anos em que uma Community Marriage Policy esteve em vigor nos subúrbios do Kansas, em Kansas City, os divórcios diminuíram em mais de um terço (ao passo que no bairro Missouri da mesma cidade, em que não havia o programa, os divórcios aumentaram). No final de 1998 cem cidades tinham adotado as Community Marriage Policies e nove já tinham operado tempo suficiente para produzir uma redução considerável na taxa de divórcio local.[38]

As Community Marriage Policies têm sido tão bem-sucedidas que em alguns lugares elas atraíram a atenção daqueles que não fazem parte da igreja. Em Grand Rapids, em Michigan, o prefeito de Kentwood, um dos principais bairros da cidade, persuadiu mais de dois mil líderes dos negócios, das universidades e do governo locais a se unirem e examinarem como "as políticas atuais... podem enfraquecer a formação do casamento" e para definir mudanças que pudessem "promover o casamento e famílias estáveis". O prefeito Bill Hardiman fez o seu apelo não com base na religião, mas sim pela necessidade de "melhorar o bem-estar das crianças".[39]

Em outra parte do Estado de Michigan, o Chefe da Corte do Distrito, juiz James Sheridan, persuadiu o ministério de sessenta igrejas a instalarem uma Community Marriage Policy. Então, em uma atitude pouco usual, Sheridan também obteve um acordo voluntário entre todos os juízes, magistrados e prefeitos que realizavam casamentos civis, para exigir que os casais passassem por um aconselhamento pré-conjugal. "O divórcio é um problema da comunidade, não apenas um assunto religioso", explica Sheridan, e ele tem toda a razão. "O divórcio afeta os meus casos, como juiz, e os de todos os juízes dos Estados Unidos". Ele cita as estatísticas: "O número de problemas relacionados com o álcool dobram quando as pessoas passam de casadas a divorciadas. A taxa de mortalidade de homens e mulheres é muito mais alta quando se trata de divorciados. As pessoas têm a tendência de sofrer acidentes ou doenças que custam caro à comunidade". Além disso, muitas mães divorciadas precisam da ajuda do governo. "De onde vem o dinheiro da Previdência Social para cuidar das crianças? Dos impostos." Toda a comunidade paga o preço da ruptura dos casamentos, e, como resultado, toda a comunidade tem um interesse nos programas que fortalecem os casamentos.[40]

Esforço Renovado, Força Redentora

Muito deste esforço renovado é o resultado da pressão exercida por Michael McManus, e ele é um exemplo inspirador da diferença que um único cristão pode fazer. Um gigante amistoso, McManus, e a sua esposa Harriet, uma mulher pequenina que reflete o seu entusiasmo, estão modificando a maneira como as igrejas ministram aos casados. E a cultura ao redor finalmente parece também estar pronta para ouvir o que as igrejas estão dizendo.

Nos anos 70, os livros elogiavam o divórcio como sendo a libertação, com títulos como *Creative Divorce* e *Divorce: The New Freedom*.[41] A suposição comum era a de que o divórcio cria somente uma tensão temporária e que os indivíduos em breve se equilibram e seguem em frente para formar relacionamentos novos e mais significativos. O divórcio chegou a ser apresentado como uma oportunidade de para crescimento interior e auto-atualização. Mas as marés morais estão se invertendo, e as pessoas estão mostrando uma preocupação crescente quanto ao custo social das rupturas familiares, refletida em títulos como *The Case against Divorce*, de Diane Medved, *Divorve*

Bisting, de Michele Weiner-Davis e *Rethinking Divorce*, de William Galston.[42] Existem também esforços em curso para eliminar o divórcio sem culpa, que dá todo o amparo legal àqueles que se afastam dos seus compromissos familiares. Os cristãos devem unir-se aos esforços como este para levar a responsabilidade moral de volta à lei familiar.

A família é um campo onde nós, como cristãos, podemos e devemos ser uma força redentora. Mas, ao trabalharmos para incorporar os princípios bíblicos em nossas próprias famílias, inevitavelmente nos chocamos com a força contrária da educação pública. Em nenhuma parte o ponto de vista secular obteve uma base mais forte do que nas escolas da nossa nação, e uma vez que a educação das nossas crianças é o que modela o futuro, precisamos começar a levar a nossa mensagem redentora diretamente às salas de aula.

Quero chamar a sua atenção para o vasto e abrangente movimento para o descrédito e finalmente para a eliminação de todo tipo de excelência humana — moral, cultural, social ou intelectual. E não é agradável ver como a "democracia" (no seu sentido mágico) está agora fazendo por nós o trabalho que no passado foi feito pelas mais antigas ditaduras?

SCREWTAPE (UM DIABO, DA OBRA DE C. S. LEWIS, *CARTAS DO DIABO AO SEU APRENDIZ*)

CAPÍTULO 5

AINDA EM PERIGO

Enquanto você lê o capítulo 5, tenha em mente as seguintes questões:

- Historicamente na América, quais foram as duas tarefas da educação pública, e como as escolas realizam estas tarefas hoje em dia?
- Como uma visão defeituosa da criação, da queda e da redenção influenciou a educação pública americana?
- Quais são os pontos fortes e as fraquezas das várias opções educacionais disponíveis hoje em dia para as crianças cristãs?

Em 1983, a National Commission on Excellence in Education publicou "A Nation at Risk", uma avaliação chocante sobre a educação americana. Hoje em dia, o risco é ainda maior. Os alunos de colegial americanos estão entre os mais mal-educados do mundo. Em um estudo que cobriu vinte e uma nações, os estudantes americanos obtiveram o 19º lugar em matemática e em ciência, e o último em física.[1] Até mesmo os alunos dos bem-dotados colégios Ivy League mostram deficiências evidentes em seu conhecimento em história americana e educação cívica. Três em cada quatro alunos não puderam identificar o autor de Gettysburg Address. Estes são fatos que qualquer imigrante deve conhecer para obter a cidadania americana, e parecem fugir da memória dos jovens destinados a se tornarem a próxima geração de líderes da nossa nação.[2]

Ainda mais perturbador é o declínio da educação moral. Em um estudo feito pelo Josephson Institute of Ethics, 2/3 dos alunos de colegial entrevistados admitiram ter colado em um exame no ano anterior, 1/3 afirmou que já tinha roubado alguma coisa e mais de 1/3 disse que mentiria em um questionário para um emprego.[3] Fica claro que a educação pública americana já não mais tem sucesso nas suas duas tarefas históricas: a instrução acadêmica e a educação moral.

O que causou este declínio desastroso? Naturalmente, é um fato bem conhecido que as escolas substituíram métodos de ensino já aprovados pelo tempo por técnicas de moda, desde o esclarecimento de valores até o multiculturalismo. Mas a pergunta básica é *por quê*. Por que os educadores adotaram estas metodologias, em primeiro lugar, e por que eles se agarram a elas quando é óbvio que não estão funcionando?

Podemos começar examinando as escolas que instruem os professores e administradores da nação. O currículo típico dos colégios, diz Rita Kramer, autora de *Ed School Follies*, é "freqüentemente um conjunto de estudos sobre a influência da raça, da etnia e do sexo no aprendizado". Os futuros professores não aprendem sobre o assunto que eles irão ensinar, mas, em vez disso, o seu programa está cheio de cursos que enfocam a auto-estima e a igualdade social. Um professor disse aos futuros professores de artes da linguagem: "Mais importante do que o conteúdo ou o pensamento (são) os sentimentos dos alunos. Vocês não devem alimentá-los com informação, mas ser sensíveis às suas necessidades de um reforço positivo, de auto-estima". Um professor da UCLA (Universidade da Califórnia) advertiu um grupo de jovens professores contra a correção da ortografia e da acentuação das crianças: "É mais importante que eles criem do que sigam regras".[4]

Não é de admirar que os garotos americanos obtenham a pontuação mais baixa em termos de habilidades, e a mais alta em termos de auto-estima. Nós fizemos com que eles se sintam bem por um mau resultado.

RAMIFICAÇÕES DO PONTO DE VISTA

De onde vieram estas idéias sobre a educação? Uma vez mais, a resposta está em uma mudança do ponto de vista. Um método educacional nasce de uma filosofia mais ampla que se preocupa com algumas questões fundamentais: Quem somos nós, como humanos? Qual é a nossa tarefa na vida? Como podemos nos preparar para realizar esta tarefa? A melhor maneira de criticar a educação contemporânea é examinar as respostas que foram oferecidas a estas perguntas básicas, usando o esquema da *criação*, da *queda* e da *redenção*.

O Processo em Lugar do Conteúdo

John Dewey, o mais influente teórico sobre educação da América, aplicou as idéias de Charles Darwin à educação. Dewey rejeitou o ponto de vista bíblico da criança como uma criatura de Deus e, em lugar disso, sustentou que a criança nada mais é que um organismo biológico. Assim, a mente não passa de um órgão complexo, que evolui por meio da adaptação ao meio ambiente, experimentando diferentes reações até encontrar alguma que funcione. Estas suposições levaram ao pragmatismo, uma filosofia que afirma que não existem verdades transcendentes e imutáveis, mas somente estratégias pragmáticas para obter o que se deseja. Aplicando esta filosofia, Dewey surgiu com uma teoria educacional que enfatizava o processo em lugar do conteúdo. As crianças não deveriam aprender fatos e verdades, e sim deveriam aprender como realizar um processo de pesquisa.[5]

Uma versão atual desta filosofia é a educação "construtivista", a técnica pedagógica mais popular da atualidade, que se baseia na idéia de que o conhecimento não é objetivo, mas sim uma construção social; portanto, as crianças não deveriam receber a resposta "certa", mas deveriam aprender a construir as suas próprias soluções por meio da interação com um grupo. Nas palavras da teórica sobre educação Catherine Fosnot "o construtivismo não supõe a presença de uma realidade objetiva exterior que é revelada ao aprendiz, mas que os aprendizes construam ativamente a sua própria realidade, transformando-a e a eles mesmos durante o processo".[6] As crianças aprendem a construir as suas próprias regras matemáticas, seus próprios sistemas de ortografia ("ortografia inventada"), sua própria pontuação, e assim por diante, e os professores não devem dizer aos alunos se as suas respostas estão certas ou erradas.

Dewey aplicou o mesmo processo do conhecimento à ética. Se experimentarmos, escolhendo diferentes reações a condições particulares, ensinava ele, então com o passar do tempo desenvolveremos uma "ciência" de ética, identificando estas ações que previsivelmente levam a conseqüências agradáveis e satisfatórias. Naturalmente, o obstáculo é que aquilo que pode satisfazer a você não satisfaça a mim. Assim, a filosofia de Dewey inspirou os métodos relativistas da educação moral em vigor hoje em dia nas salas de aula, incluindo o método de Sidney Simon, de "esclarecimento de valores", e o seu processo de sete etapas para definir os valores — seguido pelo método de "raciocínio moral" de Lawrence Kohlberg, o "enfoque refletivo" de Clive Beck e muitos outros. O que todos estes métodos têm em comum é que os professores são instruídos a não serem diretivos de nenhuma maneira e a instruir os alunos em um processo de avaliação de alternativas e de tomada de decisão. As escolhas dos alunos são consideradas aceitáveis não porque as escolhas concordem com um padrão transcendental mas porque os estudantes passaram pelo processo exigido — independentemente do resultado.[7]

O Mito da Inocência

Uma visão defeituosa da criação levou diretamente ao relativismo conceitual e moral que é a praga da educação pública moderna. Igualmente desastrosa foi a perda do ensinamento bíblico sobre o pecado e a queda. Jean-Jacques Rousseau chocou o mundo ao afirmar que a natureza humana no seu estado natural é inocente — que as pessoas se transformam em más somente pelas restrições da civilização. E onde é que vemos a natureza humana no seu estado natural e espontâneo, pergunta ele, antes de ser arruinada pelas regras e inibições? Ora, na criança. A criança revela todo o alcance do potencial humano, a glória do ser indeterminado, aberto a todas as possibilidades.

E assim nasceu uma visão utópica da criança. "Seguindo as nuvens da glória nós viemos de Deus, que é o nosso lar: o céu está ao nosso redor na nossa infância", nas palavras do poeta romântico William Wordsworth.[8] Foi-se a noção bíblica de que as crianças são afetadas pela queda, a sua natureza distorcida pelo pecado de Adão e Eva. Foi-se a idéia de que as crianças são capazes de verdadeiras más ações e, portanto, necessitam limites morais e educação. Como resultado, os românticos estabeleceram novas e engenhosas idéias radicais sobre a maneira como as crianças deveriam ser criadas e educadas.

No século XIX, por exemplo, um teórico sobre educação, o alemão Friedrich Froebel, fundou o primeiro jardim de infância, onde apresentou um novo enfoque radicalmente utópico da educação. Enquanto o objetivo da educação clássica é transmitir uma herança cultural, na visão utópica de Froebel a educação é vista como um meio para a passagem da humanidade para o estágio seguinte da evolução. Enquanto na educação clássica as crianças aprendem a imitar o que houve de melhor no passado, na educação utópica elas aprendem a rejeitar o passado e a criar alguma coisa nova. Enquanto a educação clássica ensina as crianças a adaptar as suas vidas aos princípios eternos, a educação utópica procura libertá-las para desenvolver novas idéias e maneiras de viver a partir da sua própria experiência. O jardim de infância de Froebel retratou a criança como uma planta cujo crescimento precisa ser permitido de acordo com a sua própria lei interior de desenvolvimento orgânico, para que não impeçamos a sua evolução. Os antigos padrões de verdade e virtude precisam ser abandonados para dar liberdade ao novo homem, que está agora mesmo no processo de evolução por meio das nossas crianças.[9]

Outro educador do século XIX, Francis Wayland Parker, foi longe a ponto de chamar a criança de divina: "As tendências espontâneas da criança são registros da divindade interior".[10] Na teoria da educação centrada na criança, elaborada por Parker, a coisa mais importante é que o adulto saia do caminho das tendências naturais da criança, para evitar sufocá-la com exigências acadêmicas ou morais.

Educadores como Froebel e Parker supunham que as crianças, se deixadas por sua própria conta, iriam espontaneamente voltar-se para o amor, a ausência de egoísmo, o trabalho duro, a criatividade e todas as outras virtudes cristãs. Em outras palavras, eles supunham que a natureza humana é boa naturalmente, e não viam nenhum perigo em abandonar o treinamento imposto externamente e os padrões objetivos.[11] Hoje, a mesma utopia está em curso nos programas de educação sem valores diretivos, que, como já vimos anteriormente, são baseados na suposição de que se as crianças apenas aprenderem um processo de investigação para avaliar as suas opções, irão escolher sábia e racionalmente.

A rejeição do ponto de vista bíblico, relacionado à Queda, levou a métodos irreais e impraticáveis que estão cegos às necessidades de orientação moral das nossas crianças. É alguma surpresa que muitos garotos estejam colando, roubando e até mesmo atacando uns aos outros nas salas de aula?

A Redenção Política e Terapêutica

Se uma compreensão defeituosa da doutrina da Queda enfraqueceu a educação moral, o que dizer dos efeitos de uma doutrina da redenção defeituosa? A redenção certamente está viva e presente nas classes de hoje, mas é uma redenção política — um reflexo do tipo que se encontra na sociedade. Muitas crianças sabem mais sobre a chuva ácida e os direitos dos homossexuais do que sabem sobre Shakespeare e George Washington. A educação está se transformando nos meios de levar a sociedade ao próximo estágio da evolução social.

Nos anos 30, o influente educador George S. Counts convocou explicitamente os professores para que começassem a "controlar a evolução da sociedade". Ele insistiu que eles "redimissem" a sociedade, que deixassem de ser meros transmissores da cultura e se tornassem "criadores de valores sociais". Os educadores deveriam deliberadamente alcançar o poder para "construir uma nova ordem social", elevando a conscientização dos alunos sobre os problemas sociais e encorajando-os a produzir maneiras alternativas de organizar a sociedade.[12] Hoje em dia, as escolas estão fazendo exatamente isto... com prazer.

Cada vez mais, o tempo na sala de aula é afastado do estudo dos clássicos da cultura ocidental e é dedicado a causas politicamente corretas, com base em uma filosofia de pós-modernismo que reduz a verdade a poderes políticos, e trata todas as idéias como expressões de raça, classe ou sexo. A maioria dos educadores já não mais define a educação como o incentivo à procura da verdade e a transmissão de uma herança valorizada — diz Frederic Sommers, da Brandeis University; em lugar disso, eles definem a educação como um meio para "capacitar os estudantes alertando-os à necessidade de lutar contra o patriarcado, o racismo e o classismo".[13] O filho de Nancy descobriu isso recentemente quando entrou em uma universidade pública. O seu curso de inglês com distinção foi ministrado por uma feminista radical que dedicou todo o seu currículo às obras contemporâneas escritas por feministas e por ativistas pelos direitos dos homossexuais. Ao invés de ser um lugar onde os estudantes podem aprender a avaliar as idéias conflitantes sem paixão, a sala de aula está se tornando um lugar onde os estudantes são doutrinados em radicalismo político, e se engajam em guerras culturais.

Ao mesmo tempo, a educação foi muito influenciada por um modelo terapêutico de redenção, no qual os professores tratam os psíquicos das crianças enquanto lhes ensinam o abecedário. A origem desta tendência amplamente difundida é a filosofia do existencialismo, que atribui a cada indivíduo um *ser autônomo*. De acordo com este ponto de vista, as pessoas devem criar os seus próprios objetivos ao fazer as suas escolhas, mesmo que não haja nenhum padrão para dizer-lhes se as escolhas que estão fazendo são certas ou erradas.[14] A teoria da educação resultante é algumas vezes chamada de educação humanista, seguindo os grandes psicólogos humanistas dos anos 70 — Carl Rogers, Rollo May, e Abraham Maslow — que foram os pioneiros no uso de técnicas terapêuticas na sala de aula como uma maneira para libertar os alunos das barreiras psicológicas, para que eles pudessem se tornar tomadores de decisão autônomos. Os professores se tornaram psicólogos amadores, explorando a personalidade dos alunos com técnicas emprestadas de grupos de encontro e treinamento de sensibilidades.

Mas a educação não é a mesma coisa que a terapia, e o impacto do existencialismo na sala de aula foi desastroso. O educador William Coulson, que foi colega de Carl Rogers, conta uma fascinante história pessoal que ilustra por que a educação humanista fracassa.

Em 1967, Coulson e Rogers receberam o privilégio de conduzir o primeiro estudo sistemático de grande escala do efeito dos grupos de encontro na sala de aula. O seu laboratório consistiu de aproximadamente sessenta escolas dentro do sistema escolar católico em Los Angeles, e eles começaram realizando cursos intensivos para as freiras que ensinavam nas escolas (as Irmãs do Imaculado Coração de Maria). Para a surpresa e a consternação de Coulson, muitas freiras reagiram ao treinamento abandonando o hábito e deixando a igreja católica. A mensagem que elas receberam dos cursos foi a de que para serem indivíduos "autênticos", elas deveriam se libertar de toda a autoridade externa e tomar as suas próprias decisões. Naturalmente, como destaca Coulson, ao sair da igreja, as freiras não estavam de fato se libertando de nenhuma autoridade externa. Elas estavam simplesmente substituindo uma autoridade (a igreja católica) por outra (os líderes do curso).[15]

A experiência de Coulson não foi a única. Quando Abraham Maslow passou a sua teoria humanista de psicologia para a prática educacional, descobriu que os seus alunos desenvolviam uma "certeza quase paranóica das suas próprias virtudes absolutas e da sua correção".[16] Tendo sido ensinados que eles eram seres autônomos que precisavam decidir entre o certo e o errado, seus alunos se tornaram impossíveis de ensinar. Não é de espantar que a pesquisa mostre que os alunos que fizeram cursos de "estilo de vida" com emprego de métodos de tomada de decisão não diretiva acabem tendo *maior* probabilidade de desenvolver um comportamento destrutivo.[17]

Alunos que foram ensinados a olhar somente para os seus próprios sentimentos, dentro de pouco tempo perdem qualquer senso de responsabilidade com relação a qualquer padrão moral externo. Uma professora descobriu isso quando usou um programa de educação por valores com os seus alunos de oitava série que apresentavam maus resultados. O programa exigia que os alunos elaborassem uma lista das coisas que gostavam de fazer, o que acabou sendo "sexo, drogas, bebidas e faltar às aulas". A professora ficou horrorizada e impotente. Os seus alunos tinham identificado os seus valores, e o programa não diretivo não lhe deu a oportunidade de desafiá-los a desejar alguma coisa mais elevada.[18]

O declínio da educação pública americana não se deve ao ensino ruim ou à falta de base; ele se deve às teorias educacionais que negam a existência da verdade e da moralidade transcendental, que renuncia aos padrões da excelência, e que em última instância tornam as crianças impossíveis de serem ensinadas. Se esperamos reformar o sistema educacional, precisamos aprender a analisar e criticar os pontos de vista que geraram estes métodos de ensino desastrosos e então oferecer um ponto de vista alternativo que é decididamente cristão — aquele que apresenta uma teoria de educação capaz de melhorar as escolas para todos os estudantes.

A VERDADE NO ENSINO

Qual é o ponto de vista cristão? Ele foi capturado em um momento dramático no filme *A Testemunha*.[19] Em uma cena poderosa que envolve um detetive da cidade grande e um menino de oito anos, chamado Samuel, o menino encontra o revólver do detetive em uma gaveta e tenta apanhá-lo.

— Samuel! — diz firmemente o detetive. — Nunca brinque com uma arma carregada!

O detetive não pergunta a Samuel como ele se sente a respeito do que está fazendo. Ele não permite que o menino tome a sua própria decisão quanto a brincar com uma arma carregada ser correto ou não. Ao contrário, um adulto instruído, de uma maneira autoritária, informa o menino do perigo de brincar com armas.

Este exemplo mostra um enfoque para o ensino que é diretivo e objetivo, e nós sugerimos que ele também reflita o modelo bíblico. A educação cristã não é utópica; ela não imagina que as crianças (ou o restante de nós) são capazes de determinar a verdade definitiva por sua própria conta no vácuo do subjetivismo. Em lugar disso, Deus comunicou-se conosco por meio da Bíblia, revelando um padrão objetivo da verdade e da moralidade para todas as pessoas. Nossas vidas são orientadas por verdades reveladas que são muito maiores do que qualquer coisa que pudéssemos chegar a imaginar por nossa conta.

Quais são estas verdades? Em primeiro lugar, as crianças não são meros organismos biológicos que se adaptam ao meio ambiente; elas são criadas à imagem de Deus e carregam toda a dignidade de seres capazes de reconhecer a verdade, a bondade e a beleza. O objetivo da educação deveria ser o de alimentar as almas das crianças por meio de uma apresentação diretiva destes ideais objetivos.

Mas isto é apenas uma parte da história. Nós também devemos levar em consideração a capacidade que as crianças têm para o egoísmo e a teimosia. A educação moral, da mesma maneira, deveria ser diretiva, ensinando as virtudes bíblicas e pondo em prática uma disciplina de sala de aula coerente.

Finalmente, a educação é uma das maneiras que procuramos para reverter os efeitos da Queda e restaurar a humanidade à sua dignidade e objetivo originais. O objetivo do aprendizado, escreveu o grande poeta cristão John Milton, "é consertar as ruínas dos nossos antepassados".[20] Os professores deveriam reconhecer o drama moral e espiritual que ocorre na alma dos seus alunos, ajudando-os a ver como este mesmo drama é o assunto da história, da literatura e da filosofia. A educação é o principal campo da batalha espiritual que assola o mundo, um campo de batalha ao qual deveríamos estar trazendo um ponto de vista cristão: expulsando o poder do adversário e reivindicando para Cristo todo o território da mente e do espírito.

Escolas Cristãs

As Escrituras constantemente ordenam que os cristãos ensinem os seus filhos e transmitam as grandes verdades da fé de geração a geração. Assim, não é de surpreender que os cristãos historicamente tenham conferido uma grande importância à educação, fundando escolas e alfabetizando em todos os lugares para onde iam no globo. Praticamente toda faculdade importante nos dois primeiros séculos da história dos Estados Unidos foi fundada por cristãos. (Na verdade, Harvard, Princeton e as outras universidades Ivy League foram fundadas para educar pastores.) Hoje em dia, os cristãos continuam fundando escolas, freqüentemente com o objetivo de atingir uma cultura decadente. Em uma cidade depois da outra, as escolas cristãs e paroquiais educam um número substancial de estudantes da cidade, produzindo notas de exames mais altas com um custo mais baixo do que o da educação pública.[21]

A educação cristã não é simplesmente um assunto de começar a aula com a leitura da Bíblia e uma oração, e depois ensinar assuntos de livros seculares. Ela consiste em ensinar tudo, desde a ciência e a matemática, até a literatura e as artes, dentro do esquema da um ponto de vista bíblico integrado. Ela significa ensinar os alunos a relacionar todas as disciplinas acadêmicas à verdade de Deus e à sua auto-revelação nas Escrituras, e ao mesmo tempo detectando e comentando as suposições dos pontos de vista não bíblicos.

Para aqueles que procuram orientação sobre como fazer a coisa certa, há muitos bons modelos. Em Detroit, o meu grande amigo Mike Timmis encabeça uma coalizão de líderes de igrejas locais, de negócios e de organizações da comunidade que fundou quatro escolas ecumênicas, centradas em Cristo, em bairros urbanos. Com a matrícula de quase setecentos alunos, as escolas Cornerstone funcionam durante onze meses ao ano, e os pais precisam assinar um "pacto" para dar apoio ativo à escola. A freqüência à capela é obrigatória, e todos os alunos participam de um grupo de estudo da Bíblia. Fundadas privativamente por corporações e fundações, as escolas também conseguem pessoas normais como "parceiros", que não apenas colaboram com dois mil dólares por ano para financiar um aluno, mas também se comprometem a formar uma amizade com esse estudante. Os alunos, dos quais 98% pertencem às minorias, acabam com resultados muito superiores à média nacional nos testes padronizados, e o número de problemas disciplinares é muito menor do que nas escolas públicas.[22]

Uma das experiências mais interessantes nos últimos anos foi o crescimento do movimento da escola clássica cristã. A educação clássica está baseada na idéia de que para qualquer assunto existe um desenvolvimento de aprendizado de três etapas. Os alunos precisam (1) conhecer a base do assunto (o que os gregos antigos chamavam de "gramática"); (2) ser capazes de raciocinar claramente sobre ele ("lógica"); e (3) aplicar o assunto de uma maneira criativa e persuasiva ("retórica"). A educação clássica ensina os alunos como usar estas ferramentas básicas de aprendizado para apreciar o melhor da herança cultural ocidental clássica. Os alunos ouvem sinfonias, estudam pinturas e lêem grandes obras da literatura escritas por Homero, Platão, Dante, Shakespeare, Dickens e Dostoyevsky. Este enfoque tem tido um efeito dramático na criação de escolas cristãs academicamente estelares por todo o país.[23]

A Educação em Casa

A alternativa mais radical para os pais cristãos é assumir eles mesmos a tarefa de educar os seus filhos, passando a fazer parte do crescente movimento de educação em casa. Nos séculos passados, muitos dos notáveis líderes americanos foram educados, pelo menos parcialmente, em casa: Patrick Henry, William Penn, Deniel Webster, Wilbur e Orville Wright, Abraham Lincoln e Thomas Edison. Hoje, cerca de 1,7 milhões de crianças americanas estudam em casa, e no teste ACT de 1997 a nota média destes alunos esteve acima da média nacional.[24]

Meg e Steve Garber, de Burke, Virgínia, estão ensinando os seus gêmeos de 9 anos de idade em casa, e os Garbers demonstram como um currículo pode ser unificado em várias matérias para obter um efeito de aprendizado melhor. No último outono, enquanto estudavam um capítulo sobre a América Colonial, os gêmeos leram livros sobre o assunto e praticaram a escrita compondo um diário, da vida diária de uma criança naquela época; eles cozinharam a comida da época e leram sobre nutrição e plantação; eles costuraram roupas de estilo colonial e fizeram uma visita de campo à cidade colonial Williamsburg. Ao mesmo tempo eles atualizavam os seus conhecimentos em matemática, acústica e composição, sem mencionar o futebol, o basquetebol, as aulas de balé e criação de galinhas do quintal.

Naturalmente, muitas famílias cristãs decidem enviar seus filhos a escolas públicas porque não podem pagar pelas escolas particulares, ou porque decidiram trabalhar dentro do sistema escolar público. Mas estas famílias também têm uma tarefa educacional para realizar em casa, ensinando aos seus filhos um ponto de vista abrangente com o qual irão interpretar e comentar o que aprendem na escola.

Neste sentido, todos os pais cristãos precisam ser professores em casa. E todos precisam do apoio da igreja, o que significa que as igrejas locais devem incentivar os jovens líderes de grupos a irem além dos jogos de voleibol e das festas de pizza, e começarem a ensinar apologética e questões de pontos de vista.

O Ministério Summit, em Colorado, está mostrando o caminho. Situado no alto das Montanhas Rochosas, em todos os verões Summit recebe alunos colegiais que desejam aprender como defender a sua fé contra as tendências ideológicas da época. O fundador David Noebel desenvolveu um currículo que dá às crianças cristãs um rápido curso sobre apologética, ensinando-as a lidar com os desafios intelectuais que enfrentam no colegial e na faculdade. Elas aprendem como analisar e criticar o movimento da Nova Era, o humanismo, o marxismo, o feminismo, o evolucionismo e qualquer outro "ismo" que pareça estar obtendo uma base na cultura americana contemporânea. As igrejas e as escolas cristãs deveriam pegar uma página do livro de Summit (ou usar o próprio livro de Summit, *Undestanding the Times*) e começar a preparar os jovens para enfrentar uma cultura cada vez mais hostil.[25]

Reformando as Escolas Públicas

Mas mesmo que reforcemos a educação cristã, não podemos evitar o desafio de reformar a educação pública. O futuro de qualquer sociedade depende da maneira como ela ensina as suas crianças. É por isso que uma das primeiras medidas tomadas pelos governos revolucionários é colocar todos os agentes educacionais sob o controle do Estado, dando às escolas uma orientação central na construção da nova sociedade. É também por isso que uma das batalhas mais violentas na "guerra de cultura" da atualidade é sobre a educação. Se os cristãos vão ser o "sal", se vamos restaurar a ordem e a justiça em toda a cultura, precisamos restaurar a educação de alta qualidade.

Podemos começar apoiando reformas curriculares que restaurem um foco objetivo na sala de aula da escola pública. Nas escolas estaduais não podemos exigir uma abordagem cristã explícita da educação, naturalmente, mas *podemos* exercer um papel ativo promovendo o ensino dos princípios gerais da verdade e da moralidade que, embora em última análise derivem das Escrituras, também encontram apoio em bases racionais. Por causa da graça comum, estes princípios freqüentemente são reconhecidos por pessoas de outras crenças (como os judeus, os muçulmanos, os mórmons e outros), assim como por não crentes, o que nos permite trabalhar juntos como aliados na batalha.

Os esforços de reforma podem ser eficazes, como ficou provado pela Piscataquis Community High School, uma escola rural depauperada em Maine. Há uma década, as notas da escola em um teste estadual de capacidade estavam entre as mais baixas do estado. Hoje, estão entre as mais altas. O segredo? Disciplina e um currículo exigente. Ou, como diz Norman Higgins, que foi diretor durante dez anos, "padrões elevados para os alunos, padrões elevados para os professores, padrões elevados para as escolas". Higgins iniciou um currículo clássico no qual todos os estudantes, e não só os que vão continuar os estudos na universidade, precisam aprender álgebra, biologia, química, física e línguas estrangeiras. "Nós somos uma escola particular da Nova Inglaterra em um pobre cenário de escola pública", diz Higgins.[26]

Os indivíduos cristãos que trabalham no sistema público escolar também causam um enorme impacto. Durante trinta anos, uma mulher afro-americana, chamada Barbara Moses, foi uma professora de escola pública em Filadélfia, onde levou milhares de crianças a endireitarem as suas vidas partilhando o amor de Deus com elas. Ela orava com as crianças, convidava-as para que aceitassem a Cristo, visitava seus lares, ia conhecer as famílias. Poucas pessoas causaram maior impacto em suas escolas locais, demonstrando o que um crente liderado pelo Espírito pode fazer.[27]

Escolas Licenciadas

Um dos mais criativos meios da reforma da educação pública é o movimento das escolas licenciadas, que são escolas públicas, mas com a diferença de que o professor mantém o posto pelos seus méritos, que não tem estabilidade no emprego e não precisa ensinar o currículo estadual. Em compensação por esta liberdade, as escolas licenciadas precisam satisfazer rígidos padrões de desempenho. A idéia é permitir uma ampla área de experimentação enquanto os estudantes se submetem a padrões acadêmicos rigorosos, para que o Estado possa determinar qual método funciona melhor.

Um exemplo do que uma escola licenciada consegue fazer é visto em Wesley Elementary, em Acres Homes, uma zona violenta e infestada de drogas em Houston, Texas. A escola está cercada por arame farpado e casas fechadas com tábuas, e, há diversos anos, somente 18% dos alunos de terceira série de Wesley obtinham a nota necessária em compreensão de leitura. Mas depois que Thaddeus Lott tornou-se o diretor, em 1975, esse número saltou para 85%. Para conseguir esta reviravolta extraordinária, Lott voltou ao básico: disciplina rígida, expectativas altas e um currículo que ressalta os exercícios e um aprendizado seqüencial (Instrução Direta). Sua abordagem teve tanto sucesso que lhe pediram que assumisse diversas outras escolas com problemas. Estas se tornaram as primeiras escolas licenciadas no Texas, e o sucesso está sendo repetido em escolas licenciadas por todo o país.[28]

Programas Suplementares

Os cristãos também podem criar maneiras para suplementar o sistema público escolar. Esta foi a tática adotada por Jerry McNeely, um ministro ordenado na Igreja Metodista Episcopal Africana, que assumiu a William D. Hinton School, uma escola pública elementar no lado sul de Chicago, onde o ruído de tiros e sirenes é a música de fundo habitual e as calçadas estão cheias de garrafas de bebida vazias e frascos de craque. Nos dias atuais coisas surpreendentes acontecem em Hinton School. Duas vezes por semana, assim que soa o último sinal, diversos alunos correm para a sala de aula, pegam os seus deveres de casa e começam a comparar observações. Então Jerry McNeely chega, abre uma grande caixa de substâncias químicas e os alunos logo estão profundamente interessados em um projeto de ciências.

Estas crianças são participantes de um dos programas "depois da aula" mais na moda em Chicago: os Urban Pioneers, um componente do projeto Urban League's Black Churches em Chicago. McNeely é o diretor de Urban Pioneers, com a visão de ajudar os garotos do centro da cidade a estudar para obter boas notas em ciências e matemática. Como resultado, centenas de alunos da quinta à oitava série passam quatro horas por semana explorando o mundo da ciência e da matemática fazendo experiências.[29]

Um dos melhores programas para ajudar os estudantes a obter boas notas na escola é Kids Hope USA, um programa fundado por Virgil Gulker, que ficou horrorizado pelas crescentes taxas de violência, atividade em gangues e suicídio, mesmo nas séries mais jovens. Quando entrevistou especialistas por todo o país, ele repetidamente ouvia o mesmo refrão: Não precisamos de mais programas. Precisamos de mais adultos que se preocupem o suficiente para colocar os seus braços em volta de crianças problemáticas e dizer: "Eu amo você".

Então Gulker fundou um programa no qual uma igreja "adota" uma escola elementar local, e os membros da congregação realizam um acompanhamento individual. Cada voluntário se encontra com o seu estudante na escola, e depois envia ao professor um relatório de progresso após cada sessão. O objetivo acadêmico é fazer com que os alunos adquiram habilidades básicas em leitura e computação, mas o objetivo pessoal é o de manter um relacionamento duradouro, consistente e de confiança entre um voluntário cristão e um garoto necessitado — o único tipo de relacionamento que provou dar a estes garotos a esperança de que eles precisavam.[30] Kids Hope USA atualmente tem sessenta igrejas participantes em seis Estados.

A Escolha da Escola

A melhor esperança para reformar as nossas escolas públicas pode ser o sistema de vales, que possibilita às famílias de baixa renda alguma escolha sobre a escolaridade dos seus filhos.

Em Cleveland, no Estado de Ohio, Delvoland Shakespeare ficou horrorizado quando visitou a escola onde o seu filho de cinco anos de idade iria estudar no outono. Em um cruzamento fora da escola, traficantes de drogas ocupavam uma esquina, bêbados a outra, prostitutas uma terceira e homens jogavam dados na quarta.

Dentro da escola, ele viu alunos correndo sem nenhuma disciplina, e livros estragados sem capa. No banheiro masculino, um homem tentou vender-lhe drogas. "[Meu filho] teria que caminhar por essa zona de guerra, e quando chegássemos à escola, ele ainda estaria em uma zona de guerra", disse Shakespeare. "De forma nenhuma eu iria enviá-lo àquela escola".[31] O jovem pai afro-americano mudou-se com a família para um sótão, para que ele pudesse pagar por uma escola católica particular. Finalmente, dois anos mais tarde, quando Ohio começou um sistema de vales que permitiu que os pais usassem os vales em escolas religiosas, os Shakespeares ganharam vales para ambos os filhos. Livres das despesas de educação, a família pôde sair do sótão e ir para a sua própria casa.

Os vales são talvez o melhor caminho para a igualdade educacional, dando aos pais de baixa renda uma oportunidade igual para tirar os seus filhos das escolas públicas fracassadas e matriculá-los em boas escolas privadas. De acordo com um estudo de Harvard sobre o programa de escolha da escola em Milwaukee, em Wisconsin, as crianças da minoria melhoraram as suas notas de leitura entre 3% a 5%, e as suas habilidades em matemática entre 5% a 12%. Os opositores continuam a contestar nas cortes o programa de vales, mas, em 1998, por 8 votos contra 1, a Suprema Corte recusou-se a acabar com o programa de Wisconsin.[32]

Os vales são benéficos para as escolas públicas também, porque eles geram a competição necessária para romper com o monopólio do sistema público e obriga as escolas a melhorar. Mas as medidas do sistema de escolha de escola freqüentemente são bloqueadas pelos poderosos sindicatos de professores e pelas associações educacionais. Como resultado, algumas pessoas inovadoras nos negócios estão organizando sistemas de vales privados. Em Indiana, a Golden Rule Insurance Company fundou o primeiro programa de vales privados, o Educational CHOICE Charitable Trust. Fundado com doações particulares de indivíduos, corporações e fundações, o programa financia a metade do custo para que um filho de uma família de baixa renda possa freqüentar uma escola particular ou religiosa.

CHOICE tem tido tanto sucesso que já atraiu muitos imitadores. Por exemplo, o financista Ted Forstmann e o herdeiro do Wal-Mart, John Walton, iniciaram o Washington Scholarship Fund, um programa de bolsas de estudos particulares que possibilita que 1.300 crianças deixem anualmente um dos piores sistemas educacionais públicos (o de Washington, D.C.) e freqüentem escolas particulares. Eles também iniciaram o Children's Scholarship Fund, conseguindo 100 milhões de dólares para dar bolsas de estudos a crianças em cidades de todo o país.[33]

▪ ▪ ▪

O que as escolas fazem hoje determina como a sociedade será no futuro. É por isso que a reforma da educação, desde as pré-escolas até as universidades, é uma das tarefas culturais mais cruciais que os cristãos enfrentam. Temos a oportunidade não apenas de ter uma influência sobre as nossas instituições públicas, mas também de criar centros cristãos de educação que se tornarão fontes de renovação cultural tanto quanto os monastérios o foram na Idade Média. Embora os secularistas tenham anteriormente condenado a fé cristã como sendo irracional e contrária à razão, de forma irônica o cristianismo agora se levanta equilibrado para tornar-se o grande defensor da razão.

Mas somente um passo adiante do pátio da escola está a vizinhança, outro campo oportuno para a renovação, como um homem descobriu em seus esforços para trazer a restauração no meio do crime e da decadência.

PARTE 2

QUESTÕES PARA DEBATE

CAPÍTULO 4

1. Qual é a sutil distinção que está no centro dos conflitos morais contemporâneos? Por que é difícil pedir às pessoas que justifiquem os seus pontos de vista? Por que é difícil justificar os seus próprios pontos de vista?

2. Você vê o casamento e a família como uma "construção social" ou como uma "obrigação objetiva"? Compare e contraste o significado subjacente e as ramificações destes dois pontos de vista.

3. Em uma cultura onde "nenhuma escolha é errada", o que é encarado como o único "pecado"? Como "redenção"? Como um "serviço à humanidade"?

4. Sem "fazer um discurso bombástico contra uma cultura decadente", discuta os desafios que você enfrenta ao apresentar aos seus filhos ou amigos uma visão cristã do casamento e da família.

5. Leia em voz alta Mateus 19.4-12, um ensinamento de Jesus no qual Ele cita o relato da criação do livro de Gênesis. Liste e comente os elementos dos desígnios de Deus para a sexualidade e para o casamento.

6. Se você tentou "encontrar" o seu "ser livre", onde esta procura o levou? Como a leitura deste capítulo modificou (ou solidificou) a maneira como você se define?

7. Leia em voz alta Efésios 5.15-25. Quais são os princípios fundamentais para a vida familiar que você vê nesta passagem? Os três mosqueteiros viviam sob o lema: "um por todos e todos por um". Imagine lemas aplicáveis que possam ajudá-lo a se lembrar de "fazer da sua casa um ministério".

8. O que vocês, como um grupo ou uma igreja, podem fazer para promover famílias mais saudáveis entre os seus membros, e na comunidade mais ampla?

CAPÍTULO 5

9. Qual evidência você vê na filosofia educacional de Dewey: o processo é mais importante do que o conteúdo? Compare e contraste os benefícios e as obrigações dos efeitos desta filosofia.

10. Comente, a partir da sua observação pessoal, os resultados das ações e escolhas das crianças, quando elas são cronicamente deixadas "sem direção". A sua experiência se aproxima mais da visão cristã da Queda, ou da secular?

11. Compare e contraste os objetivos e os métodos da *(a)* educação clássica e da *(b)* educação baseada na visão utópica da criança. Qual valor, se existe algum, você vê nas crianças serem educadas a imitar "o melhor do passado"?

12. Leia em voz alta Efésios 6.1-4. Em termos práticos, discuta maneiras — frases específicas — que você pode usar para ensinar às suas crianças responsabilidades e exigir prestação de contas, mas sem "esmagar" o espírito delas.

13. Comente a afirmação: "A educação não a mesma coisa que a terapia". Que problemas surgem quando nós — crianças ou adultos — olhamos somente para os nossos sentimentos procurando orientação?

14. Crie, com base em sua memória, uma lista dos "melhores livros antigos" adequados para crianças e adolescentes. Imagine maneiras para motivar as crianças da sua igreja (individualmente ou em grupos) a ler e obter o máximo desses livros.

15. De que forma todos os pais devem ser "professores em casa"?

16. Até que ponto e de que maneiras é possível para os pais, em sua comunidade, assumir um papel ativo na educação das crianças da comunidade?

17. De que maneiras você — e a sua igreja — podem começar a ter um papel mais ativo para que os seus próprios filhos recebam uma educação coerente com o ponto de vista bíblico?

ENCENAÇÃO

Veja as instruções para encenações, no final da parte 1 (páginas 67,68).

INÍCIO DE CONVERSA

a. Imagine que "um homem que não acredita no casamento" — vinte anos de idade e solteiro — diz a você: "O casamento simplesmente não funciona". Como parte da sua conversa, cite algumas evidências do contrário. (Veja no capítulo 4, o subtítulo "Verificação da Realidade".)

b. Encene uma segunda conversa, na qual o homem que não acredita no casamento tem um casamento infeliz. De que maneira a sua conversa e a sua reação seriam diferentes?

RESUMO FINAL

De que você deseja se lembrar, entre o que leu (ou ouviu, ou fez) nesta parte?

Considere partilhar isso com o grupo.

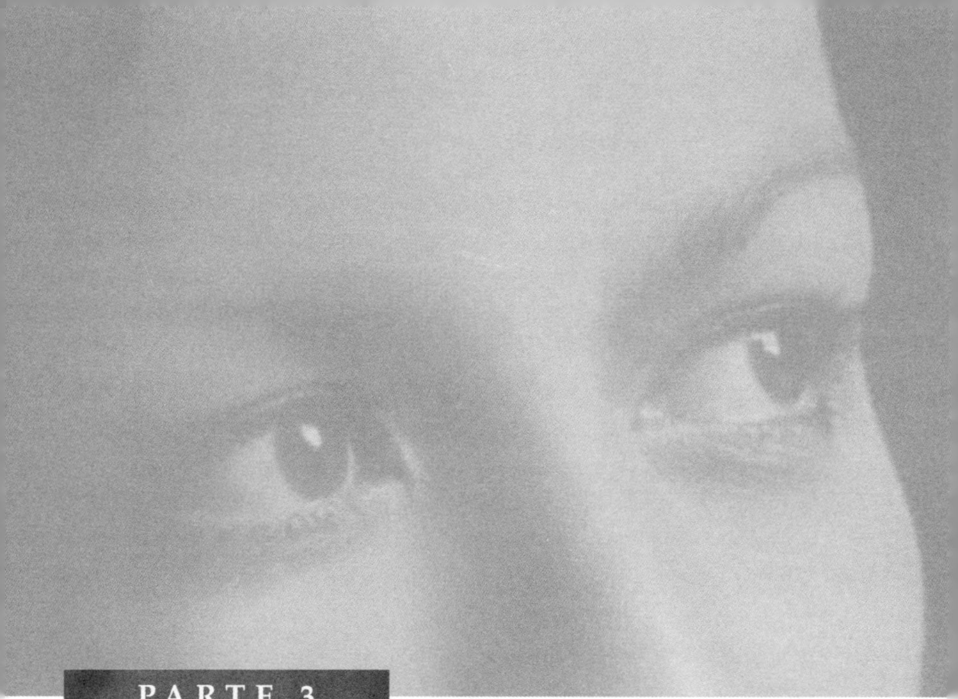

PARTE 3

TRANSFORMANDO COMUNIDADES

CAPÍTULO 6

TUDO PODE ACONTECER AQUI

Enquanto você lê o capítulo 6, tenha em mente as seguintes questões:

- Observe todos os aspectos do emprego de Salvatore. Em cada lugar, o que Sal está fazendo, e por quê?
- Qual é o efeito que Sal produz na vizinhança?

No primeiro dia no Posto Especial 1, na Avenida DeKalb, em Bed-Stuy, no Brooklyn, o policial Salvatore Bartolomeo conserva os seus olhos abertos, observa, dá a si mesmo algum tempo para reconhecer o terreno. No começo da manhã, ele passa por mercados de esquina, casas de tijolos, lojas com a porta de ferro ainda fechada. Um dos mercados já tem uma fila à porta. Sal tem certeza de que eles realizam aí jogos de loteria ilegais, e não vendem leite.[1]

É um dia frio e nublado de novembro, e as pessoas na rua estão com as mãos enfiadas nos bolsos dos casacos. Ele passa por um carro abandonado, cuja carcaça está desmantelada no meio da rua. Toda a vizinhança parece igualmente desmantelada. Vinte quarteirões dilapidados, cobertos de lixo, redutos de drogas. Cada rua tem a sua construção descascada, o seu abscesso coberto de fuligem. Sal (como é conhecido Salvatore) entende por que ninguém mais quis este trabalho, por que o posto ficou vago durante meses. Tudo pode acontecer aqui. Tudo acontece. Diariamente.

As Torres Lafayette, o projeto de grande altura, aparecem à frente. O nervosismo de primeiro dia lhe dizem que milhares de pessoas estão observando cada movimento seu, quando três adolescentes vestidos com casacos militares e calças folgadas se aproximam.

— Olá — diz o policial. — Como vão vocês hoje?

Os rapazes olham para baixo e continuam andando.

— Vocês estão atrasados para a aula? — ele pergunta. — Mal podem esperar para começar a estudar álgebra?

Eles param. Um deles, de aparência melhor que os outros dois, move as suas espessas sobrancelhas e diz aos seus amigos: "Nós estamos apenas andando pela rua, e este policial tem que vir e falar conosco".

— Eu estou dizendo olá — diz Sal. — Tipo... "olá, como vai?"

— Você me conhece? — pergunta o jovem, finalmente olhando para o forasteiro.

— Eu sou o novo policial da ronda. Estou tentando conhecer a vizinhança. Você mora nas Torres?

O líder diz aos outros: "Não achei que ele nos conhecesse".

"Não há motivo para que ele nos conheça", diz o garoto mais alto.

— Olhe, não fique dizendo "olá" para nós se você não nos conhece — disse o líder. Não gostamos de policiais. Especialmente policiais de ronda que saem dos seus carros invadindo. O que você fez? Matou alguém em Long Island, então eles mandaram você para cá?

— Ei, senhor prefeito, eu sou voluntário para este trabalho — diz Sal.

Os três dão um grande sorriso. Chamam Sal de "estúpido", em seguida dizem uma obscenidade e vão embora com uma enxurrada de palavrões e risadas.

Eu sou do Brooklyn como você, Sal queria dizer. *Cresci aqui. Meu pai foi criado nestas ruas — na esquina das avenidas DeKalb e Marsey.*

Durante o resto da manhã ele caminha pela avenida DeKalb, diz olá e faz o reconhecimento da sua ronda. Ele anda por uma área em ruínas atrás do edifício da Previdência Social na rua Skillman, onde há duas casas abandonadas e meio chamuscadas que caíram uma sobre a outra, com os telhados presos nos cabos telefônicos. Seus olhos investigam os terrenos ao redor, cheios de mato, lixo e carros abandonados. Por estes edifícios abandonados passa tanta gente quanto nos mercados. Na maioria, são pessoas sozinhas, mas de vez em quando há um casal, com a mulher vestida para ir uma festa às dez horas da manhã.

Sal sempre vê um garoto vestido em um casaco preto, parado ao lado das quadras de handebol das Torres Lafayette — de onde pode observar diversas centenas de metros em todas as direções. Este sentinela diz uma palavra ou duas a todos os que passam. Quando alguém pára por um momento para conversar, o sentinela aperta a sua mão. *Ou ele está fazendo campanha política, ou está vendendo drogas*, pensa Sal. Há outros como ele em vários pontos do distrito. Todos eles têm um bom ponto de observação e estariam longe antes que ele pudesse chegar até eles.

Ele poderia fazer guinchar aquele carro abandonado. Seria um começo para a limpeza do bairro. A sua tarefa aqui faz parte de uma experiência da cidade de Nova Iorque com uma nova teoria para a redução do crime, e o seu trabalho é começar com as coisas simples, os primeiros passos para restaurar a ordem pública. Mais tarde ele vai pensar como prender os traficantes.

▪ ▪ ▪

Enquanto Sal vai se familiarizando com a sua ronda, ele começa a organizar os seus movimentos de acordo com o ritmo do bairro. Pela manhã, os garotos estão a caminho da escola, de modo que ele caminha pelas ruas próximas a uma das escolas do bairro, escolhida ao acaso. Os alunos da escola elementar começam a aparecer e darlhe a mão, e logo o chamam "guarda Sal". Eles ficam felizes por vê-lo; ele assusta os garotos maiores e briguentos. Os alunos do ginásio, que hesitam nas esquinas, começam a procurar o seu caminho para casa quando ele aparece. Os do colegial algumas vezes são um pouco mais teimosos quanto a permanecer no seu terreno, mas então ele tem a oportunidade de chegar até eles e perguntar: "Como vão as coisas?" Em breve ele se torna uma famosa pedra no sapato, um alvo predileto para os artistas dos comentários mordazes.

"Ei, Rocky, senhor Stallion italiano. Aqui não temos nenhuma Mona Lisa. Você, volte para a sua garota antes que ela pense que você está com malária".

"Ei, MC Boca de Mickey", diz Sal, "é você quem está com malária. Mas não existe nenhuma Minnie para um rato como você!" Sal sempre responde da melhor maneira que pode. Em algumas semanas ele conhece os nomes de dúzias dos rapazes, e algumas vezes a sua saudação é respondida.

À hora em que os mercados abrem as portas pela manhã, ele está de volta à avenida DeKalb e pára em todas as lojas. A maioria dos donos tem alguma história para contar sobre invasões e roubos, e eles parecem surpresos ao ver que ele escuta. Ele pergunta sobre os horários de entrega, se eles têm uma rotina para levar o dinheiro ao banco, quais são os seus dispositivos de segurança. Em seus modos amargurados ele pode sentir a pergunta: "O que lhe faz pensar que *você vai* fazer alguma diferença?"

O banco fica cheio de gente às onze e meia da manhã e fica assim até à uma e meia da tarde. O caixa eletrônico fica mais movimentado no final do dia.

Na primeira vez em que Sal se coloca ao lado desse caixa, bebendo café em um copo de papel, ele vê, a trinta metros dele, um mendigo, um homem alto e magro cujos joelhos ossudos quase furam os seus jeans. O sujeito não tem nenhum sinal de que prometa trocar trabalho por comida, nem nada que chame a atenção, como um cão. Ele se agacha à entrada do caixa e sussurra, estendendo a mão. E assim continua até que Sal se posiciona ao seu lado.

— Como estão as coisas esta tarde? — pergunta Sal.

O branco dos olhos é claro. Ou não faz muito tempo que ele está nas ruas, ou pedir esmolas não é a sua única profissão.

— Tudo bem — ele diz. — Estou tomando sol. — Ele inclina um olho para olhar para as nuvens pesadas e sorri.

— Você podia fazer algum exercício — diz Sal. — Quero que você saia daí agora. — Ele estende o braço como para indicar ao homem uma porta.

— Não há nenhum problema em ficar aqui — diz o homem.

— Saia — repete Sal — ou vou prender você por mendigar.

— Isto é Estados Unidos. — O rosto do homem se endurece. — Por que você me perturba se eu não estou fazendo nada?

— Ficar aqui sem fazer nada é ilegal. Mendigar aqui é ilegal. O que você está fazendo no seu tempo livre, eu não sei, mas eu posso me empenhar para descobrir.

O homem se levanta lentamente, estica o seu pescoço.

— Você perdeu a sua chance de unir-se à Gestapo, ou qualquer outra coisa? Isto é a América.

— Sim, é verdade. Um país onde as pessoas podem entrar em qualquer lugar sem medo de levar um golpe na cabeça na saída.

— Eu bati na cabeça de alguém?

— Se eu tiver que pedir os seus documentos, vou descobrir. Então não terei escolha quanto ao que fazer.

A expressão do homem fica séria por um momento. Ele torce a sua boca como se estivesse movendo um palito de dentes por ela. Então endireita a cabeça e se afasta.

Sal expulsa outro mendigo e volta ao caixa. Ele vê uma senhora ainda remexendo na bolsa ao sair dali. Ela está prestes a seguir na mesma direção dos mendigos.

— Senhora — diz Sal.

Ela olha rapidamente para ver quem está falando com ela.

— A senhora gostaria que eu a acompanhasse?

Os ombros dela se acalmam. Ela olha para ao seu lado.

— Há algum problema?

— Não, não vai haver nenhum problema. Hoje, não.

■ ■ ■

Sal não apenas patrulha as ruas, mas também realiza "buscas verticais", subindo as escadas das casas. Em uma dessas ocasiões ele encontra o corpo de uma jovem mulher, vítima de violência sexual e depois morta com um tiro na cabeça, ao estilo das execuções. Ela é apenas uma das muitas jovens que irão morrer na sua ronda. Nos anos de Sal na avenida DeKalb, a funerária quase chega a se tornar uma parada na sua ronda. Ele sempre entra e faz uma oração. Não importa que tipo de gângster o jovem ou a mulher possam ter sido. Ele se ajoelha e ora.

Sal também freqüenta os lugares onde as pessoas se encontram, para poder conhecer os moradores do bairro. Ele gosta de histórias, e sempre tenta ter uma "piada do dia". As jovens mães se encontram junto aos balanços no parque infantil do jardim Lafayette. Quando ele vê uma nova mãe, ele sempre se aproxima e coloca uma nota de dez dólares na mão do bebê. Com as suas piadas e os beijos nos bebês, as pessoas brincam com ele, dizendo que está se candidatando a prefeito.

As mães de crianças maiores começam a observar a proteção que ele dá às crianças, pela manhã, a caminho da escola, e mais tarde, no parque. Um dia, diante de um dos mercadinhos, a mãe de Destin pergunta: "Guarda Sal? Você é bom em matemática? Você pode dar uma olhada na lição de casa do Destin?"

O garoto tem uma folha de caderno amarrotada na mão.

Sal imagina onde ele poderia ir com o garoto — algum lugar onde eles pudessem se sentar, com um pouco de privacidade. "Vamos entrar na loja", diz, entrando com eles na Marvelous Mart. "Bernie, deixe-me sentar aqui no canto um momento. Estou vendo a lição de casa do Destin."

Sal obtém um olhar que ele entende como uma permissão. A pequena mesa no canto se torna o seu ponto de ensino, pois a Destin se seguem outros. Sal ensina Sam como fazer a letra B. Ele pratica as frações com Monique e ajuda Saleesha com a acústica. Corrigir a lição de casa dos garotos se torna uma parte importante do seu trabalho.

Ele começa a fazer uma coleção de fotos dos "seus garotos". Quando a escola tira as fotos das crianças, as mães vêm até ele e lhe entregam as fotos dos seus filhos, assinadas atrás pelas crianças. "Você ajudou o Destin com as suas tarefas". "Você cuidou para que o Roderick chegasse em segurança à escola". "Clay acha que você segura a lua em seus ombros". "Natasha agora quer ser policial também".

▪ ▪ ▪

Os jogos de basquete acontecem todo o ano, e Sal usa o jogo para manter-se em forma. É necessário, porque a ronda exige que ele dê o máximo de si todos os dias, perseguindo bandidos, subjugando-os, um a um. Quando precisa trabalhar nos fins de semana, ele passa algum tempo nos parques e nas quadras.

Donzell, com oito anos de idade, sempre aparece e quer cuidar do seu quepe e do seu cassetete. Ele deixa o garoto colocar o quepe na cabeça e passear com o cassetete enquanto ele joga basquete. Sal e os seus adversários, na maioria adolescentes, jogam a sério. Sal joga em todas as posições e vence a maioria deles, o que irrita tanto os perdedores que ele sabe que eles tentariam bater nele, se não fosse um policial. Ele ganha o apelido de "Guarda Bird" — como o famoso jogador de basquete, Larry Bird — por causa da sua habilidade, o cabelo castanho claro e os olhos verdes.

Depois de um jogo, um adolescente chamado Shawn perde o controle, principalmente porque o seu amigo Dennis fica cada vez mais zombeteiro enquanto "Whitey" continua marcando pontos. Ele dá um duro empurrão no amigo, e eles começam a brigar.

Salvatore (Sal) pega de volta o cassetete de Donzell, pensando que eles irão dar uns poucos golpes e se acalmarão sozinhos. Mas isso não acontece, e logo começam a sangrar. Sal corre para intervir, evitando ser atingido pelos socos e pontapés dos dois rapazes.

"O que vocês estão fazendo? Que estão fazendo?", grita. "Shawn! Dennis! Parem de brigar! Parem de brigar! Estou falando sério!"

Finalmente eles se separam, respirando forte, embora ainda estejam em guarda, como se recuperando para o próximo ataque.

"Olhem aqui, vocês dois." Sal põe a mão no bolso e pega uma nota de cinco dólares. "Aqui, vão beber alguma coisa juntos e esfriar a cabeça, ou eu vou prender os dois. É isso o que vocês querem? É?"

Sal observa enquanto eles consideram a sua oferta. Ele pode ver que o último pensamento deles é a lembrança de que ele é um policial.

"Peguem" — ele insiste. "Ou vão diretamente para a prisão".

A respiração deles se acalma. Eles assumem posturas auto-protetoras e mal-humoradas, com os braços cruzados, os pés se agitando.

— Bem, você quer beber alguma coisa, Shawn? — pergunta Dennis.

— Acho que sim.

Eles vão embora juntos, ainda mantendo entre si uma distância cuidadosa.

■ ■ ■

Os edifícios abandonados na rua Skillman, atrás do edifício da Previdência Social — aqueles que têm muita circulação de gente — se tornam o lugar da primeira operação secreta de Sal. Os edifícios estão próximos à ronda de outro guarda, e ele convence o guarda, Joey Francioso, a ajudá-lo a descobrir o que está acontecendo ali.

Eles se posicionam no que era o salão dos fundos, no térreo. As salas estão cheias de lixo, gesso caído e acabamento cheio de pregos. Está tão escuro que eles nem precisam se esconder. Eles se agacham e olham por um buraco na parede em direção ao salão da frente. A primeira vez em que eles vigiam a área, o tempo passa tão devagar que Sal percebe estar registrando cada ruído de um ônibus ou caminhão que passa. Ele ouve o ruído do lixo quando os ratos passam pelo chão.

Dentro de pouco tempo, surge um brilho de luz no salão da frente. Um cachimbo de craque está sendo aceso. O cheiro do amoníaco os atinge. Eles acendem as suas lanternas poderosas e chegam ao viciado antes que ele possa levantar a cabeça.

Eles o levam para os fundos, lhe entregam um mandato e voltam.

Assim prendem uma boa quantidade de usuários de drogas e prostitutas.

■ ■ ■

Na esquina da avenida DeKalb com a Décima Avenida, há um semáforo onde a rua tem um ângulo que permite aos motoristas ver nas duas direções. Outro semáforo está a apenas nove metros adiante, e depois não há outro antes de três quarteirões. As pessoas normalmente ultrapassam o sinal das avenidas DeKalb e a Décima no vermelho, mesmo quando Sal está ali tocando o seu apito.

Um dia, quando isso acontece, alguns dos rapazes do bairro estão por ali, e imediatamente provocam Sal. "Ei, Robocop, você é bastante rápido para alcançar aquele carro? Ninguém vai prestar atenção se você não consegue pegar alguém que ultrapassa o sinal vermelho! Ninguém vai ligar para você e esse seu apitinho!"

Então eles riem e vão embora, e o povo ao redor balança a cabeça e olha feio.

Da próxima vez que Sal vê alguém desrespeitando o sinal vermelho, ele pula num táxi amarelo. "Você sabe o que eles dizem nos filmes", ele grita para o motorista. "Siga aquele carro. Ele terá que parar no próximo semáforo".

"Seu guarda, eu..."

"Simplesmente passe adiante dele e então você poderá sumir assim que eu sair do carro."

Com isso, a perseguição tem início. O táxi passa para a faixa da esquerda no próximo semáforo e pára o equivalente a uns três carros à frente do infrator.

Sal sai do táxi e caminha até o Chevy enferrujado que está se sacudindo como se fosse um caso de *delirium tremens*.* O motorista não tem para onde ir, então ele "sente muito" por "não ter ouvido o apito do guarda". Depois ele sente ainda mais, porque a sua carteira de motorista está vencida. Muito mais, porque não tem seguro. E ainda mais, porque as suas múltiplas multas resultam na exigência da sua prisão. E ele fica verdadeiramente desgostoso quando sai do carro e Sal vê um pacote de maconha no chão.

Não demora muito e Sal descobre que os táxis são quase tão úteis quanto a sua velha viatura. Quase todos os que ele flagra cruzando aquele farol no vermelho têm, no mínimo, muitas multas não pagas. Pegando as pessoas que passam o farol vermelho ele também está apanhando traficantes e assaltantes.

■ ■ ■

O bem-sucedido uso que Sal faz dos táxis lhe dá uma idéia de como ele poderia visitar os traficantes de drogas próximos às quadras de handebol. Ele pergunta ao motorista de um caminhão do jornal *New York Daily News* se ele lhe daria uma carona. Quando o caminhão sai, Sal sobe no pára-choque traseiro e se agarra no trinco que abre a porta.

Quando o caminhão tem que parar por causa do trânsito, ele está quase em frente às quadras. Há um negócio acontecendo, e no momento os olhos do traficante estão fixos nas mãos e nos bolsos do cliente.

Sal começa a correr. O traficante olha para cima. O seu rosto indica um choque total. A boca se abre, os olhos se arregalam. O cliente corre para outro edifício.

Sal persegue o traficante, memorizando onde caem os frascos, esperando que alguns ainda estejam no chão depois que ele agarrar o garoto.

O traficante corre para o edifício 5. Se o garoto entrar em um apartamento, Sal sabe que nunca poderá encontrá-lo. A entrada dos fundos conduz a escadas e elevadores diversos.

Quando eles chegam à entrada do edifício, o traficante salta os primeiros degraus e tropeça. Sal mergulha e dá um golpe nas coxas do rapaz justamente quando ele salta para a porta. Eles caem juntos e Sal dá um golpe com o cotovelo na lateral da cabeça do jovem, que fica de joelhos. Sal segura a jaqueta do rapaz com a sua mão esquerda e lhe dá um golpe de direita. Isto finalmente o faz parar, mas torna a prisão muito feia, porque o nariz do garoto jorra sangue sobre a sua boca e pelo seu queixo.

As pessoas começam a se juntar quando Sal faz o rapaz se levantar e coloca nele as algemas. A multidão continua crescendo e a sua atitude é cada vez menos amistosa. "O que ele fez? Este é o Jimmy. Jimmy não fez nada. Por que você está batendo nele?"

Sal se dá conta de que é um guarda italiano no meio dos milhares de afro-americanos e latinos das Torres. Ele precisa manter a calma. É assim que começa uma revolta. Uma prisão se torna uma briga... uma briga se torna o centro-sul de Los Angeles.

O segurança do edifício aparece, mas ele é um segurança contratado, já em idade de se aposentar, cujo medo óbvio somente atiça os defensores do traficante.

"Por que você está batendo no Jimmy?", alguém pergunta novamente. "Olhe só, ele está sangrando. Você é quem precisa ser preso. Jimmy vai precisar de uma ambulância."

Sal se dirige à multidão. "Jimmy estava vendendo drogas, e se os que estão com ele ficarem por aqui, irão presos, também."

"Ele acha que o Jimmy é algum tipo de traficante? Então, onde estão as drogas? Onde estão as drogas?" Há tanta gente falando que parece um cântico.

A esta altura, Sal está falando pelo rádio, pedindo reforços. Ele fica diante do edifício, esperando que os reforços cheguem. Ele está mais seguro aqui do que se corresse pelas filas de gente de volta à rua. Ele leva o traficante até o cano onde se prendem as bicicletas, abre uma das algemas e prende o rapaz ali. Sal agora pode olhar para a multidão, embora saiba que ter o traficante preso no cano quase convida alguém mais a bater nele.

"Agora, vou dizer a vocês, se não me deixarem fazer o meu trabalho, vou prender mais alguém. O meu reforço estará aqui a qualquer momento".

Um homem alto e grisalho, em um casaco fora de moda e sapatos muito grandes, que viram para cima nos dedos dos pés, fica diante dele e se volta para a multidão. "Por que vocês estão causando problemas para o guarda? Vocês sabem que este pirralho é traficante. Eu o vejo por aí sempre que vou trabalhar. Sei o que ele está fazendo. Todos sabem. Exceto o meu filho de seis anos, Mattie. E eu não quero que o Mattie saiba *nunca*. Claro que em breve ele irá saber. Mas se eu puder ter mais um dia sem que ele saiba, vou gostar muito. Aqueles entre vocês que se preocupam com os seus filhos, seus irmãos e suas irmãs, saiam comigo. Deixem que o guarda prenda o resto da escória que não se importa com ninguém."

Sem nem mesmo virar-se para olhar para Sal, o homem vai embora. Os cidadãos vão com ele. Os gângsteres também, com relutância.

O reforço de Sal finalmente atravessa a multidão que está se dispersando, olhando para todos os lados para ver por que todos estão indo embora.

▪ ▪ ▪

Com o tempo, as táticas de Sal se tornam mais sofisticadas, e ele sabe como tirar vantagem da disposição física do bairro tão bem ou até melhor do que os bandidos. Os maus sujeitos sempre estão vigiando os seus movimentos, a sua rotina. Um dia, ele ouve uma pergunta que é mais particular que a maioria.

Um traficante, que ele conhece como Sonny, pergunta:

— A que horas você vai embora hoje, guarda?

— Você tem um grande negócio acontecendo hoje, Sonny? Você quer saber a que horas a barra está limpa?

— Seu guarda, está fazendo frio. Eu só estou preocupado para que você saia do frio.

— Eu saio às quatro, Sonny. Isto não significa que o bairro fique desprotegido, você sabe.

— Eu espero que não. Já há muita gente sendo morta.

— É isso mesmo.

— Tenha um bom dia, guarda. Saia do frio assim que puder.

Perto das quatro horas, a hora que ele tinha dito a Sonny que iria terminar o seu turno, Sal passa propositadamente na mesma esquina da avenida DeKalb e Spencer, onde havia conversado antes com Sonny. Então ele dá a volta no quarteirão e entra no edifício da Previdência Social pela porta de trás. Ele toma o elevador, depois uma escada interna e se coloca em um escritório de onde pode ver o campo de operação de Sonny. O edifício da Previdência Social, onde as persianas sempre estão abaixadas, lhe dá a cobertura perfeita.

Sal observa o grupo de Sonny se posicionando. Há traficantes vigiando os dois lados da rua, e quatro mais na rua oposta. Ele deve estar se preparando para negociar algo mais do que as doses diárias. Mais três pessoas aparecem com ele, e então ele se afasta em direção à calçada, enquanto os três voltam em direção às escadas. Eles devem estar cuidando do produto, enquanto Sonny está cuidando da diplomacia.

Sal pega o rádio e diz: "Aqui é a ronda 12, central. Temos um negócio com drogas na esquina da avenida DeKalb e Spencer. Eu quero o grupo da SNEU (unidade de reforço contra os narcóticos nas ruas) aqui. Os compradores chegarão logo e a coisa parece ser grande".

Dentro de pouco tempo, a SNEU dispõe as suas unidades a dois quarteirões dali.

Sonny deve ter dito aos seus fregueses que ele estaria fazendo uma venda, porque nas duas horas seguintes, aproximadamente doze compras acontecem. Sal fica no edifício da Previdência Social, vigiando o tráfico, enquanto a SNEU apanha os compradores a uma quadra ou mais da compra. Eles os prendem, e guardam as provas.

De repente Sal vê que os vigias começam a ir embora. "Agora! Agora! Agora!", ele grita no seu rádio. A SNEU cerca Sonny e companhia por todos os lados, as sirenes gritando, as armas sacadas.

■ ■ ■

O homem que tinha dado apoio a Sal anteriormente começa a ter alguns parceiros silenciosos entre os garotos.

"Você está vendo aquela cabine telefônica", diz um garoto magro com o seu cabelo muito curto. "Eu deixei alguma coisa ali. Leia com atenção."

O bilhete, enfiado no orifício das moedas do troco no telefone, indica um lugar e um horário. Sal sabe que ali quase sempre há um traficante parado e imagina que haverá uma nova entrega de craque. Ele resolve supor que o garoto sabe do que está falando e coloca a SNEU no esquema.

A entrega chega na hora marcada, mas desta vez são os policiais, e não os bandidos, que vencem.

■ ■ ■

Sal recebe um telefonema dos detetives no Distrito 67. — Você viu os jornais sobre aquele caso de drogas em Flatbush? Aquela família?

— Eu acho que sim.

— O que aconteceu ali foi que o pai desta família roubou os seus parceiros. Então eles vieram até a casa para apanhá-lo. Como ele não estava lá, decidiram deixar um recado. Eles vendaram a mulher e as crianças, amordaçaram com fita adesiva e então atiraram nelas. *Bing, bing, bing*. Uma 44 especial. Todos mortos, exceto a filha mais velha, que se fingiu de morta. Ela se levantou depois que eles foram embora e chamou a polícia. No final o pai voltou para casa e nós o pegamos. Ele diz que o seu antigo sócio, chamado Scanlon, deve ter sido o mandante. Scanlon é do nosso território, a rua 79.

— Scanlon? Aqui há um Scanlon que conheci em uma reunião de condomínio. Ele trabalha com seguros. Pode ser um parente?

— Descubra para nós, OK?

Sal faz algumas investigações preliminares que indicam que o agente de seguros é o pai do acusado. Sal gosta do Sr. Scanlon e vai até o seu apartamento sentindo uma mistura de emoções, mantendo a mão na arma ao bater na porta, para o caso de o filho estar ali.

— Entre, entre, guarda Sal — o Sr. Scanlon o recebe. Ele pede que Sal se sente e insiste em trazer-lhe uma coca-cola.

— O problema é o seguinte — diz Sal. Achamos que o seu filho Harvey pode estar envolvido em alguma coisa. Alguma coisa realmente muito feia. Ele esteve por aqui?

— Acaba de sair. Ele veio para casa ontem à noite e estava por aqui desde então. Ali está a sua sacola, naquela cadeira. Ele trouxe as suas coisas como se não houvesse amanhã. Eu acho que ele vai ficar por aqui um pouco e irá embora a qualquer momento.

— Posso dar uma olhada na sacola, Sr. Scanlon?

— Você precisa pedir?

— Bem, na verdade, preciso, sim.

— Vá em frente! Vá em frente!

Sal revista a sacola. Ele encontra a 44 especial enfiada em uma meia. Também há uma grande quantidade de munição, juntamente com latas de feijão, milho, ervilhas e cenouras. "O seu filho tem um quarto, Sr. Scanlon?

— Por aqui.

Sal encontra roupas empilhadas na cama. Obviamente, este sujeito está planejando sair às escondidas. Sal chama os detetives para que venham e mantenham vigilância com ele. Enquanto isso, o Sr. e a Sra. Scanlon continuam querendo servir-lhe comida.

Harvey não aparece. Alguém deve tê-lo informado. Então Sal pergunta nas ruas: "Alguém sabe onde pode estar Harvey Scanlon?"

Logo, olhinhos e orelhinhas querem saber se ele já ouviu falar da namorada de Harvey em Flatbush. Ele consegue o endereço. O endereço exato. Os detetives do distrito 67 encontram Harvey a apenas alguns quarteirões de onde ocorreu a matança.

Sal ganha uma carta de recomendação, mas ele está preocupado com os Scanlons. Ele volta para visitá-los.

O Sr. Scanlon o cumprimenta tão calorosamente quanto antes, até mais. Ele chama a sua mulher e filhas. "O meu filho estava fora de controle, com essas drogas", diz o Sr. Scanlon. "Nós tínhamos medo de que ele *nos* machucasse. Obrigado por tê-lo encontrado. Ele estará fora por um bom tempo, mas pelo menos estará vivo. Quem sabe ele pense um pouco".

"Claro. Claro que sim", diz Sal.

Depois disso, quando Sal encontra a família na rua, a mãe e as filhas sempre têm um beijo para ele.

▪ ▪ ▪

Não importa quantas vezes Sal expulse as pessoas dos edifícios abandonados da rua Skillman, os usuários de drogas e os casais sempre voltam. As pessoas até se injetam drogas e defecam nos carros abandonados que os terrenos vazios abrigam.

Uma das tarefas de Sal é reduzir o crime destruindo os ambientes que o protegem, então ele começa a trabalhar com Bob Tolito, do departamento de saneamento, um rapaz agradável que também se preocupa com o bairro. Isto leva algum tempo, porque Bob somente consegue poucos pauzinhos.

No entanto, um dia, o bairro vê uma transformação. O departamento de saneamento chega com um exército mecânico. Com a ajuda de um guindaste e uma bola de demolição, as gigantescas escavadeiras demolem os edifícios abandonados. Os carros em ruínas são guinchados ao mesmo tempo. Os tratores de John Deere, tão grandes como aqueles que trabalham nos campos de trigo do Meio-Oeste nivelam toda a área. A seguir, as escavadeiras voltam com blocos grandes que são colocados ao redor do terreno. O departamento de saneamento então instala uma cerca e na sua parte mais alta, arame farpado, ao redor do terreno. Os viciados já não têm mais onde se esconder.

Tudo pode *acontecer aqui!*, pensa Sal.

■ ■ ■

Sal dá seminários a igrejas, escolas, associações dos quarteirões e grupos de idosos.

"Se você quer nos mostrar que se preocupa, simplesmente nos telefone", ele diz. "Não vamos perguntar o seu nome. Não precisamos saber o seu nome. O número de onde você está chamando irá aparecer na nossa tela, você sabe. Mas não vamos falar o seu nome para as pessoas que vamos prender. Se você quiser um número de código como um observador de quarteirão, podemos lhe dar isso. Você pode simplesmente dizer 'eu sou 0573'. Você nem precisa dizer o seu nome."

Uma mulher se levanta no fundo da sala. Sal se lembra dela e imagina o que ela irá dizer.

"Isto não tem nada a ver com o que estamos falando", ela diz. "Mas eu só quero que todos vocês saibam que este homem salvou a minha vida."

Ele se lembra daquele dia. Ele tinha estado escondido outra vez no edifício da Previdência Social, orientando outra operação da SNEU, quando viu esta mulher desmaiando ali, na rua, logo abaixo dele. Ele se precipitou pelas escadas e saiu do edifício. Quando tomou o seu pulso, nada. Zero. Ele pensou que ela estava morta. Pediu ajuda pelo rádio e começou a fazer-lhe respiração boca-a-boca. Ele fez isso até a chegada dos paramédicos.

E aqui está ela, viva, contando a todos sobre o que aconteceu.

No final da reunião, ele distribui os números de código.

■ ■ ■

Em uma noite de quinta-feira, Sal passa pela loja de bebidas na avenida DeKalb, em frente ao edifício da Previdência Social. É a loja do Sr. King, e Sal sempre vigia a loja na hora de fechar. Como vai, Sr. King? Tudo em ordem? Já está fechando?

— Já vamos sair, Sal.

— OK, eu estarei aqui na rua.

Sal sai pela porta e... *boom, boom, boom.* Quando ele aparece, vê um homem sentado no chão, ferido. Bastante ferido. O bandido está indo embora, andando, nem está correndo. Ele vira a esquina.

O guarda Sal começa a correr. As solas dos seus sapatos batendo no pavimento, no mesmo ritmo das suas chaves e algemas que tilintam, finalmente indicam ao atirador que é melhor ele começar a correr também. "Pare! Polícia! Não se mexa!"

O atirador se vira e descarrega a sua pistola de 9 mm na direção de Sal. As balas atingem os postes, os automóveis, ricocheteiam pela rua.

Sal passa entre os carros, abaixando-se. Ele saca a sua arma e vê o atirador. Ele olha pela mira e vê que há gente sentada na rua nas suas cadeiras de armar, carrinhos de bebê parados ao lado dos degraus das casas. Está escuro. Sal sabe que, se errar, poderá atingir um espectador. Ele diminui, coloca a arma no coldre mas continua a perseguição, agora caminhando. Ele vê o atirador saltar em um terreno abandonado cheio de arbustos, e quando chega ao terreno, o sujeito já desapareceu.

Ele relata o que aconteceu, e, juntamente com os seus reforços, passa o resto da noite procurando pela área. Eles não desistem até uma e meia da manhã, quando a temperatura já caiu a sete graus negativos. Cansado e com frio, Sal quer apenas ir para casa. Mas quando todos da comunidade já foram embora, aborrecidos agora que a caçada acabou, quatro rapazes se aproximam dele.

"Nós estávamos observando você", diz o líder. "Esperamos até que a multidão se dispersasse. Encontre-nos na escola elementar. No parquinho. Nós temos o que você quer."

"OK, rapazes. Está bem. Vou dar uma passada por lá." Sal fala tranqüilamente, de modo casual. Para algum espectador eventual, ele quer que tudo pareça como se eles estivessem batendo papo — por mais improvável que pudesse parecer, aqui, em uma cena de crime à uma e meia da manhã.

Quando os quatro rapazes vão embora, Sal reúne os policiais disfarçados e conta-lhes sobre o convite. "Olhem rapazes, coloquem os seus rádios no canal 10 e venham nos seus carros o mais silenciosamente possível. Sem faróis acesos. Se eu precisar de vocês, precisam estar ali antes que eu peça! Não sei se isto é uma cilada, e já recebi tiros suficientes por hoje."

Sal percorre a rota familiar para a escola. Ele pode sentir os policiais disfarçados percorrendo as ruas atrás dele. Ele mantém o seu rádio aberto no canal 10. "Aqui é o Sal. C-Pop 12". "Estamos aqui, Sal. Estamos vendo você".

Os quatro jovens estão esperando no pátio da escola, como prometido. Ele caminha até eles tão tranqüilamente quanto pode.

— Escute, nós conhecemos o sujeito, diz o porta-voz do grupo. — Ele vive com o pai na rua Spencer.

— Você sabe o número — Sal pergunta, pegando o seu bloco de anotações.

— É o edifício marrom em frente à lavanderia. — Depois de lhe dizer o número do apartamento e o nome do rapaz, eles falam: — Não queremos ninguém criando problemas para você. Você é um cara legal, Robo Cop. Ninguém tem que atirar em *você*.

Sal agradece aos rapazes e se afasta, confiante de que eles têm mais do que uma boa chance de prender o atirador. Além disso, ele se alegra com alguma coisa mais pessoal. A comunidade percebeu o tempo e a atenção que ele dedicou a ela. Está fazendo a diferença.

No dia seguinte, quando os guardas de tocaia finalmente vêem o atirador aparecer no apartamento do seu pai, eles o prendem.

▪ ▪ ▪

Caminhando pela avenida DeKalb uma tarde, Sal se encontra com Shawn e Dennis, os dois rapazes que ele separou naquela briga no jogo de basquete. Eles estão conversando sobre os Knicks, se Patrick Ewing teria mobilidade suficiente para ganhar o campeonato.

De repente, do outro lado da rua eles ouvem tiros. "Parem! Parem! Ele pegou a minha bolsa! Alguém me ajude! Ele pegou a minha bolsa!"

Eles vêem o trombadinha em direção à rua Spencer. Sal corre

atravessando quatro faixas de trânsito, obrigando as faixas que vão para o sul a uma parada brusca.

"Pare! Polícia!", ele grita para o ladrão.

Atrás de si, ele ouve alguém mais correndo. Quando chega à calçada, Shawn e Dennis já passaram à sua frente e estão voando como gazelas atrás do trombadinha. Eles se desviam dos pedestres que não conseguem pensar rápido o suficiente para sair do caminho. Na verdade, Dennis pula por cima de um homem baixo.

Os quadris doloridos de Sal começam a diminuir a sua marcha. Ele já está nesta ronda por muitos anos, e os quadris estão doendo muito. Cada passo produz um choque em alta voltagem. Ele manca enquanto vira uma esquina, e então ele vê Shawn e Dennis voando e juntos jogando o trombadinha no chão. Uau! Uma prisão dos cidadãos para você!

■ ■ ■

Na primavera de 1993, Sal recebe um convite para uma festa de quarteirão. Os Talentosos da rua Marsey, como eles mesmos se chamam (uma associação de bairro) vão cozinhar para a comunidade no dia 26 de maio. Esta é a primeira vez que alguém ousa realizar um evento deste tipo, e Sal está feliz por ver isto acontecer na rua onde o seu pai morava.

Esta primeira festa logo é seguida por outras. As pessoas já não têm medo de sair às ruas, pelo menos durante o dia. O bairro deixou de ser um inferno e passou a ser pelo menos um lugar de fronteira. Agora, qualquer coisa realmente *pode* acontecer aqui, inclusive eventos comunitários.

■ ■ ■

Em 1994, os quadris e as pernas de Sal estão dizendo que os seus dias como um policial de rua estão chegando ao fim. Ele faz uma solicitação para voltar à patrulha com viatura, e a transferência é aprovada. A sua ronda será próxima a avenida DeKalb, então ele ainda poderá rodar por ali e ver os seus amigos.

No seu último dia, enquanto está fazendo a sua ronda pelas Torres Lafayette, um grupo de pessoas se aproxima dele. A mulher de idade em quem ele fez respiração boca-a-boca. Dois presidentes de associações de quarteirão. O garoto durão que lhe disse palavrões no seu primeiro dia. Umas quarenta pessoas. Eles são, quase como uma pessoa, os seus favoritos, e ele imagina como eles se conhecem.

O segurança das Torres dá um passo à frente. Ele está carregando um troféu, uma taça. "Guarda Sal", ele diz, "sabemos que você está sendo transferido. Mas antes que vá embora, queremos dizer obrigado. Nós temos este troféu para você. Você venceu muitas batalhas aqui, e nos ajudou a ganhar o nosso bairro de volta".

Todos aplaudem.

Sal olha para a inscrição na taça: "Para o Policial Salvatore Bartolomeo. 'Robo Cop'. Seis anos de bons serviços".

Uma recomendação oficial é uma coisa. Isto é diferente e muito melhor. Sal nunca soube de um policial de ronda que tenha ganho um troféu antes.

— Eu não mereço isto — diz. Vocês foram muito fáceis.

Todos riem.

— Certo, fáceis — eles murmuram.

— Não, é sério! É sério!

Sim, alguma coisa boa *está* acontecendo aqui.

*N. do E.: Forma de perturbação mental passível de ocorrer em alcoólatras e em viciados em ópio, que tem como uma de suas características os tremores. (Dicionário Aurélio)

A desintegração da ordem e a conseqüente autodestruição da comunidade começa com as janelas quebradas que não são consertadas; a seguir, prostitutas e vagabundos começam a ficar por ali, e são tolerados; logo, os delinqüentes e as gangues de jovens percebem que podem agir com impunidade; e a esta altura o bairro já está a meio caminho da desintegração.

ANDREW PEYTON THOMAS

CAPÍTULO 7

LÁ VAI O BAIRRO

Enquanto você lê o capítulo 7, tenha em mente as seguintes questões:

- Qual foi o novo conceito de liberdades civis que varreu as cortes nos anos 70 e 80, e por quê?
- Qual é a teoria da janela quebrada, e por que isso não é "novidade"?
- O que quer dizer *shalom*, e de que maneira os cristãos estão trabalhando por *shalom* nas suas comunidades?

A ronda de Salvatore Bartolomeo pelas ruas do Brooklyn exemplificam uma emocionante e nova abordagem à prevenção do crime. Quando o guarda Sal percorria a sua ronda, lidava, naturalmente, com crimes sérios como assassinato, tráfico de drogas e roubo. Mas ele também ajudou a esclarecer as coisas que atraem o crime a um bairro: os sinais de desordem e decadência social, tais como vadiagem, mendicância, grafiteiros, carros abandonados, edifícios vazios e terrenos cheios de lixo. O sucesso desta forma de policiamento na cidade de Nova Iorque sugere que ela poderia ser a chave para restaurar as cidades do interior da América, assoladas pelo crime. E, significativamente, isso está de acordo com a compreensão cristã clássica de que a paz civil só vem de uma ordem social justa e responsável — um discernimento muito necessário na nossa cultura.

Nas últimas décadas, tanto o crime quanto a desordem pública aumentaram muito. No topo da lista de causas está a modificação demográfica que ocorreu quando as crianças atingiram a adolescência propensa ao crime. Outra causa é a política mal orientada dos anos 60 e 70, formada pela suposição de que a causa do crime é a pobreza, uma visão que parecia perdoar o crime colocando a culpa no meio ambiente.[1] Ao mesmo tempo, o uso de drogas estava crescendo, causando um efeito dominó do crime; e os programas de previdência social Great Society estavam enfraquecendo a estrutura familiar, o que levou às gangues de jovens de pais pobres perambulando pelas ruas. O caos social resultante transformou as cidades do interior da América em zonas de combate, e nada parecia ser capaz de deter a espiral de declínio. Os crimes violentos (em cada cem mil pessoas) aumentaram de 161 em 1960 a 758 em 1992, um aumento de 470%. Os crimes contra a propriedade (em cada cem mil pessoas) aumentaram de 1.726 em 1960 a 4.903 em 1992, um aumento de 284%.[2]

A nossa incapacidade de reagir eficazmente ao crime sempre foi atribuída ao simples fato de que em muitas cidades a força policial era pouca e tinha poucas armas. Mas não foi apenas o pequeno contingente humano e o pouco poder de fogo que permitiram que o crime florescesse. Também foi uma visão de mundo defeituosa.

NOVOS CONCEITOS DE LIBERDADES CIVIS

Nos anos 70 e 80, as cortes introduziram um novo conceito de liberdades civis que transformaram o comportamento público desordenado, e que causa dilaceração, em um direito civil. Muito significativos foram dois casos da Suprema Corte, um deles de 1972 e o outro de 1983, que atacaram os estatutos contra a vadiagem. No caso de 1972, o juiz William O. Douglas falou detalhadamente sobre os direitos dos "malandros e vagabundos" de perambular pelo interior como "vadios ou lixeiros", como se os bêbados e os mendigos fossem meros viajantes românticos. A Corte sugeriu que os verdadeiros culpados eram os moralistas incomodados da classe média, que estavam tentando forçar todos os dissidentes a se acomodarem.[3]

No entanto, ao dirigir as leis contra a vagabundagem e à ociosidade, a corte se separou de uma tradição legal que retrocedia até a Idade Média, e até mesmo à antiga Atenas. Historicamente, essas leis tinham sido criadas para desencorajar "a permissividade extrema individual" que marca as pessoas que desprezam as convenções sociais e destroem a ordem social, explica o advogado Andrew Peyton Thomas. As leis visavam particularmente àqueles mencionados como "sem teto", "vagabundos" ou "ociosos" — andarilhos e visitantes transitórios que "se rebelam contra os compromissos de família e carreira" e preferem uma existência sem raízes e errante, dormindo em lugares públicos e mendigando aos cidadãos responsáveis. "As leis contra os vagabundos visavam a defender a ordem pública e a responsabilidade pessoal incentivando o emprego lucrativo e os laços estáveis com a família e os vizinhos".[4]

Esta tentativa de "defender a ordem pública" foi subitamente abandonada pela Corte nestes dois casos famosos. Os vagabundos e os andarilhos já não mais eram considerados como um perigo à estabilidade social, mas como uma classe perseguida que merecia proteção. Era a sociedade civilizada que a Corte estava condenando por fugir das suas obrigações para com os desajustados e os depravados.

A esses casos seguiu-se um efeito dominó, quando as instâncias inferiores invalidaram as leis estaduais e municipais que tinham dado à polícia a autoridade para controlar o comportamento nos lugares públicos. Logo as ruas, os parques e os metrôs das nossas principais cidades estavam cheios de mendigos, prostitutas, bêbados urinando nas calçadas e pessoas dormindo nas grades de calefação.

O mesmo conceito de liberdade civil conquistou a profissão da saúde mental, quando psiquiatras como R. D. Laing começaram a argumentar que não existe um padrão de normalidade que seja aplicável de maneira geral, e que os doentes mentais simplesmente têm uma perspectiva de vida diferente mas, de igual modo, válida. Os partidários da liberdade civil começaram a retratar os doentes mentais como outro grupo oprimido, enquanto defendiam o direito absoluto de todas as pessoas, sãs ou não, de viver segundo as suas próprias percepções da realidade. A American Civil Liberties Union enfatizou o assunto com diversos processos. O resultado foi um movimento maciço de não internação dos doentes mentais, soltando uma enxurrada de pessoas mentalmente instáveis, e desorientadas nas ruas das cidades da nossa nação. Muitos deles imediatamente se tornaram sem teto, e freqüentemente agiam de maneira ameaçadora ou intimidadora aos cidadãos normais.[5]

Assim, ao mesmo tempo em que o crime estava aumentando e os doentes mentais estavam tomando conta dos parques e de outros espaços públicos, as cortes estavam algemando a polícia na sua capacidade de refrear o comportamento desordeiro e anti-social. O símbolo da época era "o selvagem da rua 96", um veterano viciado em craque que durante anos atacou mulheres, empurrou pessoas diante dos automóveis e aterrorizou, de maneira geral, as pessoas no bairro Upper West Side, em Manhattan (Nova Iorque), porque as autoridades eram incapazes de prendê-lo ou interná-lo. Estes incidentes, repetidos por todo o país, transmitiam um sinal evidente de que as autoridades não eram capazes ou não tinham vontade de evitar também as formas menores de desordem — e, portanto, provavelmente não iriam evitar os crimes principais. Como resultado, os cidadãos que respeitavam a lei começaram a sair das cidades, e os transgressores, a entrar.

Problemas com Visões de Mundo Ocultas

Se temos esperança de restaurar as nossas cidades, precisamos entender e criticar a visão de mundo que desencadeou esta desordem. Esta nova visão das liberdades civis foi o resultado direto da rejeição à doutrina bíblica da criação, que ensina que os seres humanos foram criados para viver em comunidade, e a substituição do jardim do Éden por um hipotético "estado de natureza" (veja a discussão anterior no capítulo 4). Neste mito secularizado da origem humana, os indivíduos são a única realidade fundamental, e os direitos individuais superam todos os demais; os requisitos da ordem pública são superados pelas imperiosas exigências da autonomia individual. Assim, as liberdades civis acabaram sendo definidas em termos excessivamente individualistas, negando o direito das comunidades em promover os seus valores ou insistir em padrões de comportamento público. Esta definição foi adotada por sociólogos, ativamente promovida pelas organizações de liberdade civil, idolatrada nas decisões da corte e finalmente aceita pela própria polícia.

Portanto, a solução não é simplesmente um caso de construir mais prisões e encarcerar mais criminosos. Na verdade, a América já tentou esse caminho. Os anos 70 viram a maior explosão na construção de prisões da nossa história. Os discursos salpicados de slogans como "lei e ordem" e "resistindo ao crime" certamente indicavam os vencedores nas campanhas políticas. Mais pessoas foram presas, as prisões ficaram superlotadas... e apesar disso o crime continuou a crescer.

Ventos de Mudança

Então, no início dos anos 80, houve uma ruptura quando os cientistas sociais George Kelling e James Q. Wilson lançaram o que ficou conhecido como a teoria da janela quebrada. Eles descobriram que se uma janela quebrada em um edifício não for consertada, em breve todas as janelas estarão quebradas. Por quê? Porque o estrago que é deixado sem consertar envia uma mensagem de que ninguém está se importando, que ninguém está no controle, e que nenhum vandalismo posterior irá incorrer em punição. Uma única janela quebrada em breve atrai o tipo de pessoas que irá quebrar mais janelas. Da mesma forma, uma cidade que admite atos de desordem pública, que começam com os grafiteiros e o lixo, envia uma mensagem de que as autoridades não têm vontade de impor padrões de comportamento — controlar o seu espaço e os seus cidadãos — ou são incapazes de fazê-lo. E quando uma cidade envia esta mensagem, os cidadãos que respeitam as leis vão embora, e o elemento criminoso é preso — exatamente o ciclo que assolou as principais cidades da América.[6]

No início dos anos 90, William Bratton, chefe de polícia de Nova Iorque adotou a teoria da janela quebrada e persuadiu o prefeito recentemente eleito de Nova Iorque, e antigo advogado de acusação — considerado um homem muito duro, Rudolph Giuliani — a experimentar a teoria. Os distritos 69 e 74 e o Brooklyn, onde trabalhava o guarda Sal, receberam a ordem de "consertar as janelas quebradas" — ou seja, prender os transgressores menores e limpar os bairros. A polícia adotou a política de tolerância zero para qualquer violação da ordem pública, e no processo eles logo descobriram que na verdade existia uma "emenda sem costura" entre o controle dos crimes menores e a restrição dos crimes maiores. Embora eles tivessem ignorado as pessoas que pulavam a catraca nos metrôs, agora os policiais estavam prendendo os transgressores, que, com grande freqüência, se tornavam assaltantes. Embora eles tivessem fingido não ver as pequenas infrações de trânsito, agora eles paravam todos os infratores, o que freqüentemente levava à descoberta de drogas e de armas nos automóveis. Eles expulsavam os mendigos e os desocupados, muitos dos quais eram traficantes de drogas procurando fazer uma venda. Em três anos, no distrito 75, que já tinha sido um dos lugares mais violentos da América, o número de homicídios caiu de 129 para 47.[7]

Os adeptos das liberdades civis atacaram o programa de prevenção de crime de Bratton repetidas vezes, e até mesmo processaram o departamento de polícia de Nova Iorque, citando as decisões anteriores da Suprema Corte e argumentando que o programa visava a determinadas pessoas simplesmente porque elas eram pobres ou sem teto. Mas Bratton tinha estruturado a sua política cuidadosamente para punir o comportamento e não a situação social (por exemplo, os sem teto) e as cortes negaram as petições dos libertadores. (Poderíamos suspeitar que os juízes também estavam reagindo ao clamor público para terminar com o caos).[8]

As cidades por todo o país começaram a imitar Nova Iorque, com resultados igualmente dramáticos. Os políticos eram rápidos para alardear o seu sucesso em qualquer lugar onde encontrassem uma câmera de TV ou um microfone. Foi como se eles tivessem descoberto o Santo Graal, a resposta para o crime há tanto tempo procurada. Embora tudo o que Giuliani e os demais tivessem "descoberto" era uma verdade bíblica básica e bem fundamentada.

A VERDADEIRA SHALOM

Milhares de anos antes da teoria da janela quebrada, o povo judeu já tinha captado a idéia de *shalom*. Embora popularmente traduzida como "paz", a palavra tem conotações que na verdade são muito mais amplas do que a ausência de hostilidades. *Shalom* se refere à paz em um sentido positivo, o resultado de uma comunidade corretamente ordenada. Quando as pessoas vivem juntas de acordo com a ordem moral de Deus — em *shalom* — existe civilidade e harmonia. A melhor maneira para reduzir o crime não é reagir posteriormente ao fato, com punições e reabilitações, mas sim desencorajá-lo antes que ocorra, criando uma vida em comunidade civil e ordenada.

A base bíblica para esta abordagem é a doutrina da criação, que nos diz que fomos criados para viver em comunidade. Contrária à noção de um "estado de natureza", com a sua guerra de todos contra todos, a Bíblia ensina que não somos indivíduos autônomos. Na verdade, somos criados à imagem daquEle que na sua própria essência é uma comunidade de pessoas — isto é, a Trindade. A própria natureza de Deus é o amor recíproco e a comunicação entre as pessoas da Trindade. Nós fomos criados como seres inerentemente comunitários, e as instituições da sociedade ordenada por Deus fazem exigências justas e normativas que somos moralmente obrigados a cumprir.

Estas instituições não são imposições na nossa liberdade, mas expressões da nossa natureza social inerente. "Deus poderia ter criado os homens como indivíduos sem conexão", escreve Kuyper. Em lugar disso, Ele criou um casal original, com o resultado de que, por nascimento, cada um de nós "está unido organicamente com toda a raça".[9] Esta natureza social está expressa pelas nossas instituições sociais, e estas instituições precisam de algum tipo de estrutura de autoridade para orientar as suas atividades para o bem comum. Assim, para criar e manter a ordem nas nossas comunidades políticas, Deus ordenou o estado. Todos nós temos o imperativo moral de obedecer às autoridades e de trabalhar pela justiça e pela *shalom.*

No século IV, em sua obra clássica *The City of God*, Agostinho ensinou que paz (*shalom*) é a "tranqüilidade produzida pela ordem" (*tranquillitas ordinis*). Uma comunidade política pode desfrutar de paz e harmonia unicamente obedecendo à ordem moral, escreveu ele; pois somente uma vida civil ordenada permite que os seres humanos caídos "vivam e trabalhem juntos". Portanto, o papel básico do Estado não é perseguir os criminosos depois do crime, mas alimentar a *tranquillitas ordinis*, usando os seus poderes exclusivos de coerção para esse fim. Procurar a *tranquillitas ordinis* também é o dever de todo cristão, pois embora a nossa visão mire, em última análise, a "cidade de Deus", enquanto vivermos na "cidade do homem" é moralmente imperativo que trabalhemos pela paz nessa cidade. Isto não é opcional; é a única maneira de manter o mal sob controle.[10]

Durante séculos, esta visão bíblica da ordem em comunidade dominou o pensamento ocidental. No século passado, William Wilberforce, o grande estadista evangélico inglês, observou que "a maneira mais eficiente de prevenir os grandes crimes é punir os menores, e esforçar-se para reprimir o espírito geral de desregramento, que é o pai de todos os tipos de vícios".[11] A mesma filosofia influenciou os princípios originais da polícia estabelecidos por Sir Robert Peel em 1829. A principal função da polícia, disse Peel, não é lutar contra o crime, mas manter a paz.[12] Setenta anos mais tarde, na primeira Carta de Nova Iorque, os mesmos princípios eram repetidos: "Por meio disto se estabelece que o papel do departamento de polícia é especialmente o de preservar a paz pública... remover todos os transtornos das ruas públicas... reprimir toda conduta desordeira e ilegal".[13] Como resultado, na virada do século, foi a polícia que criou as primeiras filas para comida e sopa; foram construídas delegacias com um espaço extra onde os migrantes poderiam permanecer até encontrar trabalho; os mendigos eram encaminhados a instituições de caridade; e, sim, a polícia até mesmo ajudava as crianças perdidas a encontrarem o caminho de casa. O guarda Sal teria se sentido em casa.

O sucesso que este enfoque demonstrou ao recuperar as principais cidades da América ressalta a sabedoria da visão bíblica clássica e fornece evidências poderosas de que ela é, realmente, verdadeira — fiel à nossa natureza, fiel a quem somos. Por sua vez, o caos das primeiras décadas comprova as conseqüências desastrosas de viver de acordo com uma falsa filosofia da natureza humana, aquela que nega o ensinamento bíblico da criação e o substitui por um mito secular das nossas origens e da nossa natureza. A visão secular foi experimentada e comprovou ser insuficiente, e o seu fracasso abre uma maravilhosa oportunidade para que os cristãos exponham a visão bíblica da natureza e da comunidade humana.

CONSERTANDO AS JANELAS QUEBRADAS

Como é o enfoque bíblico, na prática? Em Newport News, na Virgínia, a polícia ficou cansada de atender constantemente chamados sobre ladrões e traficantes em um bairro em decadência, e por fim todo o bairro foi condenado à demolição. Na preparação para a nova construção, os policiais decidiram limpar a área: eles limparam o lixo, removeram os carros abandonados, taparam os buracos. Para a surpresa de todos, a taxa de roubos de casas repentinamente caiu em 35%. Sem querer, a polícia tinha esbarrado na teoria da janela quebrada. De maneira similar, a polícia de Baltimore trabalhou com agências locais para limpar um bairro — para melhorar a iluminação das ruas, podar a vegetação, limpar os becos e construir um parque infantil — com o resultado de que os roubos de casas foram reduzidos em 80% e os roubos de automóveis em 100%. A restauração da ordem realmente cria "a tranqüilidade da ordem".[14]

Um dos exemplos de maior sucesso está em Charleston, na Carolina do Sul, onde o chefe de polícia Reuben Greenberg decidiu combater o crime limpando os bairros, eliminando o lixo, as seringas usadas e os grafiteiros. Para manter baixos os custos, ele empregou os presos da cadeia local. Em pouco tempo, as antigas áreas devastadas pelo crime estavam limpas e arrumadas, mostrando que o comportamento desordeiro não seria tolerado.

A seguir Greenberg combateu o tráfico de drogas a céu aberto, que tinha tomado conta de bairros inteiros da cidade. Ele simplesmente colocou guardas uniformizados em cada esquina onde as drogas eram vendidas. Os guardas não interrogavam ninguém: eles simplesmente ficavam ali. Mesmo assim o impacto nos negócios foi enorme: ninguém se aproximava dos traficantes, nem mesmo para dizer olá. Eles foram forçados a abandonar o bairro ou mudar de negócio.

Depois Greenberg reviveu a visão original dos anos 30, dos albergues como um refúgio para os pobres e não um abrigo para o crime. As autoridades dos albergues começaram a investigar os locatários, recusando-se a aceitar criminosos violentos, e hoje um albergue é um dos lugares mais seguros para viver em toda a cidade.

Finalmente, para combater a alta taxa de crime juvenil, Greenberg re-introduziu os inspetores de alunos. Se uma criança em idade escolar fosse localizada em qualquer lugar da cidade em horário escolar, um inspetor de alunos era enviado para apanhá-la e devolvê-lo à escola. Os resultados foram imediatos: 24% de redução permanente em crimes à luz do dia, tais como roubo de bolsas, roubos de automóveis e de mercadorias em lojas.[15]

Em alguns lugares são os próprios moradores que estão tomando a iniciativa de restaurar os bairros. Um bom exemplo é Bryant Park, em Nova Iorque, que já foi um refúgio para os traficantes e outros infratores da lei, lugar de cento e cinqüenta roubos de casa denunciados e dez estupros por ano. Finalmente, os vizinhos e os proprietários formaram uma associação e arrendaram um parque da cidade com sete acres. Eles derrubaram as cercas e as altas sebes que eram lugares de esconderijo fácil para os criminosos; remodelaram os banheiros e os mantiveram limpos e seguros; contrataram guardas de segurança desarmados para patrulhar o parque com o objetivo de evitar pequenos delitos, como entrar nas fontes ou pisar nos canteiros de flores. Hoje, além de permanecer praticamente livre do crime, Bryant Park atrai milhares de novaiorquinos todas as semanas, para um banho de sol, um piquenique ou para eventos artísticos.[16]

Até mesmo os jovens podem participar. Há alguns anos, em Montgomery, no Alabama, cinqüenta adolescentes cristãos armados com cortadores de sebes e podadores dirigiram-se a um bairro cuja população era, em sua maioria, composta de idosos. Decididos a atacar os arbustos crescidos que davam esconderijo a vândalos, ladrões e assaltantes, os garotos podaram sebes altas, podaram galhos baixos de árvores, e até mesmo substituíram luzes públicas queimadas e instalaram olho-mágico nas portas. O projeto chamou-se *Youth Cutting Down on Crime* e foi organizado por Neighbors Who Care, um ministério da Prison Fellowship que mobiliza as igrejas na ajuda às vítimas de crimes.

Por que estabelecer a ordem funciona tão bem como uma prevenção do crime? Porque expressa uma ordem moral básica e mostra que a comunidade está desejosa de colocá-la em prática. Esta é a descoberta de um dos maiores estudos já realizados sobre as causas do crime e da delinqüência. Investigadores da Universidade de Harvard, do Kaiser Institute e da Universidade de Chicago se uniram para pesquisar 382 bairros de Chicago, todos com características étnicas, raciais e econômicas diferentes. Não foi possível encontrar nada em comum na demografia tradicional. Em algumas comunidades minoritárias a taxa de crime era elevada, em outras era baixa. A mesma coisa ocorria com a pobreza. O único padrão comum que os investigadores encontraram foi que as taxas de violência eram mais baixas nas áreas que tinham um forte sentido dos valores comunitários e uma disposição para impor esses valores no espaço público — por exemplo, onde os vizinhos se sentiam livres para castigar as crianças que cabulavam aula, cobriam os muros com grafites ou ficavam sem fazer nada na rua. Em outras palavras, mesmo as comunidades desprotegidas podem superar condições adversas se elas tiverem valores comuns e quiserem colocá-los em vigor, especialmente entre a juventude.[17] Como diz um repórter do *Boston Globe*, refreando um pouco a língua, o nível da violência é principalmente influenciado por "coisas como a vontade de cuidar dos filhos dos outros e preocupar-se com os problemas dos outros".[18]

Isto é o que Roberto Rivera, um dos nossos colegas no ministério Prison Fellowship, chama de "síndrome da Sra. Greene". Rivera cresceu em um bairro grande de mistura racial presidido por uma mulher imponente chamada Sra. Greene. Ela tinha três filhos, mas achava que devia tomar conta dos filhos dos outros também. "Se ela visse você fazendo alguma coisa boba ou perigosa, ela não hesitava em chamar a sua atenção", recorda Rivera. "E o que é pior, você podia ter certeza de que ela iria contar para os seus pais. Era quase impossível escapar se a Sra. Greene estivesse por perto."

A ciência social está provando que são as senhoras Greene deste mundo que colocam em prática os valores comunitários e mantêm seguros os bairros. E os valores, por sua vez, em última análise, se originam da religião bíblica. Muitos estudos recentes mostram uma relação direta entre a influência da fé cristã e a redução do crime. Estudos independentes mostram que a taxa de crime é mais elevada nos bairros que têm mais bares e lojas de bebidas, e mais baixa em bairros onde há mais igrejas.[19] Um estudo pioneiro feito por Richard Freeman, de

Harvard, descobriu que os jovens que são ativos na igreja têm maior probabilidade de concluir os estudos, evitar a gravidez fora do casamento, manter um emprego e evitar problemas com a lei. Na prevenção do crime, a freqüência à igreja conta até mais do que a estrutura familiar, uma descoberta altamente significativa, pois crescer em um lar sem pai também provou ter um grave impacto negativo. O poder da religião vem do fato de que ela instila um sentido de propósito e valor à vida; ela também ensina um padrão de moralidade que age como um repressor do comportamento anti-social e criminoso.[20]

O mesmo efeito foi também provado historicamente. James Q. Olson descobriu que o crime caiu drasticamente na segunda metade do século passado, apesar da rápida industrialização. Ele atribuiu a causa a uma renovação ampla (o Second Great Awakening), quando os cristãos criaram um extraordinário número de associações para ajudar os pobres, os necessitados, os desempregados e as mulheres abandonadas.[21] O seu sucesso na transformação da sociedade fornece uma evidência convincente de que os cristãos podem fazer a mesma coisa hoje em dia.

Na verdade, somente os cristãos têm um ponto de vista capaz de fornecer soluções possíveis para os problemas da vida comunitária. Assim, devemos tomar a iniciativa, ajudando as comunidades a assumirem o controle dos seus próprios bairros. Seja mobilizando esforços para cobrir os grafites e limpar terrenos baldios, seja com um ativismo político para aprovar leis que coloquem em vigor os padrões de comportamento público, deveríamos estar ajudando a restaurar a ordem nestas áreas menores como o primeiro passo no ataque às principais doenças sociais.

Podemos nos motivar com os estrondosos sucessos de igrejas do interior que assumiram um papel ativo para recuperar os seus bairros. Vejamos, por exemplo, o reverendo Eugene Rivers, que lidera a Comunidade Cristã Azusa, uma congregação pentecostal na pobre região de Dorchester, em Boston. Rivers, um antigo membro de gangue que conseguiu formar-se em Harvard, inspirou-se para recuperar a sua comunidade depois de testemunhar uma tragédia chocante. Na primavera de 1992, membros de uma gangue entraram em uma igreja em meio a um funeral e esfaquearam um adolescente de uma gangue oponente, e depois aterrorizaram a igreja. Rivers, acompanhado por mais de quarenta outros pastores, partiu para o resgate dos jovens das drogas e das gangues. As igrejas começaram a oferecer orientação depois da escola ("instrução trancada") e estudos bíblicos; formaram patrulhas de bairros para oferecer às crianças um percurso seguro para a escola e para casa; aconselharam jovens em liberdade condicional; e também fizeram contatos com empresários cristãos para ajudar os adolescentes a conseguir empregos.[22] Depois de dois anos sem um único homicídio a mão armada denunciado entre os adolescentes em Boston, até mesmo as revistas nacionais como *The New Yorker* observaram: "Vocês não teriam alcançado este resultado com eficiência sem os ministros em Boston", disse à revista o antigo comissário da polícia de Boston, William Bratton. "Aquelas igrejas e os líderes como Eugene Rivers foram uma razão significativa para o nosso sucesso".[23]

O professor de Princeton, John DiIulio, ficou tão impressionado com os ministérios como o de Boston que reduziu a sua carga horária de aulas em Princeton e criou uma organização chamada PRRAY (Partnership for Research on Religion and At-Risk Youth) para pesquisar e ajudar programas com base na fé. DiIulio descreve tais ministérios em termos dramáticos: os voluntários da igreja "vão diretamente às ruas, às gangues, ao centro da ação. Os jovens ficam surpresos. A polícia nem chega a aparecer". Mas os cristãos empenhados chegam aos lugares onde a polícia não ousa ir, e levam a corajosa mensagem: "Deus os ama e tem alguma coisa melhor para vocês".[24]

Em 1996, visitei o bairro de Allison Hill, em Harrisburg, a capital da Pensilvânia, um gueto horroroso, com os becos cheirando a lixo velho e os seus terrenos abandonados cheios de estojos de balas para armas, e seringas usadas. Vi calçadas manchadas com o sangue das vendas de drogas fracassadas.

Mas pouco tempo depois, Ana Martinez, obreira da First Spanish Christian Church, abriu um pequeno escritório de Neighbors Who Care, um ministério da Prison Fellowship às vítimas do crime. Em uma noite, Ana e suas colegas Rosalie Danchanko e Paulita Vido realizaram uma marcha de oração pelo bairro de Allison Hill. Voluntários usando camisetas amarelas com a inscrição "Quando os vizinhos se preocupam, o crime diminui" distribuíam cachorros-quentes e bolas de gás. Retratistas e palhaços divertiam as crianças. E a multidão cresceu. Espontaneamente, quinhentas pessoas começaram a caminhar juntas pelas ruas cheias de lixo, de mãos dadas, cantando hinos e orando em voz alta. "Que brilhe a luz", cantavam. "Que brilhe a luz sobre Harrisburg!"

Durante a marcha, as pessoas saíam dos bares para ver o que estava acontecendo. Uma jovem, altamente drogada, tropeçou diante deles. "Eu preciso de ajuda", soluçou (Rosalie e os voluntários mais tarde colocaram-na em contato com um programa de tratamento e a levaram a Cristo). Crianças em skates acompanhavam a marcha.

A multidão chegou a uma esquina onde um grupo de membros de gangue mal-educados estava rondando, irritados e tensos, e Ana convocou com voz retumbante: "O Senhor ama vocês. Nós amamos vocês. Mas não gostamos do que vocês estão fazendo. Venham, unam-se a nós!" Um adolescente, com o seu rosto jovem já marcado pelos anos que passara na rua, lentamente se afastou da gangue da esquina e uniu-se aos cristãos.

Enquanto isso, carros de adolescentes tentavam atrapalhar o que estava acontecendo, acelerando os motores, tocando as buzinas e aumentando o volume dos seus rádios. As pessoas que estavam na marcha oraram ainda mais alto. Os homens choravam, as mulheres tremiam. A oração subiu como um grande rugido, enchendo as ruas e os becos.

Hoje, ao passar pelas ruas de Allison Hill, você verá que as seringas desapareceram, as fileiras dos traficantes foram dizimadas. Como os guerreiros da oração continuam marchando, existe esperança em Harrisburg, sinais da *shalom.*

"O que funcionou foi a interação e a Bíblia", afirma Kathy Dudley que, com seu marido, fundou a Voice of Hope para recuperar os bairros no oeste de Dallas. "Nós íamos a uma rua, juntávamos os garotos, os levávamos a um parque e ali jogávamos bola", diz ela. "Depois contávamos histórias da Bíblia." A partir daquele primeiro jogo de futebol, Voice of Hope cresceu para transformar-se em um programa de desenvolvimento de comunidade de sucesso, com orientação depois da escola, treinamento profissional, reformas de casas, uma clínica dentária, uma loja econômica e uma loja de presentes.[25]

Há esforços similares em andamento na igreja comunitária de Lawndale, em Chicago, iniciados por Wayne Gordon, que fundou a igreja com um grupo de adolescentes em 1978, tendo percebido a necessidade de renovar um dos bairros mais difíceis e sofridos da cidade. A igreja tornou-se um lugar seguro para as crianças, com um ginásio e orientação depois da aula. No College Opportunity Program, os alunos de oitava série se comprometem com um programa de cinco anos, de duas sessões de estudo semanais no centro de aprendizado da igreja. Se obtiverem uma nota média de 2,5, eles recebem uma quantia de três mil dólares por ano, uma bolsa de estudos de quatro anos para a faculdade. Se algum garoto ou algum membro de sua família ficar doente, pode ir ao centro médico da igreja por uma taxa mínima, e o centro de treinamento profissional de Lawndale ajuda os desempregados a encontrarem trabalho. A igreja também conta com um ministério de alojamento para reformar edifícios abandonados e dar aos pobres uma oportunidade de terem a sua própria casa.[26]

Em Baltimore, Sandtown era um bairro de casas fechadas com tábuas e becos cheios de lixo, com traficantes em cada esquina — isto é, até a fundação da New Song Community Church. Agora a igreja chega até pessoas como Torey Reynolds, mãe de quatro crianças, que era viciada em craque e dependia da Previdência Social. Com a ajuda da igreja, ela passou por treinamento profissional e agora está empregada como uma assistente social da comunidade. Os seus filhos freqüentam o centro de aprendizado da New Song e quando ficam doentes ela os leva ao centro de saúde familiar New Song. Torey e o seu marido também são os orgulhosos proprietários de uma das casas reformadas pelo Habitat for Humanity local. É a primeira casa que eles possuem.

Em Memphis, no Tennessee, a mesma visão pela restauração da ordem social e moral inspira os membros da Mississippi Boulevard Christian Church. A igreja comanda um ministério de reformas de casas, uma escola cristã, o Manna Food Center para a distribuição de alimentos aos pobres e aos mais idosos, e o Family Life Center que tem tudo, desde times de basquete, vôlei e skates, a uma quadra de handebol e uma pista de boliche. A igreja também tem uma oficina de roupas, um programa de localização de empregos, uma livraria e um serviço de aconselhamento.

Todos estes exemplos foram originalmente inspirados por uma visão cristã para o desenvolvimento de bairros que apareceu pela primeira vez nos corações dos meus amigos John e Vera Mae Perkins. John cresceu colhendo algodão no Mississippi, sofreu violência durante o movimento pelos direitos civis, e então fundou o ministério Voice of Calvary em Mendenhall e Jackson, no Mississippi. Hoje estes ministérios cresceram e incluem reformas de casas, uma loja econômica, treinamento profissional, uma escola, creche, uma cooperativa de alimentos e um centro médico. O modelo dos Perkins de um desenvolvimento de comunidade cristã agora está sendo imitado por todo o país.

Nos últimos anos, John e Vera Mae levaram a sua visão ao canto noroeste de Pasadena, na Califórnia, lugar infestado de drogas. A primeira vez que visitei a sua nova casa, vi traficantes na rua, estacionando as suas limusines para fazer negócios com drogas no meio do lixo. Eu orei com John e Vera Mae na sala deles, sentado ao lado de uma janela que ainda tinha um furo de bala perdida.

Dentro de alguns meses, eles tinham transformado o seu quintal em uma área de recreação onde os garotos do bairro podiam brincar em segurança e ouvir histórias da Bíblia. Logo eles compraram propriedades vizinhas e as reformaram; eles abriram um centro de juventude e outros serviços familiares. Eles incentivaram outros cristãos a comprarem propriedades próximas e abrirem ministérios correlatos. Com o tempo, os traficantes desapareceram, o crime diminuiu e as crianças estavam novamente brincando diante das suas casas. Quando voltei para outra visita, não pude acreditar na transformação.

O que está acontecendo em Boston, Harrisburg, Dallas, Chicago, Baltimore, Memphis, Mendenhall, Jackson e Pasadena é o que os cristãos deveriam estar fazendo em todas as partes: transformando o caos em *tranquillitas ordinis*, uma casa de cada vez, um quarteirão de cada vez, um bairro de cada vez, uma comunidade de cada vez. Embora a nossa cidadania seja na "cidade de Deus", sabemos que Ele nos colocou nas nossas cidades e nos nossos bairros para espelharmos o seu caráter e para restaurar o seu justo domínio em meio a um mundo caído. Começamos com as nossas vidas e hábitos pessoais, passamos para as nossas famílias e escolas e depois para as nossas comunidades — e daí para a nossa sociedade como um todo.

"Bem, se ele realmente acredita que não há nenhuma diferença entre a virtude e o vício, vamos contar os nossos talheres antes que ele vá embora."

SAMUEL JOHNSON
(quando soube que um convidado
para o jantar acreditava que
a moralidade era uma fraude)

CAPÍTULO 8
CRIANDO A SOCIEDADE BOA

Enquanto você lê o capítulo 8, tenha em mente as seguintes questões:

- Por que o relativismo ou o pragmatismo não fornecem uma fundação para uma sociedade segura e ordeira?
- O que é integridade, e por que ela é importante?
- O que é necessário para criar uma "vida boa"?

O que é necessário para conseguir uma vida boa? Não aquela anunciada por propagandas de investimentos, mas uma vida de virtudes? Os patriarcas e fundadores da nação americana entendiam que esta é uma questão crucial para qualquer sociedade, pois a virtude é essencial para a liberdade. As pessoas que não conseguem refrear os seus próprios instintos mais básicos, que não podem tratar os demais com civilidade, não são capazes de se autogovernarem. "A nossa constituição foi feita para um povo moral e religioso" — disse John Adams. "É completamente inadequada para o governo de qualquer outro povo".[1] Sem virtude, uma sociedade pode ser governada somente pelo medo, uma verdade que os tiranos conhecem muito bem.

A mesma questão crítica, então, nos confronta quando passamos da nossa família e do nosso bairro para considerar a nossa vida comunitária: como podemos obter a virtude necessária para manter a boa sociedade e para preservar a liberdade? E como as categorias do ponto de vista da *criação, queda* e *redenção* nos ajudam a analisar os falsos pontos de vista com que nos deparamos na nossa cultura hoje em dia?

Infelizmente, em nossa época relativista, muitas pessoas, até mesmo cristãs, perderam as categorias éticas do que é certo e errado. Há alguns anos, um jovem conhecido meu, que é membro de uma boa igreja, freqüentou durante quatro semanas um curso de ética na Harvard Business School — um curso que se iniciou como reação aos escândalos de Savings and Loan, nos anos 80. Ao regressar, ele comentou o curso com entusiasmo.

— Que tipo de ética eles ensinam? — perguntei.

— Bem, o professor realmente resumiu tudo no último dia quando disse: "Não façam nada que coloquem vocês nas manchetes dos jornais. Isso não é bom para os negócios".

— Mas isto é puro pragmatismo — repliquei, surpreso. — "Não se deixe apanhar. Não deixe a sua empresa com problemas." O que isso tem a ver com ética?

— Mas este é o ponto, não é? — disse o jovem. — Evitar os problemas.

Infelizmente, esta perspectiva é bastante comum. No entanto, não tenho base para a autojustificação, pois quando estava na política eu praticava os mesmos princípios. Eu não fazia nada que soubesse ser ilegal, mas achava que tinha o direito de fazer contra a nossa oposição tudo o que eles tinham feito contra nós quando estávamos no poder (uma espécie de Regra Áurea invertida). É por isso que o escândalo Watergate foi tão freqüentemente defendido com a desculpa "todo mundo faz isso". Por que um pequeno grampo nos telefones dos democratas foi tão ruim, se nós sabíamos que o presidente Johnson tinha feito a mesma coisa com o plano de campanha de Nixon em 1968? E o presidente Clinton recorreu à mesma defesa quando acusado de abusos na campanha de 1995.

É alguma surpresa que o nosso país tenha estado em uma queda livre de ética durante as três últimas décadas? Há uma geração, o escândalo Watergate sacudiu a nação; hoje, inúmeros "gates" mais tarde, o público encara esses escândalos como uma rotina.

O problema é que o relativismo não fornece uma fundação segura para uma sociedade segura e ordeira. Se todas as pessoas são livres para escolher por si mesmas o que é certo, como pode uma sociedade concordar a respeito dos padrões mínimos, e até mesmo colocá-los em vigor? E se não existe uma lei moral em última instância, que motivação existe em ser virtuoso? O resultado é o prejuízo da comunidade. Se você pensasse que os seus vizinhos não têm uma definição clara do que é certo e errado, você dormiria bem à noite ou deixaria os seus filhos brincarem no jardim?

Durante a maior parte da história ocidental, o consenso moral foi, em grande parte, animado pela tradição judaico-cristã. Mas depois do iluminismo, os intelectuais começaram a argumentar que, uma vez que Deus já não era necessário para explicar a criação, Ele já não mais era necessário para estabelecer as leis morais. Somente a razão formaria a base para a moralidade. Desde então, a grande pergunta que a sociedade ocidental enfrenta é aquela formulada pelo grande escritor russo, Fyodor Dostoyevsky: "Pode o homem ser bom sem Deus?"

A RAZÃO É SUFICIENTE?

Pode a razão sozinha criar um sistema moral viável? A resposta é não, e o fracasso da razão em gerar sozinha normas morais foi forçosamente exemplificado há alguns anos pelo destino da Conferência sobre Ciência, Filosofia e Religião. No verão de 1939, quando as tropas nazistas ocupavam a Tchecoslováquia e se preparavam para invadir a Polônia, as últimas esperanças de apaziguar Hitler foram finalmente destruídas, e o mundo se preparou para os horrores de outra guerra mundial. Percebendo que a resolução moral do mundo ocidental precisava, de alguma maneira, ser reforçada, Louis Finkelstein, chanceler do Jewish Theological Seminary em Nova Iorque, começou a planejar uma grande conferência, onde os maiores estudiosos de todas as disciplinas poderiam valer-se da sua sabedoria coletiva para projetar um código de ética universal, que forneceria a base moral da democracia. A conferência foi anunciada em junho de 1940, em um documento assinado por 79 intelectuais de grande renome, incluindo Albert Einstein. O *New York Times* usou toda a primeira página para estampar o anúncio, chamando-o entusiasticamente de uma "declaração de independência intelectual".[2] Uma semana mais tarde a revista *Times* publicou um editorial chamado "Defendendo a democracia", que concluía com "nós precisamos de um novo Contrato Social, uma nova Declaração dos Direitos Humanos".[3]

Quando o grupo se reuniu, naquele mesmo ano, o objetivo foi o que Finkelstein chamou de "pensamento corporativo" — isto é, um esforço para sintetizar a ética judaico-cristã com o humanismo do iluminismo e a ciência moderna, para criar uma nova base para as sociedades democráticas. Mesmo antes do tiro inicial — durante a sessão organizadora — a linha de batalha foi traçada entre os tradicionalistas e os modernistas. Do lado dos tradicionalistas, Mortimer Adler, editor da série Great Books, declarou: "Nós temos mais a temer dos nossos professores do que de Hitler". Referindo-se aos intelectuais que tinham abandonado verdades morais historicamente aceitas. O seu adversário, Sidney Hook, respondeu que Adler estava promovendo um "novo medievalismo". "A única coisa absoluta é a ciência", reagiu Hook, exigindo um enfoque pragmático da moralidade. Os modernistas responderam que todos os valores são relativos — exceto, naturalmente, o valor da tolerância.[4]

Apesar das dificuldades da primeira conferência, as esperanças ainda continuaram altas para a segunda. Com certeza as melhores mentes da nossa nação conseguiriam chegar a um acordo sobre normas de conduta universais para que das cinzas da guerra pudesse emergir um novo mundo de esperança. A imprensa continuava com a sua cobertura efusiva.

Somente na terceira conferência o fervor otimista começou a diminuir quando o debate chegou a um beco sem saída quanto a qual moralidade deveria ser adotada. Por todo o país, os editoriais começaram a reduzir ligeiramente as expectativas, com títulos tais como "Os Estudiosos Confessam que Estão Confusos".[5]

A Conferência sobre Ciência, Filosofia e Religião deu continuidade às reuniões durante os anos de guerra e depois deles, debatendo assuntos como a bomba atômica, um governo mundial, e o fim do colonialismo ocidental. Na reunião de 1948, conta Fred Beuttler, da Universidade de Illinois, "os maiores temores da maioria dos intelectuais acadêmicos eram o dogmatismo e a doutrinação". Em outras palavras, os relativistas tinham vencido a disputa. "Todo o pensamento absolutista", disseram, "tem um potencial totalitário". No início dos anos 60, a conferência se dispersou. O objetivo original de definir "conceitos culturais universais" tinha provado ser impossível.[6]

Pense nisso: durante duas décadas algumas das maiores mentes da nação se engajaram em um debate estimulante e produziram... nada. Por quê? Porque eles não concordavam quanto ao ponto inicial adequado do conhecimento ético. Os tradicionalistas, como Adler, entendiam que para haver princípios éticos universais e objetivos era necessário que houvesse uma fonte absoluta, uma autoridade transcendente. Os modernistas começaram com a suposição de que a ciência é a única fonte do verdadeiro conhecimento, que a natureza é tudo o que existe e que, portanto, aquela moralidade é meramente uma invenção humana que pode ser alterada para satisfazer circunstâncias, que se modificam em um mundo que evolui. Os dois lados partiram de visões de mundo conflitantes, e as suas interações infrutíferas estavam simplesmente esgotando as conseqüências lógicas dos seus pontos de partida.

O esforço grandioso de Louis Finkelstein traz à tona o fracasso dos esforços para extrair regras éticas unicamente a partir da razão. Hoje em dia, a ética degenerou no relativismo, em que cada indivíduo estabelece as suas próprias verdades pessoais segundo as quais ele vive. Nas palavras do reverendo Richard John Neuhaus, somos "rebanhos de mentes independentes, que seguem em direção ao esquecimento moral, tendo nos lábios a afirmação insensata da canção interpretada por Frank Sinatra, "I Did It My Way" (Eu fiz à minha maneira).[7]

Neste ambiente, é considerado ofensivo afirmar que a civilização ocidental, sob a influência da tradição judaico-cristã, poderia gozar de qualquer vantagem moral ou que as suas crenças históricas poderiam ser utilizadas para deter a queda livre da nossa moral. Quando um dos irmãos Bass, do Texas, doou vinte milhões de dólares para a sua alma mater, a Universidade de Yale, estipulando que a quantia deveria ser usada para o estudo da civilização ocidental, a universidade ficou embaraçada. A faculdade queria um currículo multicultural, e não aquele que favorecia a tradição ocidental. Então eles se arrastaram e adiaram o projeto, até que Leo Bass finalmente pediu que o seu presente fosse devolvido.[8]

Em nossas escolas públicas tornou-se praticamente impossível ensinar os preceitos tradicionais de certo e errado — o que levou a conseqüências desastrosas. "Durante gerações", escreve o teólogo Michael Novak, "a tarefa básica atribuída às escolas públicas da nação era a formação do caráter".[9] Já não é mais. Há alguns anos, um repórter do *New York Times* visitou uma sala de aula do colegial em New Jersey, onde os alunos estavam discutindo o caso de uma mulher que tinha encontrado mil dólares e os tinha devolvido. Todos os quinze alunos disseram que ela era uma boba. Mas o verdadeiro choque veio depois da aula, quando o repórter perguntou à professora por que ela não tinha dito aos alunos que eles estavam errados. A professora respondeu: "Se eu assumisse a posição do que é certo ou errado, não poderia aconselhá-los".[10]

Os educadores não entendem onde deve nos levar este tipo de ensino sem valores? Uma nação sem virtude não pode governar-se. "O nosso povo está perdendo a virtude", diz Novak, abruptamente. "É por isso que estamos perdendo o autogoverno".[11] E se não conseguimos nos governar, então convidamos outros para governar-nos. A morte da virtude ameaça a nossa própria liberdade como um povo.

Em resumo, a nossa grande batalha é entre as visões de mundo e surge a questão: Como devemos viver agora — segundo a tradição judaico-cristã ou segundo o niilismo moral da cultura relativista e individualista da atualidade?

UMA SOCIEDADE VIGIADA POR 250 MILHÕES DE POLICIAIS

Examinando essas visões de mundo conflitantes através da grade analítica da *criação, queda* e *redenção*, podemos ver claramente a causa do nosso mal-estar ético. A criação nos diz que devemos a nossa existência a um Deus santo, cujo caráter é o padrão de toda a justiça, a dimensão de toda a moralidade. "Santos sereis, porque eu, o Senhor, vosso Deus, sou santo" (Lv 19.2). O claro defeito da visão de mundo secular é dizer que devemos a nossa existência a forças naturais que ocorrem ao acaso; portanto, não existe uma origem definitiva para as normas morais.

A segunda categoria é igualmente crucial. A queda nos diz que somos propensos para o mal. Portanto, necessitamos restrições morais para que a sociedade funcione. "O que sai do homem, isso é que contamina o homem" (Mc 7.20). Mas o secularismo deixa de compreender a natureza do nosso dilema moral, levando à falsa suposição de que, uma vez que as pessoas são basicamente boas, uma sociedade virtuosa pode ser formada pela criação de estruturas sociais, políticas e econômicas corretas.

Mas a verdade é que uma sociedade virtuosa pode ser criada somente por pessoas virtuosas, cujas consciências individuais possam vigiar o seu comportamento e fazê-las responsáveis. Sem a consciência, uma sociedade só pode ser controlada pela coerção. Mas até mesmo a coerção pode falhar, pois não existe uma força policial suficientemente grande para vigiar todos os indivíduos. "Este país deveria ter, se isso for saudável e se funcionar como deveria, 250 milhões de policiais — chamados *consciência*", diz Michael Kovak. "Quando 250 milhões de consciências estiverem vigiando, será surpreendente ver como são necessários poucos guardas na rua".[12]

A ênfase na justiça social às custas da virtude privada não é apenas equivocada, mas também completamente perigosa. As pessoas sem moralidade pessoal inevitavelmente fracassam nos seus esforços para criar a moralidade pública. "Não existe pecado social sem o pecado pessoal", escreve o professor James Schall da Universidade de Georgetown. "Hoje em dia a nossa juventude quase que invariavelmente aprende que deve modificar o mundo, e não as suas almas. Então elas modificam o mundo, e tudo fica pior".[13] As cruzadas morais com zelo, mas sem compreensão ética, provavelmente nos darão soluções que serão piores do que os problemas.

Além disso, quando concentramos a atenção moral dos jovens unicamente nos problemas e nas causas públicas, eles deixam de tratar o campo pessoal como sendo moralmente sério. Há alguns anos, Christina Hoff Sommers, professora de filosofia na Universidade Clark, escreveu um artigo intitulado "Ensinando as virtudes", no qual atacava a educação superior por ensinar a ética como justiça social, e não como uma decência e honestidade individual. Uma das colegas de Sommers reclamou que ela estava promovendo a moralidade burguesa e ignorando os verdadeiros problemas, tais como a opressão das mulheres, o mal das corporações multinacionais e a exploração do meio ambiente. Mas, no final do semestre, a mesma professora veio ao escritório de Sommers, horrorizada, porque mais da metade dos seus alunos havia plagiado o seu exame, uma prova que podia ser feita em casa. Eles haviam trapaceado em um curso de ética!

"O que você vai fazer", perguntou Sommers. Timidamente, a mulher pediu uma cópia do artigo de Sommers sobre a importância da virtude individual.[14]

O mito da bondade humana levou a uma separação maciça entre os campos público e privado, a ponto de muitos americanos, fraturados e compartimentados, dizerem com eloqüência: "Não importa o que o presidente faz na sua vida privada". Ou, o que é pior: "Não importa o que *eu* faço na minha vida privada". Os americanos adotaram uma dualidade entre o corpo e a "pessoa", o que é mais óbvio nos argumentos que defendem o aborto (o feto pode ser biologicamente humano, mas não é uma "pessoa").[15] A mesma dualidade permite a perfeita racionalização a favor da libertinagem. Pois se o corpo é meramente uma ferramenta para que possamos obter o que desejamos — prazer ou gratificação emocional — então os seus atos são julgados por considerações puramente utilitárias, e não morais. Os nossos atos não refletem a "pessoa", que é uma entidade separada. Assim, racionalizamos que uma pessoa pode comportar-se como um embusteiro, um mentiroso ou um trapaceiro na sua vida privada, mas ainda assim ser uma pessoa confiável para a vida pública.

Isto é completamente contrário ao caráter da visão cristã da natureza humana. Uma boa árvore produzirá bons frutos, ensinou Jesus. "Quem é fiel no mínimo também é fiel no muito; quem é injusto no mínimo também é injusto no muito" (Lc 16.10). A integridade do caráter aparece nos assuntos grandes e pequenos, pelos atos públicos e privados.

A INTEGRIDADE EM PRIMEIRO LUGAR

Refleti sobre este princípio há alguns anos, quando fui dar uma palestra sobre ética em Camp Lejeune, na Carolina do Norte, o mesmo lugar onde comecei como um comandante de tropa de infantaria durante a guerra da Coréia. Com um toque de nostalgia, voltei para falar a dois mil fuzileiros navais, oficiais e subalternos. Eles prestaram atenção com seus uniformes engomados e suas botas brilhantes... até que um general, um oficial robusto, de dois metros de altura virou-se e disse com uma voz retumbante: "Podem fazer perguntas". De repente, apareceram mãos erguidas por todo o auditório. (Algumas coisas nunca mudam.)

A última pergunta foi de longe a mais difícil. "Sr. Colson", disse um primeiro-sargento, "o que é mais importante — a lealdade ou a integridade?"

Bem, um fuzileiro naval vive pelo credo *sempre fidelis* — "sempre fiel" — e quando eu era um fuzileiro, aprendi que lealdade quer dizer obediência inquestionável. Mas eu gostaria de ter ponderado sobre a pergunta do primeiro-sargento quando estava na Casa Branca nos tempos de Nixon. Pois agora eu respondo à pergunta.

"A integridade vem em primeiro lugar", disse eu. A lealdade, por mais admirável que possa ser, pode ser perigosa se ela se dedicar a uma causa indigna.

Integridade vem do verbo *integrar*, que significa tornar unido para formar um todo completo ou perfeito.[16] As Escrituras nos ensinam que o espírito, a mente e o corpo todos vêm da mão de Deus e, portanto, devem estar unidos, funcionando juntos, como um todo. Os nossos atos devem ser coerentes com os nossos pensamentos. Precisamos ser a mesma pessoa, pública e privadamente. Apenas a visão de mundo cristã pode nos dar a base para este tipo de integridade.

Além disso, o cristianismo nos dá uma lei moral absoluta que nos permite julgar entre o certo e o errado. Tente perguntar aos seus amigos seculares como eles decidem o que *devem* fazer, quais princípios éticos seguir. Como eles sabem que esses princípios são corretos? Em que autoridade eles confiam? Sem uma moral absoluta, não existe uma base real para a ética.

Uma lei moral absoluta não confina as pessoas em uma camisa de força de puritanismo vitoriano. As pessoas sempre irão debater as fronteiras da lei moral e as suas variadas aplicações. Mas a própria idéia do certo e do errado só faz sentido se houver um padrão final, uma medida de referência, pela qual poderemos fazer julgamentos morais.

REDENÇÃO, VONTADE E PODER

Somente a visão de mundo cristã oferece a redenção do pecado e confere poder para superar o obstáculo mais poderoso para tornar-se virtuoso: a vontade humana rebelde. A moralidade não trata somente de um reconhecimento intelectual de padrões definitivos, daquilo que deveria ser; a moralidade também trata do desenvolvimento de virtudes — ou seja, toda a variedade de hábitos e disposições que constituem o bom caráter. Não devemos apenas concordar mentalmente com alguns princípios; devemos nos *tornar* pessoas justas, corajosas, pacientes, gentis, leais, amorosas, persistentes e devotadas ao dever. E somente a visão de mundo cristã nos ensina como desenvolver um caráter virtuoso, para nos tornarmos pessoas morais.

Na adaptação para o cinema do livro *War and Peace,* de Tolstoy, o personagem central, Pierre, pergunta tristemente: "Como é que eu sei o que é certo, mas faço o que é errado?" Este é o dilema humano. Podemos saber o que é certo, mas não existe garantia de que iremos fazê-lo. Como lamenta o profeta do Antigo Testamento, Jeremias: "Enganoso é o coração, mais do que todas as coisas, e perverso; quem o conhecerá?" (Jr 17.9). Ou, como diz o apóstolo Paulo: "Eu sei que em mim, isto é, na minha carne, não habita bem algum; e, com efeito, o querer está em mim, mas não consigo realizar o bem. Porque não faço o bem que quero, mas o mal que não quero, esse faço" (Rm 7.18,19).

Mesmo que a grande visão de Louis Finkelstein tivesse tido sucesso e um código de moral universal tivesse nascido com a concordância de todos, será que as pessoas teriam sido capazes de respeitá-lo? As pessoas teriam se tornado pessoas morais? O otimista diz que sim, mas tanto as Escrituras quanto as evidências empíricas dizem o contrário. A visão secular da ética não oferece nenhuma salvação, nenhum poder para modificar o coração humano.

Posso testemunhar isto a partir da minha própria experiência pessoal. Fui criado em uma boa família, com padrões quase puritanos. Meu pai, que eu idolatrava, me ensinou os princípios do dever, da honra e da honestidade. Ainda me lembro de sentar com ele nos degraus do quintal da nossa casa, nas tardes de domingo, ouvindo-o falar sobre o mal da trapaça ou do roubo.

Em 1969, quando o presidente Nixon me pediu para deixar o meu lucrativo escritório de advocacia para trabalhar como seu assessor especial, achei que o meu dever era fazer isso, mesmo que isto significasse uma drástica redução de renda. Para evitar a tentação, ou mesmo a aparência de impropriedade, coloquei o dinheiro da minha empresa e todos os outros bens em um fundo administrado por terceiros e jurei nunca mais nem sequer ver os meus antigos parceiros ou clientes (que poderiam pedir favores do governo). Qualquer presente que eu recebesse, até mesmo caixas de bombons no natal, eram imediatamente entregues aos motoristas da minha limusine ou às telefonistas da Casa Branca. Eu estava determinado: *Ninguém vai me corromper.*

Mesmo assim eu fui para a prisão por obstrução da justiça.

O que aconteceu?

O meu problema foi que não entendi a ilusão do coração humano. Na faculdade, tinha estudado o que havia de melhor da filosofia moral mundial, incluindo o famoso "imperativo categórico" de Immanuel Kant, que na realidade é uma versão modificada da Regra de Ouro, um princípio moral quase universal. Assim, eu *sabia* muito bem o que era certo. O problema é que eu não tinha a vontade de *fazer* isso. Pois nós, humanos, temos uma capacidade infinita da auto-racionalização; podemos justificar qualquer coisa. Foi exatamente isso o que fiz.

C. S. Lewis explica o dilema em um de seus ensaios, que é o meu favorito, "Men without Chests". Para que uma pessoa seja moral, a "cabeça", onde está a razão, deve controlar o "estômago", ou as paixões. Mas isto só pode ser feito através do "peito", que na analogia de Lewis representa a vontade, a imaginação moral. O problema hoje em dia, escreve Lewis, é que o racionalismo moderno reduziu a moralidade à cognição; ele se concentrou no raciocínio moral ignorando o papel da vontade e da imaginação moral; ele nos roubou os nossos "peitos". E depois nós nos perguntamos por que a moralidade está decaindo. Nas inesquecíveis palavras de Lewis: "Fazemos homens sem peito e esperamos deles a virtude e a iniciativa. Nós rimos da honra e ficamos chocados por encontrar traidores no nosso meio. Nós castramos e proibimos que os cavalos se reproduzam".[17]

O raciocínio moral e o conhecimento intelectual não são suficientes. Um ser humano caído só pode satisfazer a lei moral se a vontade for transformada. "O que era impossível à lei, visto como estava enferma pela carne, Deus, enviando o seu Filho em semelhança da carne do pecado", escreve o apóstolo Paulo, "pelo pecado condenou o pecado na carne, para que a justiça da lei se cumprisse em nós" (Rm 8.3,4). Quando nos voltamos para Deus, o Espírito Santo nos capacita para fazer o que não conseguimos fazer sozinhos. Esta é a essência da palavra *conversão*: a vontade se modifica, é transformada. No coração do cristianismo há um poder transformador sobrenatural que nos capacita não somente para saber o que é certo mas também para fazê-lo — para nos tornarmos virtuosos.

Embora somente uma vontade convertida seja capaz de virtudes em uma maneira coerente, também existe uma virtude natural mencionada em Romanos 2 (consciência) que é a conseqüência da nossa criação à imagem de Deus. E embora os cristãos precisem trabalhar para a conversão dos indivíduos, também temos o dever de ajudar a construir uma boa sociedade, cultivando o conhecimento ético até mesmo entre os não convertidos.

A VIDA BOA

Os nossos problemas sociais mais intratáveis não podem ser solucionados pelas políticas sociais, mas somente pela prática de um comportamento virtuoso. Considere o crime, por exemplo. Os sociólogos e os especialistas da polícia debatem interminavelmente a pergunta: "O que causa o crime?" Mas, como observa Michael Novak, mesmo se descobríssemos a resposta para essa pergunta, como isso nos ajudaria? Simplesmente nos capacitaria a produzir *mais* crimes. O que de fato precisamos saber é como produzir virtude. A sociedade precisa se concentrar em descobrir maneiras para encorajar o comportamento virtuoso, e então o crime irá começar a diminuir.[18]

Historicamente, as sociedades encorajaram positivamente o comportamento virtuoso por meio dos costumes e convenções, e negativamente por meio de estigmas, tabus e vergonha. É reconhecidamente difícil exercer os últimos em uma cultura onde nenhum estigma é permitido por medo de se danificar a auto-estima de alguém. Mas os cristãos podem abrir caminho e argumentar a favor do direito de uma sociedade saudável de expressar a desaprovação moral do comportamento social ruim.

Não podemos confiar somente na lei, pois nem todas as ações imorais serão ilegais. Em muitos casos, o comportamento correto é mais bem estabelecido por um consenso social informal, que define determinado comportamento social como sendo inaceitável ou digno de desprezo. É por isso que as campanhas para que as pessoas não dirijam depois de beber ou contra o uso de drogas freqüentemente são mais produtivas do que qualquer lei. Na verdade, se deixarmos de impor convenções sociais, estaremos convidando a imposição de mais e mais leis, o que, na ausência do apoio popular, terá que ser reforçado com uma severidade ainda maior.

O que é necessário para criar a vida boa? Um sentido firme do que é certo e errado, e uma determinação para viver a vida de acordo com isso. Não a partir de um severo senso de dever, mas porque é o que se encaixa com a nossa natureza criada e nos faz mais felizes e mais satisfeitos. Quando os homens e as mulheres agem de acordo com a sua verdadeira natureza, eles experimentam um sentimento de harmonia, de alegria e regozijo. Isto é felicidade, o fruto da virtude. Na verdade, os filósofos antigos definiam a felicidade como alguma coisa que alguém alcança somente no fim da vida, depois de passar toda uma vida treinando o caráter.[19]

Era esta definição que os fundadores da América tinham em mente quando declararam que temos um inalienável direito à vida, à liberdade e à procura da felicidade. A última expressão não significava o direito ao prazer hedonista, como muita gente acredita hoje em dia, mas a busca da virtude, uma vida inteira dedicada a organizar os nossos apetites e desejos segundo a verdade de quem somos, o que produz indivíduos felizes e uma sociedade harmoniosa.[20]

Quando conhecermos o segredo da verdadeira felicidade, iremos procurar a virtude em todas as áreas da vida, mesmo aquelas que são tipicamente consideradas como sendo puramente técnicas ou utilitárias, como a economia. E quando isto acontecer, faremos a surpreendente descoberta de que o ponto de vista cristão enfatiza o nosso bem-estar econômico, e confere um significado genuíno ao nosso trabalho.

PARTE 3

QUESTÕES PARA DEBATE

CAPÍTULO 3

1. Descreva a visão geral que você teve acerca do Sal Brooklyn quando ele começou esta simples tarefa.

2. Descreva a missão de Sal e sua semelhança com isto. Como a vizinhança mudou, aparentemente em função da presença de Sal?

CAPÍTULO 7

3. Contraste *(a)* o ponto de vista anti-bíblico de suposições da visão individualista dos civis libertos e *(b)* e a visão da criação de Deus.

4. Defina e discuta *Shalom* e como isso deve ser desempenhado na sua própria comunidade. Quais problemas estão ameaçando ou corrompendo sua comunidade?

5. Leia em voz alta Atos 6.1-7. Aqui está um relato da solução que a congregação encontrou para um problema da comunidade. De que forma este foi um problema *econômico*? Ou *racial*?

6. Tentando resolver o problema, quem fez o quê? Com que resultados? Através desta passagem, o que você aprendeu sobre trabalhar concernente ao *Shalom* em sua própria comunidade?

7. Existe uma curta distância entre atentar para seus vizinhos com um bom senso ou ser enxerido. Faça uma lista "do que se pode e não se pode fazer pelos seus vizinhos".

8. Nós cristãos "precisamos estar de prontidão, para ajudar as comunidades a se comprometerem com sua própria vizinhança". Qual dessas tentativas de aproximação da comunidade apresentada neste capítulo trataria dos problemas que você identificou na questão 4? O que seu grupo pode — ou poderá — fazer para promover *shalom* em sua comunidade?

CAPÍTULO 8

9. Por que o relativismo ou pragmatismo não proporciona uma base para uma sociedade segura e regular?

10. "Se nós não podemos governar a nós mesmos, então convide outros para governar-nos." De que modo isto acontece na consciência de um oficial de polícia? Como este conceito será útil em suas discussões com pessoas mais jovens?

11. Por que "a ênfase na justiça social às custas da virtude particular é ... não somente enganos, mas perigos evidentes"?

12. O que é integridade? Você concorda que isso é mais importante do que lealdade? Dê exemplos de integridade que você tenha visto sobreviver em pessoas que aprendeu a respeitar. Esta integridade para essas pessoas surgiu de qualquer evidência pessoal que teve um custo?

13. Como uma reconciliação individual com Deus pode ser um bênção não somente para o individual mas também para sua comunidade? Dê exemplos.

14. Se "somente um convertido será capaz de uma virtude de uma maneira consistente", por que os cristãos tem uma responsabilidade para "ajudar a construir uma boa sociedade cultivando um conhecimento ético a partir do não-convertido"? Como você pode individual e juntamente cultivar este conhecimento individual?

15. O que o seu direito transferível... em busca da felicidade" significa para você?

ENCENAÇÃO

Apresente as diretrizes para o desempenho, no final da parte 1 (pp. 52,53).

INÍCIO DE CONVERSA

a. Suponha que você seja um homem de negócios que resuma este seu padrão ético: "Eu acho que não deveria fazer qualquer coisa que levasse a uma imagem negativa".

b. Suponha que você seja um estudante universitário — não conhecedor do seu viver íntegro — resuma sua carreira ou meta de vida: "Eu simplesmente quero de algum modo mudar o mundo".

RESUMO FINAL

Qual a única coisa que você quer lembrar através do que você lê (ou leu ou fez) nesta sessão?
Reflita sobre partilhar isso com o grupo.

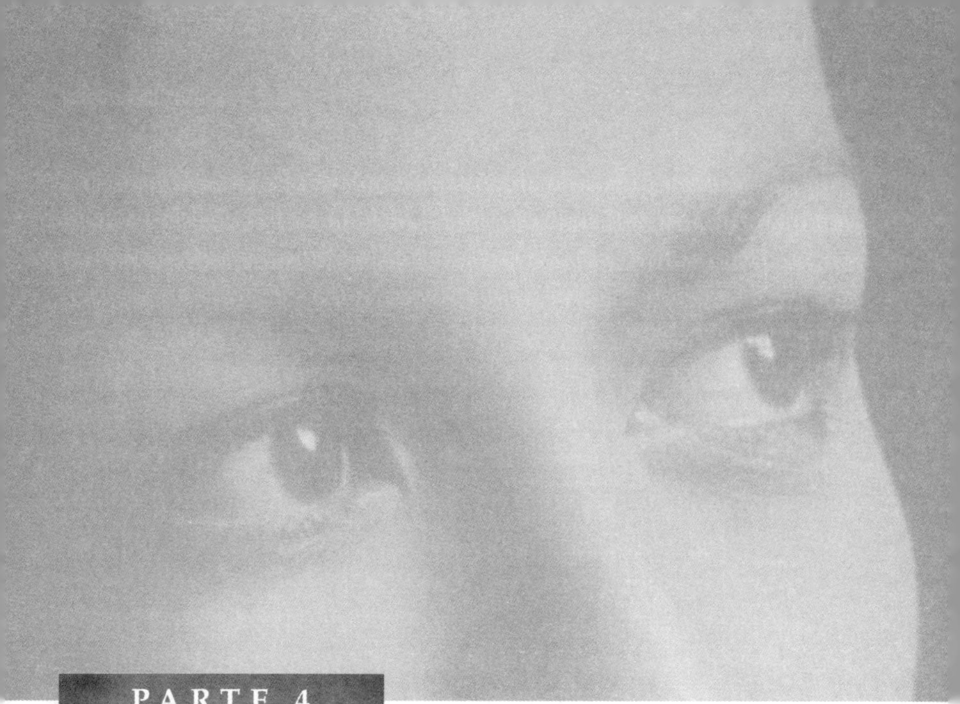

PARTE 4

TRABALHO E LEIS

Em nada a igreja perdeu tanto a sua percepção da realidade como no seu fracasso em compreender e respeitar a vocação secular. Ela permitiu que o trabalho e a religião se tornassem departamentos separados... Ela se esqueceu de que a vocação secular é sagrada.

DOROTHY SAYERS

CAPÍTULO 9

O TRABALHO DAS NOSSAS MÃOS

Enquanto você lê o capítulo 9, tenha em mente as seguintes questões:

- Como você pode ver que Deus queria que o trabalho fosse parte do seu plano para um mundo cheio de *shalom*?
- Quais princípios econômicos básicos são encontrados no Antigo Testamento?
- Quais problemas e abusos tornam-se correntes quando o capitalismo e a ética do trabalho são separados da sua básica bíblica?

Durante a campanha presidencial de 1992, uma nova frase entrou para o vocabulário americano: "É a economia, estúpido". A frase acabou sendo muito forte politicamente, pois embora haja mais vida do que pão, todos nós nos preocupamos com o nosso bem-estar econômico. Afinal, ter uma renda e manter as nossas famílias é o empreendimento básico das nossas vidas, e passamos trabalhando a maioria das horas em que estamos acordados, seja no mercado de trabalho, seja em casa. Mas com que freqüência você ouve um sermão sobre a visão bíblica do trabalho ou da economia? A igreja abandonou completamente estes assuntos, acusa a ensaísta inglesa Dorothy Sayers, e o resultado é que muitos crentes sentem que a sua fé não tem nada a ver com o seu trabalho. Assim, não é de admirar que algumas pessoas até mesmo surgem com a questão da relevância da religião em sua vida diária. "Como pode alguém continuar interessado em uma religião que parece não se preocupar com nove décimos da sua vida?", pergunta Syers.[1]

Mas o fato é que a Palavra de Deus tem muito a dizer sobre o trabalho. E embora a Bíblia possa não defender alguma teoria econômica em particular, ela estabelece um projeto básico para uma sociedade livre, próspera e justa. Na verdade, de muitas maneiras os princípios bíblicos inspiraram o desenvolvimento do nosso próprio sistema de capitalismo democrático, que triunfou tão dramaticamente nas últimas décadas do século XX. Por todo o mundo, as nações estão rompendo as cadeias do socialismo e adotando fervorosamente os modelos ocidentais de liberdade econômica. E no ocidente, os partidos liberais e de esquerda estão se dirigindo para o centro político. Mesmo os simpatizantes mais ardorosos do socialismo finalmente tiveram que concordar que o sistema de livre mercado é melhor não só para tirar as pessoas da pobreza, mas também para reconhecer a dignidade humana.

No entanto, ironicamente, o colapso do sistema soviético e o descrédito do marxismo fazem com que seja ainda mais importante entendermos os princípios que fundamentam o sistema de livre mercado americano. Durante a última metade do século XX, os americanos tiveram diante de si um contraste claro e ameaçador entre o mundo livre e dois regimes de terror: o nazismo e o comunismo. Independentemente dos defeitos do nosso próprio sistema, ficou óbvio a todos, exceto aos propositadamente cegos, que um sistema de livre mercado era muito superior às alternativas. Mas hoje não podemos mais simplesmente apontar para aquele contraste absoluto, e, como resultado, devemos formular uma defesa positiva dos princípios que fundamentam uma sociedade livre.[2] Precisamos articular os princípios bíblicos que apóiam a liberdade econômica e um sentido de vocação.

A PRIMEIRA DESCRIÇÃO DE TRABALHO

Uma perspectiva de ponto de vista cristão sobre o trabalho e o desenvolvimento econômico segue claramente os contornos básicos das categorias da *criação, queda* e *redenção*. Nos capítulos iniciais de

Gênesis, aprendemos que os seres humanos foram criados à imagem de Deus, para refletir o seu caráter; portanto, somos convocados para refletir a sua atividade criativa através da nossa própria criatividade — cultivando o mundo, extraindo o seu potencial e dando-lhe forma. Todo trabalho tem dignidade, como uma expressão da imagem divina.

Quando Deus colocou o primeiro casal no jardim do Éden, designou-lhes a primeira descrição de trabalho: trabalhar no jardim e guardá-lo (Gn 2.15). Mesmo no Paraíso, então, no estado ideal da inocência, o trabalho era a atividade natural dos seres humanos. Nas palavras do teólogo T. M. Moore: "O trabalho e o desenvolvimento econômico, usando mentes e mãos em um esforço comum, são, portanto, parte do mandamento original de Deus".[3]

Mas as Escrituras não são românticas nem ingênuas a respeito da condição humana. O mundo que Deus criou originalmente logo foi desfigurado pelo pecado, e agora o trabalho está sob uma "maldição", como dizem os teólogos. Em Gênesis 3.16,17, a mesma palavra hebraica é usada para a "dor" no parto e a "labuta" do trabalho — uma palavra que significa "trabalho" ou "dor lancinante". A implicação é que, em virtude da Queda, as duas tarefas centrais da vida humana — ganhar a vida e criar uma família — são repletas de dor e dificuldades. Tendo entendido isto, podemos ser realistas sobre a agonia e a anomia da vida em um mundo corrompido.

Mas a tristeza que o pecado introduziu na criação não invalida o modo como fomos criados originalmente nem o mandamento para trabalhar. E a redenção nos capacita para restaurar o significado e o propósito original do trabalho. Ela nos dá o poder para realizar a tarefa para a qual fomos criados — a de desenvolver a cultura e a civilização. Na verdade, em nosso trabalho, cooperamos com Deus na tarefa da redenção, ajudando a libertar o mundo dos efeitos da Queda.

PRINCÍPIOS ECONÔMICOS

A Bíblia também dá os princípios fundamentais da economia, abrangendo desde a propriedade privada até as regras do comércio e a justiça econômica. Ela fala claramente do primeiro requisito da liberdade econômica, isto é, a proteção da propriedade privada de bens e propriedades. Uma das características que faz os seres humanos exclusivos, diferentes dos animais, é a nossa capacidade de usar os nossos dons e talentos para dar forma a coisas materiais a fim de refletir a nossa individualidade — e quando fazemos isso, estamos criando a propriedade. As coisas materiais por si mesmas não representam propriedade: elas só se tornam propriedade qsuando os humanos encontram maneiras criativas de usá-las de forma produtiva. Um exemplo é uma substância pegajosa, preta e de cheiro forte, que não era nada além de um aborrecimento, até que os seres humanos desenvolveram tecnologias para refiná-la — então, subitamente, o petróleo tornou-se uma fonte de riqueza. Vista sob esta luz, a defesa do direito à propriedade não é uma defesa das coisas materiais por si, mas sim a defesa da dignidade da criatividade, do engenho e da inventividade do ser humano.[4]

Em toda a extensão das Escrituras podemos encontrar o direito à propriedade privada reconhecido e defendido. Como um princípio moral, este reconhecimento e esta defesa estão implícitos nos Dez Mandamentos: no oitavo mandamento, que proíbe o roubo, e no décimo mandamento, que proíbe a cobiça. E na Lei Mosaica, aquele que roubasse a propriedade de outro tinha que fazer a devolução (Êx 22).

O acúmulo de riqueza por si mesmo não é tratado como um mal nas Escrituras. Homens como Abraão e Salomão eram muito ricos. Às vezes, a riqueza é até mesmo uma recompensa pela fidelidade espiritual, como foi o caso quando Deus restaurou as propriedades de Jó, dando-lhe o dobro do que tinha antes que o desastre o atingisse (Jó 42.10-12). No entanto, as Escrituras advertem contra a procura da riqueza como um fim, ou o uso da opressão e da crueldade como uma maneira para obtê-la. Paulo chamava "o amor do dinheiro" (não o dinheiro propriamente dito) de "a raiz de toda espécie de males" (1 Tm 6.10), e os profetas do Antigo Testamento advertiam que a riqueza leva facilmente à complacência espiritual e até mesmo à desobediência a Deus (veja, por exemplo, Dt 31.1-21; 2 Rs 20.12-18; Sl 49; Am 6.1-7). Em outras palavras, o direito à propriedade privada não significa que temos o direito de fazer o que desejarmos com as nossas posses.

Naturalmente, em última análise, não possuímos nada; apenas administramos as coisas qsue Deus nos confiou. É Deus quem possui todas as coisas: "Do Senhor é a terra e a sua plenitude" (Sl 24.1). Devemos usar os nossos recursos econômicos e o nosso trabalho conforme Ele nos ordena, de acordo com a sua lei de justiça e misericórdia. É por isso que as Escrituras ordenam balanças justas (Pv 11.1; 20.23; Am 8.5) e adverte sobre o julgamento de Deus contra os opressores que retêm os salários ou que se aproveitam dos necessitados (Lv 19.13; Am 5.11,12; 8.5,6). As Escrituras condenam aqueles que manipulam a economia para os seus próprios propósitos pecadores, seja acumulando às escondidas, seja por qualquer outra forma de maldade, como a avareza, a indolência e o engano (Pv 3.27,28; 11.26; Tg 5.1-6). A justiça econômica proíbe aqueles que emprestam dinheiro de se aproveitarem daqueles que lhes devem dinheiro; por outro lado, aqueles que contraem uma dívida devem pagá-la (Êx 22.14; 2 Rs 4.1-7; Sl 37.21; Pv 22.7).[5]

O princípio fundamental é que a propriedade privada é uma dádiva de Deus, que deve ser usada para estabelecer a justiça social e cuidar dos pobres e dos menos favorecidos. Os ladrões arrependidos são aconselhados a não roubar mais, mas trabalhar com as suas próprias mãos *para que tenham "o que repartir com o que tiver necessidade"* (Ef 4.28, ênfase adicionada). Poucos temas nas Escrituras são mencionados mais alto ou mais claramente do que os mandamentos de Deus para que cuidemos dos menos favorecidos. "Aprendei a fazer o bem", ressoa Deus, "praticai o que é reto; ajudai o oprimido; fazei justiça ao órfão; tratai da causa das viúvas" (Is 1.17). Por meio do profeta Isaías, Deus anuncia que um jejum verdadeiro não é um ritual religioso vazio, mas consiste em "que repartas o teu pão com o faminto e recolhas em casa os pobres desterrados. E, vendo o nu, o cubras e não te escondas daquele que é da tua carne" (Is 58.7). Jesus aprofunda o nosso senso de responsabilidade ao dizer-nos que quando ajudamos o faminto, o nu, o enfermo e o preso, na verdade estamos servindo a Ele (Mt 25.31-46).

Mas os pobres nunca se limitam a ser os destinatários passivos da caridade; os corpos capazes devem trabalhar em troca dos benefícios. Este princípio está mais bem personificado nas leis do Antigo Testamento, que exigem que os proprietários de terras deixassem generosas margens sem colher ao redor dos seus campos, para que os pobres pudessem obter daí o suficiente para viver (Lv 19.9-10; Dt 24.19-22). No Novo Testamento, Paulo repreende os que têm corpos saudáveis e se recusam a trabalhar, insistindo para que eles "trabalhando com sossego, comam o seu próprio pão" (2 Ts 3.12). Os pobres devem conservar a sua dignidade como pessoas competentes e responsáveis que são capazes de obter o seu alimento.

Tanto o Antigo quanto o Novo Testamento foram escritos em sociedades que praticavam a escravidão, e os críticos freqüentemente atacam a Bíblia por não desafiar a prática. Mas, considerando as épocas em que foram escritas, as Escrituras estão entre os documentos mais radicais já escritos. No Antigo Testamento, Deus proporciona um meio para que os escravos consigam a sua liberdade (Dt 15.12) e no Novo Testamento Paulo diz aos escravos: "se ainda podes ser livre, aproveita a ocasião" (1 Co 7.21). O mais importante é que a Bíblia convoca tanto os senhores quanto os escravos a reconhecerem a sua identidade básica como servos de Deus: "O que é chamado pelo Senhor, sendo servo, é liberto do Senhor; e, da mesma maneira, também o que é chamado, sendo livre, servo é de Cristo" (1 Co 7.22). As condições econômicas não têm tanta importância quanto a condição do coração — e quando o coração se transforma, isto inevitavelmente irá transformar a maneira como as pessoas estruturam os seus relacionamentos pessoais. Esta é precisamente a razão por que os cristãos do ocidente acabaram vendo a escravidão como sendo incompatível com a dignidade dada por Deus a todas as pessoas, e por que muitos fiéis se tornaram líderes do movimento abolicionista.

O TRABALHO SECULAR É SAGRADO

Voltando-nos para o testemunho da história, podemos traçar o desenvolvimento firme da dignidade de acordo com a vocação individual e econômica. Nos primeiros séculos depois de Cristo, a Igreja Primitiva foi forçada a definir uma visão bíblica do trabalho e do desenvolvimento econômico em contraste com as visões herdadas da antiga cultura grega, que equiparava o mundo material com o mal e a desordem. Como resultado, os gregos denegriam tudo o que estivesse relacionado com as coisas materiais — inclusive o trabalho manual. O trabalho com as próprias mãos era relegado aos escravos e aos artesãos, cujo trabalho liberava a elite intelectual para o que os gregos consideravam a procura "mais nobre" da cultura e da filosofia.

Contra este cenário, a Igreja Primitiva defendeu uma visão elevada do mundo material como sendo criação de Deus. "Nunca houve espaço, na tradição hebraica ou cristã, para a idéia de que o mundo material é algo de que devemos fugir e que o trabalho nele é degradante. As coisas materiais devem ser *usadas* para a glória de Deus e para o bem dos homens", escreve a filósofa inglesa Mary Hesse. Como resultado, "na Europa ocidental da era cristã, nunca houve a mesma depreciação do trabalho manual. Não havia uma classe escrava para fazer o trabalho, e os artesãos eram respeitados".[6]

Apesar disso, muitos teólogos antigos foram influenciados pela filosofia grega, com o resultado de que foi feita uma distinção entre os campos secular e o sagrado. Trabalhadores religiosos de período integral, devotados "somente ao serviço a Deus" personificam a "forma perfeita da vida cristã", escreveu Eusébio no século IV, ao passo que os fazendeiros e comerciantes podem atingir somente "um tipo de segundo grau de devoção".[7]

Esta atitude se modificou com Tomás de Aquino, que se opôs à corrente platônica no pensamento cristão e ressaltou o valor do mundo criado. Sua filosofia estimulou os escolásticos a explorarem tópicos hoje considerados como parte da economia, tais como a propriedade, o comércio, os preços e a criação de riqueza — culminando no trabalho da Escola de Salamanca, na Espanha, do século XVI, elogiado pelo grande economista Joseph Schumpeter como "a fundação" da economia científica.[8]

De igual maneira, os reformistas protestaram vigorosamente contra a dicotomia entre o sagrado e o secular e a sua desvalorização implícita da criação. Quando executamos a nossa vocação em obediência aos mandamentos de Deus, escreveu Martinho Lutero, então o próprio Deus realiza, por nosso intermédio, os seus objetivos. E esta parceria com Deus inclui *todas* as formas legítimas de trabalho, não apenas as vocações espirituais. Lutero rejeitava completamente a noção de que os monges e o clero estariam engajados no trabalho sagrado mais do que os donos de lojas ou as donas de casa. "Obras aparentemente seculares são adoração a Deus", escreveu, "e uma obediência que agrada a Deus".[9]

A divisão entre sagrado e secular não somente fez o trabalho secular ser considerado de menor qualidade, mas também levou trabalhadores seculares a um padrão inferior de devoção e espiritualidade. A Reforma desafiou este conceito, insistindo que nenhum crente está isento dos mais elevados padrões espirituais. Olhando através de lentes bíblicas, Lutero escreveu que "o mundo inteiro está repleto de adoração a Deus, não apenas nas igrejas, mas também nos lares, nas cozinhas, nos celeiros, nas oficinas, nas terras da gente da cidade, e nos campos dos fazendeiros".[10]

Valendo-se de passagens como a parábola de Jesus sobre os talentos, em Mateus 25.14-30, os reformistas também deixaram de lado uma crença comum medieval de que obter lucro é imoral. "Uma das lições mais simples da parábola", escreve Robert Sirico, "é que não é imoral obter lucro dos nossos recursos, talento e trabalho". Afinal, a alternativa ao lucro é o prejuízo, e o prejuízo pela falta de iniciativa "não constitui uma boa administração".[11] Deus espera que usemos os nossos talentos — tanto a nossa capacidade quanto o nosso dinheiro — para fins produtivos para servir os demais.

Estas crenças sobre o valor do trabalho e o talento empresarial formaram o que se tornou conhecido como a ética protestante do trabalho. Por sua vez, ela se tornou a força motriz por trás da revolução industrial, que melhorou imensamente o padrão de vida para um grande número de sociedades por todo o mundo.[12] O impacto da ética do trabalho é um dos grandes exemplos da maneira como uma visão de mundo cristã pode revolucionar uma cultura.

Visões Opostas

A visão cristã do trabalho, no entanto, tem se oposto a uma grande variedade de visões seculares, que começaram a emergir depois do Iluminismo. A rejeição à doutrina bíblica da criação levou a uma rejeição da sua doutrina da natureza humana (a sua antropologia).

Os seres humanos já não mais eram considerados como criação de Deus, vivendo para elevados objetivos morais e espirituais — amar a Deus e servir ao próximo. Em lugar disso, eram vistos meramente como parte da natureza, motivados pelos interesses próprios e pelas conveniências. Como resultado, a ética protestante do trabalho se separou do seu contexto cristão de administração e adoração, e se degradou em um credo de sucesso pessoal.

No final do século XVIII, por exemplo, Adam Smith, o fundador do capitalismo, definiu o trabalho unicamente como um meio para satisfazer os interesses pessoais de alguém. Ninguém age movido por benevolência, argumentou ele, mas somente por uma preocupação clara de progresso pessoal: "não é graças à benevolência do açougueiro, do cervejeiro, do padeiro, que esperamos o nosso jantar, mas pela consideração que eles têm pelos seus próprios interesses. Dirigimos a nossa atenção não à humanidade deles, mas sim ao seu amor próprio".[13] Embora tanto a ética clássica quanto a cristã tenham considerado o interesse próprio como um vício a ser superado pelo bem comum, Smith argumentou que o interesse próprio, na verdade, era bom para a sociedade. A sua teoria do capitalismo transformou um comportamento, antes considerado mau, em uma virtude. "O paradoxo", escreve o teólogo Michael Novak, "consistia em conseguir um resultado altamente moral (livrar-se da pobreza e da fome) colocando *menos* ênfase nos objetivos morais" e maior ênfase no interesse próprio racional.[14]

Para Smith, a economia era um mecanismo amoral, autônomo, que gira separado da influência moral da lei, da igreja ou da família. Na verdade, ele insistia que a melhor coisa para a economia seria que todos deixassem os seus métodos e dessem livre reinado à "mão invisível" que garante que a oferta e a procura sempre estarão equilibradas. Esta visão de um sistema auto-regulador de produção e permuta é a secularização da doutrina cristã da providência, substituída por uma ordem interligada da natureza.

A concentração no interesse próprio provou ser muito eficaz, pois, em um mundo caído, é uma das mais fortes formas de motivação. Mas em vez de erguer o nível da moral, desafiando as pessoas a irem além dos seus interesses, o sistema de Smith pareceu acomodar o nosso estado de pecado. O sistema exigia os mesmos impulsos que o cristianismo tinha tradicionalmente rejeitado como imorais: o interesse próprio, em lugar da preocupação pelo bem comum, a ambição pessoal em lugar do altruísmo e a procura do ganho pessoal em vez do sacrifício pessoal e da caridade. O sistema de Smith parecia glorificar aqueles impulsos tratando-os como a força motriz de uma economia saudável, desta forma preparando o caminho para uma nova ética da ambição, da agressão e do progresso pessoal.

Além disso, Smith estava enganado ao pensar que um mercado livre autônomo poderia operar de maneira mais caritativa. É justamente o oposto. Como os primeiros dias do industrialismo provaram, um capitalismo autônomo e secularizado explora tanto os trabalhadores quanto o ambiente, criando novas formas de escravidão que o poeta William Blake chamou de "as escuras fábricas satânicas".[15] O capitalismo é surpreendentemente eficiente na geração de novas riquezas, mas opera de forma caritativa somente quando o mercado está moldado por forças morais, oriundas tanto da lei quanto da cultura — em última análise, oriundas da religião.

Como podemos trazer estas forças morais à economia de hoje? Este é o maior desafio que os cristão enfrentam nesta área. Como podemos transformar um capitalismo secularizado e *des*moralizado em um sistema de livre mercado moralmente responsável?

O Sucesso Econômico Depende de...

O ponto mais importante que queremos destacar é que uma economia não é um mecanismo autônomo. Ela depende, em primeiro lugar, de uma estrutura jurídica: de um sistema de leis que mantenham uma moeda forte, que protejam a propriedade privada, que façam valer os contratos e que sejam severas com a corrupção. O governo age como um árbitro, certificando-se de que todos sigam as regras e que joguem limpo. As transações comerciais não podem ser executadas em uma sociedade onde as pessoas não confiem umas nas outras, onde o suborno e a corrupção sejam a regra, onde os contratos são feitos para serem rompidos. Nós somente temos que olhar a presente situação da Rússia para ver o que acontece quando o capitalismo é introduzido sem as leis e a infra-estrutura judicial que mantêm a ordem no comércio: homens de negócios sem escrúpulos, como a "máfia russa", saquearam o país. Exemplos similares de "capitalismo camarada" abundam no Terceiro Mundo, onde aqueles que estão no poder roubam do povo impunemente.

O capitalismo humano também depende de uma cultura moral sólida, pois um livre mercado rapidamente supre as escolhas morais que fazemos, fornecendo o que quer que os consumidores desejem — de Bíblias à pornografia. Somente uma coletividade virtuosa irá recusar-se a produzir ou comprar produtos que são imorais e destrutivos. É interessante ver que a idéia de uma economia de comando foi engendrada para superar este mesmo requisito: pensava-se que o único modo de garantir a produção de produtos benéficos socialmente era tirar as decisões econômicas das mãos dos cidadãos comuns e colocá-las nas mãos do Estado. Mas a economia comandada pelo Estado não funcionou. E agora sabemos que não eram simplesmente atalhos: a moralidade no mercado de trabalho depende das decisões tomadas por cada agente econômico individual. É por isso que o papel do cristão é indispensável, pois somente nós temos os recursos espirituais para ajudar a criar um clima moral saudável.

Até mesmo o próprio empresariado requer uma prática de virtudes morais. Aqueles que investem o seu tempo e dinheiro em empreendimentos nos quais as recompensas não são imediatas precisam trabalhar duro, praticar o auto-sacrifício e postergar a gratificação, diz Michael Novak.[16] Eles também precisam cultivar sensibilidade e cortesia em relação aos demais, porque se você não agradar o cliente, sai do mercado. Diz-se que quando foi aberto o primeiro McDonald's na União Soviética, a empresa teve que ensinar os atendentes a sorrir e dizer obrigado — cortesias que não eram necessárias quando todas as lojas eram monopólio do governo.

Tudo isso pode ser resumido dizendo que o sucesso econômico depende da moralidade — por mais estranho que pareça a alguns conservadores econômicos. Algumas vezes, eu disse a membros republicanos do Congresso que eles lutam para manter os conservadores religiosos e os interesses corporativos no mesmo grupo. Por exemplo, os conservadores religiosos incentivaram a implementação de sanções contra as nações que praticam a perseguição religiosa, porém os interesses pelos negócios se opõem às sanções, por medo de que elas prejudiquem o comércio. A minha resposta sempre é que estes dois grupos não são inimigos, mas sim aliados, e que na verdade precisam um do outro. Pois "os negócios são como plantas que não crescem em qualquer solo", escreve Novak. Como demonstramos, eles se dão melhor em uma cultura que seja politicamente livre e ao mesmo tempo moralmente virtuosa. Novak usa a imagem de um banquinho de três pernas: uma democracia saudável compreende a liberdade política, a liberdade econômica e a responsabilidade moral. Enfraqueça qualquer uma das três pernas, e o banquinho cai.[17]

Enquanto as sociedades ao redor do mundo se libertam das algemas do comunismo e do socialismo, é mais imperativo do que nunca que os cristãos defendam a base moral e espiritual de uma economia livre. Pois se for adotado um capitalismo completamente secularizado, ele certamente não levará à liberdade, mas a novas formas de escravidão, assim como o primeiro capitalismo criou as suas "escuras fábricas satânicas". O capitalismo só proporciona a melhor oportunidade para o crescimento econômico e para a liberdade humana se estiver temperado com a compaixão e com o respeito pela justiça social.

COMO DEVEMOS TRABALHAR AGORA?

A tendência moderna de considerar a economia como uma arena de forças e mecanismos amorais teve um efeito profundo na maneira como as pessoas comuns organizam a sua vida de trabalho. Separado de um contexto cristão, o significado do trabalho foi distorcido. Privadas de uma visão de eternidade e motivadas por uma cultura ainda mais aquisitiva, muitas pessoas tornaram-se obcecadas pelo sucesso aqui e agora, o que resulta em uma mudança significativa nas prioridades sociais.

O Local de Trabalho como um Ambiente Social

Para muitos americanos, os laços enfraquecidos com a família e com a igreja significam que o local de trabalho tornou-se o principal ambiente social. Os colegas de trabalho se tornaram a nova família, a tribo, o mundo social. "Nós quase nos tornamos cidadãos das nossas empresas", diz Lance Morrow, correspondente da revista *Time*, "vivendo sob a proteção dos salários, pensões e seguros de saúde".[18] Muitas corporações conscientemente procuram tornar-se o centro da vida dos seus funcionários, e uma coleção de serviços sociais. Como observa o sociólogo Robert Schrank: "O ambiente de trabalho realiza o papel da comunidade".[19]

Na verdade, algumas pessoas até mesmo *preferem* isso à verdadeira comunidade. Em seu provocativo livro *The Time Bind*, a socióloga Arlie Hochschild sugere que muitos pais estão, na realidade, escolhendo trabalhar horas extras como uma fuga da vida familiar. No século XIX, o lar era retratado como um abrigo do stress e das pressões do ambiente de trabalho. Mas para muitos dos pais que Hochschild entrevistou, o lar é um lugar cheio das exigências incessantes das crianças ruidosas, pilhas intermináveis de roupa suja e poucas recompensas tangíveis — enquanto que, no trabalho, eles desfrutam da sociabilidade adulta e sentem que o seu trabalho duro é apreciado. Uma mãe de três filhos disse: "Normalmente, vou trabalhar cedo apenas para sair de casa".[20]

Mas ao mesmo tempo as evidências mostram que as creches produzem um efeito negativo nas crianças, tanto em termos de doenças freqüentes quanto de comportamento desregrado.[21] Como resultado, muitos americanos sentem um desconforto corrosivo quanto às trocas que estão fazendo pelo trabalho — uma preocupação que a imprensa popular foi rápida para perceber: "O mito da qualidade do tempo" foi o título de uma revista *Newsweek*, e a *U.S. News and World Report* intitulou um artigo recente de "Mentiras que os Pais Contam a si Mesmos sobre os Motivos por que Trabalham".[22]

Trabalho Compensador

No entanto, tudo isto é sintomático de um problema mais fundamental — que é o fato de que os americanos perderam um sentido de um objetivo mais elevado para o trabalho. Em nossa cultura materialista, o trabalho se reduz a uma função utilitária: um meio de obter benefícios para *este* mundo, *esta* vida — seja o ganho material ou a autocompensação. O trabalho já não mais tem o objetivo transcendental de servir e amar a Deus. Não é de admirar, então, que muitos estejam questionando o próprio sentido do trabalho. Como escreve Morrow, hoje em dia as pessoas perguntam: "Existe algum valor inerente ao trabalho?"[23]

Isto oferece aos cristãos uma excelente oportunidade de demonstrar que o trabalho só é verdadeiramente compensador quando está firmemente preso às suas âncoras moral e espiritual. É hora de a igreja reivindicar esta parte crucial da vida, restaurando uma compreensão bíblica sobre o trabalho e a economia. Uma teologia bíblica do trabalho deveria ser assunto freqüente dos sermões, assim como era durante a Reforma, quando estabelecer a vocação de alguém era considerado um elemento crucial no discipulado.[24] As igrejas deveriam organizar aulas de ética de negócios e princípios bíblicos de trabalho àqueles que estão no mercado de trabalho.[25] Finalmente, deveriam realizar programas para ajudar os pobres saudáveis a serem auto-suficientes, em vez de dependentes da assistência social do governo.

Os registros mostram que somente a igreja pode transmitir a ética de trabalho e o sentido de propósito que tira as pessoas da pobreza. Quando a Allen-Edmonds Shoe Corporation estabeleceu uma nova fábrica no centro de Milwaukee, o presidente da companhia, John Stollenwerk, contatou pastores em diversas igrejas das proximidades. Quando perguntado por que ele não tinha contatado programas de treinamento profissional, local, estadual ou federal, para recrutar novos empregados, Stollenwerk replicou: "Isso nunca nos ocorreu". Os programas de treinamento do governo podem transmitir talentos específicos, explicou ele, mas não podem fornecer os costumes morais da confiabilidade, do trabalho árduo e do comprometimento com a família que criam bons trabalhadores. As igrejas, por outro lado, comunicam exatamente estes valores fundamentais.[26]

Programas Baseados na Fé

Além disso, muitas igrejas estão proporcionando notáveis modelos de programas que estimulam a auto-suficiência econômica. Elas estão criando programas de treinamento profissional para ajudar os pobres a se tornarem possíveis de empregar; elas estão estabelecendo associações de crédito, bancos de trabalho e feiras de negócios. Em Brooklyn, em Nova Iorque, por exemplo, Ronald Marino fundou um programa chamado Resources, Inc., a fim de treinar imigrantes para trabalhar e ter habilidades de administração. Depois ele fundou a sua própria empresa para empregar essas pessoas.[27]

Em Portland, Oregon, a Union Gospel Mission começou o Life Change, um programa de treinamento profissional para criminosos condenados e viciados em drogas. Um homem de 24 anos de idade que era sem-teto e viciado, agora é um estudante universitário de engenharia elétrica. Uma mulher de 38 anos que era prostituta agora é a gerente de uma lanchonete Subway do bairro.[28]

Voice of Hope, que é um programa cristão para o desenvolvimento de comunidades na região oeste de Dallas (mencionado no capítulo 7), usa o seu projeto de reformas de casas como uma maneira de ensinar habilidades aos adolescentes do gueto. Os jovens aprendem carpintaria, pintura, projetos de telhados, paisagismo e uma administração prática do dinheiro.[29] A Mississippi Boulevard Christian Church em Memphis, no Tennessee, encoraja o desenvolvimento econômico no bairro de baixa renda realizando mini-feiras no estacionamento da igreja. Os negociantes e pequenos empresários vendem os seus produtos e trabalham juntos. A igreja também realiza uma feira anual, a Trade Expo.[30]

A West Los Angeles Church of God in Christ opera uma corporação de desenvolvimento da comunidade que visa à "capacitação econômica" dos pobres de sua redondeza. O seu programa inclui o treinamento profissional e o desenvolvimento do empresariado, e também faz parceria com grandes corporações para proporcionar emprego aos moradores da vizinhança.[31]

Com o papel do governo na ajuda aos pobres reduzido pela reforma da previdência social, a igreja tem uma excelente oportunidade para preencher esse vazio. Muitos cristãos já estão se mobilizando para ajudar os destinatários da previdência social a passarem da dependência para o trabalho, como ilustram as seguintes histórias de sucesso.[32]

Em Mississippi, o programa Faith and Families, que combina famílias dependentes da previdência com membros da igreja já atingiu 350 famílias. Mais da metade está agora fora da previdência, e o programa está sendo copiado por outros estados.

No Texas, 219 igrejas se uniram ao Pathfinder Families, ajudando a 230 dependentes da previdência que estão tentando encontrar trabalho sob os rígidos limites do Estado.

Em Michigan, aproximadamente 60 igrejas em Ottawa County ajudaram 60 famílias a deixar a previdência em apenas um ano. Ottawa County é o primeiro lugar dos Estados Unidos a levar todos os dependentes da previdência fisicamente capacitados a um emprego — um sucesso estrondoso.

Em Maryland, 21 congregações em Anne Arundel County ajudaram 30 famílias a conseguir trabalho e deixar a previdência social.

E na Flórida, uma união de 70 igrejas ajudou 700 imigrantes legais idosos e deficientes que tinham sido afetados pela reforma da previdência.

Princípios similares de desenvolvimento econômico estão sendo aplicados pelos cristãos por todo o mundo para combater a pobreza no Terceiro Mundo. Em Manila, capital das Filipinas, um bairro da cidade abriga mais de 65 mil pessoas em cabanas que não são nada mais que alpendres de madeira e metal ondulado. Sem esgoto, sem água encanada e sem encanamento, o mau cheiro é de adoecer. As crianças correm nuas pelas ruas enquanto os adultos ficam sentados na calçada, sem fazer nada.

Em meio a essas condições desesperadoras, o ministério Prison Fellowship International iniciou um micro projeto que tira as pessoas da prisão próxima, Mantalupa, dá-lhes aconselhamento em uma igreja e então lhes empresta 120 dólares para comprar um "pedicab" (ou "peditáxi" — uma bicicleta com um carrinho ao lado, usada para transportar passageiros e pacotes pelas ruas apinhadas). O programa de empréstimo tornou-se um sucesso assombroso: 95% daqueles que recebem o empréstimo devolvem o dinheiro dentro de 9 meses.

Visitei o programa e vi o estacionamento onde trinta peditáxis lindamente pintados, todos com o logo do ministério Prison Fellowship na frente, se alinhavam como automóveis em uma loja, polidos e brilhando ao sol. Os orgulhosos proprietários (todos antigos internos da prisão) dos peditáxis e as suas famílias nos cumprimentavam, juntamente com os pastores que os aconselharam.

Os antigos internos realizaram um concerto e, enquanto estavam cantando no palco, uma garotinha, de talvez quatro anos de idade, subiu até o palco e caminhou em direção ao seu pai, que estava na primeira fila. Ela abraçou as pernas dele e olhou para cima com uma expressão de adoração; ele olhou para baixo e começou a acariciar o seu cabelo. Esta imagem está congelada na minha mente; tudo o que eu fiz no ministério durante vinte e cinco anos valeu a pena por aquele momento singular — ver um ex-presidiário, ex-membro de gangue com uma família amorosa, um emprego e esperança.

O objetivo da igreja em todos estes programas é muito mais o de satisfazer uma necessidade do que o de ganhar a vida. Os programas demonstram a necessidade de ter criatividade, uma necessidade gravada em cada coração humano pelo Criador. Alexander Solzhenitsyn captou esta verdade brilhantemente em seu livro clássico *One Day in the Life of Ivan Denisovich*, em que descrevia a vida no arquipélago Gulag. Ali, apesar da comida racionada, da brutalidade dos guardas e do trabalho árduo, o personagem principal, Shukhov, descobre que os elementos verdadeiramente humanos da vida ainda podem aparecer: a amizade, a generosidade, a fé... e o trabalho. Mesmo com o seu corpo maltratado e dolorido, Shukhov sente uma ponta de orgulho pelo talento que tem para construir uma parede de tijolos, nivelando-a com uma linha fina. Quando os guardas estão revistando os prisioneiros para voltar ao campo, Shukhov dá uma última olhada em seu trabalho e pensa: "Nada mau!" Então "ele corre e olha a parede da direita para a esquerda. Ele tinha olhos de pedreiro. Estava reta. As suas mãos ainda tinham habilidade".[33] Mesmo nas circunstâncias mais adversas, o trabalho ainda é uma dádiva de Deus que transmite um sentimento de realização pessoal e de serviço útil.

UM MAPA FIEL

As preocupações contemporâneas sobre os assuntos econômicos refletem uma profunda confusão na sociedade secular — seja a reforma da previdência, as tensões pelo trabalho e pelos compromissos familiares ou o relacionamento entre a moralidade e a política econômica. Somente o cristianismo tem a chave para este dilema. Pois somente a visão de mundo cristã fornece a base moral essencial para que os sistemas econômicos livres sejam preservados; somente a visão de mundo cristã fornece uma visão elevada do trabalho que dá significado e dignidade ao trabalho humano. Mais uma vez nós vemos que o cristianismo oferece a verdade sobre a realidade, fornecendo um mapa do caminho para que encontremos o nosso caminho em meio às confusões e perplexidades da vida cotidiana.

O cristianismo nos dá até mesmo as pressuposições básicas necessárias para conduzir uma nação com leis justas e para sustentar um sistema político que é ao mesmo tempo livre e bem ordenado. Na verdade, o cristianismo teve um papel definitivo na modelagem do caráter do nosso próprio governo, como veremos no capítulo seguinte.

A própria idéia de liberdade pressupõe alguma lei moral objetiva que atinge de igual maneira o governante e o governado. O subjetivismo a respeito dos valores é eternamente incompatível com a democracia... Se não existe uma Lei da Natureza, o ethos — o espírito característico — de qualquer sociedade é a criação dos seus governantes, educadores e condicionadores.

C. S. LEWIS

CAPÍTULO 10

O APELO DEFINITIVO

Enquanto você lê o capítulo 10, tenha em mente as seguintes questões:

- Qual é a diferença entre uma lei justa e uma injusta?
- De que maneiras o sistema americano de governo e de leis, como delineado pelos fundadores, reflete os princípios bíblicos?
- Quais foram os efeitos do pragmatismo e do "desconstrucionismo" na lei transcendental?
- Quais são as conseqüências da perda da autoridade moral?

O lugar era Birmingham, no Alabama. O ano, 1963. A data, apenas alguns dias antes do fim da semana da Páscoa.

Já fazia nove anos que Rosa Parks tinha se recusado a se sentar no fundo do ônibus em Selma, no Alabama, e quase o mesmo tempo desde que os Freedom Riders tinham feito as suas viagens angustiantes em ônibus Greyhound e Trailway para desafiar o hábito da segregação racial dos assentos. Um grupo de líderes de direitos civis — Martin Luther King Jr., Ralph Abernathy, Andrew Young e outros da Southern Christian Leadership Conference (SCLC) — tinham se reunido no centro da cidade, na suíte "de guerra" do Hotel Gaston, para tomar a sua decisão estratégica mais significativa.

O grupo tinha lançado uma campanha pelos direitos civis em Birmingham, e ela estava progredindo, com milhares de jovens juntando-se aos mais velhos em marchas pacíficas. Um boicote nas lojas do centro estava produzindo impacto. E a estratégia da resistência pacífica estava funcionando: eles estavam sobrecarregando as prisões, e tornando impossível a supressão do movimento pela força bruta.

Todo este progresso em Birmingham era admirável. Birmingham era uma cidade tão racista que as autoridades tiveram que fechar parques e ligas de beisebol, em vez de tentar integrá-los. Uma cidade cujos líderes tinham declarado que o sangue correria pelas ruas antes que eles se sujeitassem à decisão da Suprema Corte de integrar as escolas. Uma cidade onde servir comida a brancos e negros no mesmo balcão ainda era ilegal. Uma cidade que nos últimos seis anos tinha sofrido dezessete ataques com bombas — nenhum deles esclarecido — a igrejas de negros e a casas de líderes de direitos civis. Uma cidade onde os terroristas racistas tinham castrado um homem e deixado o seu corpo em uma estrada deserta.

Talvez não fosse surpresa, então, que as autoridades de Birmingham tivessem decidido combater o movimento pelos direitos civis, adotando táticas que já tinham sido usadas com extremo sucesso um ano antes em Albany, na Geórgia. Eles tinham conseguido que um juiz federal editasse uma ordem restritiva contra King e outros líderes do movimento que tinham anunciado planos para uma marcha na Sexta-feira Santa. Se os líderes obedecessem à ordem, como tinham feito em Albany, deixariam de participar da marcha — e eles tinham visto o que havia acontecido em Albany. Sem líderes, o movimento perdeu a força e fracassou. Mas se desobedecessem a ordem, eles estariam desafiando uma corte federal, levando a desobediência civil a novos níveis. Isso seria moralmente justificável?

Os conselheiros de King recomendaram que ele abandonasse a marcha, para que pudesse conseguir dinheiro para libertar da cadeia os outros participantes do movimento. Mas como ele poderia pedir aos outros que ficassem na prisão a menos que estivesse disposto a unir-se a eles? Além disso, o seu apelo para a marcha na Sexta-feira Santa tinha sido feito repetidas vezes em comícios públicos. Se ele não aparecesse, os correligionários seriam desmoralizados e os inimigos pensariam que ele havia recuado.

O que fazer? King foi a um dos quartos da suíte para orar e tomar a sua decisão. Quando voltou, depois de mais de uma hora, ele estava usando um novo macacão que tinha comprado para usar na prisão.

"Eu vou à marcha", disse. "Nós não sabemos o que vai acontecer. Simplesmente temos que cumprir as promessas da melhor maneira que pudermos. Nós estamos nas mãos de Deus agora."

"Filho", disse o seu pai, o Dr. Martin Luther King, "eu nunca fui contra as suas decisões. Mas desta vez acho que seria melhor que você ficasse em casa. Eu não desobedeceria a essa lei".

Durante um momento, a agonia da decisão capturou King mais uma vez. Ele pensou por um momento, e então disse: "Não, eu estou decidido".

"Pois muito bem", disse o seu pai, concordando com a cabeça.[1]

■ ■ ■

Um fotógrafo captou o momento da prisão de King em uma fotografia que ficou famosa — o grande líder dos direitos civis algemado, olhando para trás, para os seus correligionários, o seu rosto assombrado. Na cadeia de Birmingham, ele foi posto sozinho em uma cela que tinha o tamanho de uma jaula de macaco, estreita e sem janelas. A prisão tornou-se ainda mais amarga quando os seus advogados lhe trouxeram uma cópia do jornal *News* de Birmingham, que continha uma declaração assinada por oito clérigos brancos criticando a sua estratégia de desobediência civil.

Mas subitamente King teve uma inspiração. Ele iria responder àqueles clérigos sob a forma de uma carta aberta — uma defesa do movimento pelos direitos civis que iria apelar à consciência de toda a América. Em folhas de papel higiênico, e em papel de carta, mais tarde contrabandeado para fora da cadeia, página por página, King escreveu uma epístola lírica sobre por que algumas vezes é justificável desobedecer à lei.

O movimento pelos direitos civis, ele admitia, tinha ganho muito do seu impulso insistindo para que as pessoas obedecessem à decisão da Suprema Corte de 1954, proibindo a segregação nas escolas públicas. Assim, "à primeira vista pode parecer bastante paradoxal que estejamos conscientemente desobedecendo leis. Alguém poderia muito bem perguntar: 'Como você pode defender a desobediência a algumas leis e a obediência a outras?' A resposta está no fato de que existem dois tipos de leis: as justas e as injustas. Uma pessoa não tem apenas uma responsabilidade legal, mas também moral, de obedecer às leis justas. Mas, ao contrário, ela tem a responsabilidade moral de desobedecer às leis injustas. Eu concordaria com Santo Agostinho em que 'uma lei injusta não é uma lei de maneira alguma".

"Mas qual é a diferença entre as duas?... Uma lei justa é um código feito pelo homem que está de acordo com a lei moral ou a lei de Deus. Uma lei injusta não está em harmonia com a lei moral. Colocando nas palavras de Tomás de Aquino: uma lei injusta é uma lei humana que não está enraizada na lei eterna nem na lei natural".[2]

A tradição da desobediência civil, observou King, remonta aos tempos do Antigo Testamento — a Sadraque, Mesaque e Abede-Nego, três jovens judeus que, pelo bem da sua consciência, desobedeceram às leis do monarca Nabucodonosor da Babilônia. Remonta ao reformista Martinho Lutero, que declarou: "Aqui fico: não posso fazer nada além disso. Que Deus me ajude". Remonta a John Bunyan, que foi aprisionado pelas suas crenças: "Ficarei na prisão até o fim da minha vida antes que eu faça uma carnificina com a minha consciência". E Thomas Jefferson, que justificou a revolução americana com estas palavras ressoantes: "Nós afirmamos que estas verdades são evidentes por si mesmas, que todos os homens foram criados iguais".

King sempre se lembraria deste aprisionamento como o momento em que as suas crenças passaram pelo teste mais difícil. A sua "Carta da Prisão de Birmingham" tornou-se um dos seus maiores testamentos de fé.

Um grande peso foi removido da sua mente quando ele soube que o dinheiro para assegurar a libertação de todos os trabalhadores pelos direitos civis tinha sido rapidamente conseguido. Ele ficou surpreso e aliviado e, naquele momento, como escreveu mais tarde, tornou-se "consciente de um sentimento que tinha estado presente durante todo o tempo, sob a superfície da consciência", um sentimento de que "eu nunca tinha realmente estado sozinho na prisão; a comunhão com Deus não se interrompe à porta de uma cela de prisão. Eu não sei se o sol estava brilhando naquele momento. Mas sei que mais uma vez eu podia ver a luz".[3]

UMA LEI ACIMA DA LEI

Martin Luther King Jr. garantiu o seu lugar na história americana quando o movimento popular que ele liderava finalmente convenceu a nação a afirmar que os princípios da Declaração de Independência verdadeiramente se aplicavam a todos os americanos. Mas tão importante quanto o sucesso da sua cruzada é o princípio em que ela se baseia, pois esse princípio é a base mais fundamental para a nossa forma republicana de governo: o governo não é simplesmente um contrato social entre as pessoas e aqueles que governam, mas um contrato social celebrado sob a autoridade de uma lei superior.

A maior luta moral da história da nossa nação — a campanha para acabar com a escravidão — dependia do mesmo princípio. Os abolicionistas denunciaram a lei dos escravos fugitivos (pela qual o Congresso exigia que as pessoas entregassem os escravos fugitivos) como contrária a uma "lei superior", mesmo que executasse uma provisão expressa da Constituição.[4] Lincoln empregou o mesmo argumento ao se opor à decisão da Suprema Corte que apoiava a escravidão.[5] Ele escreveu apaixonadamente sobre "o dever das nações, e também dos homens, de depender do poder soberano de Deus".[6] Somente uma convicção profunda da nossa obrigação de submeter-nos a uma autoridade superior pôde endurecer este humilde advogado do interior, a opor-se à escravidão quando ela era uma instituição legalmente estabelecida.

O debate moral mais significativo da nossa época — o debate sobre o aborto, a eutanásia e outros assuntos controversos da vida — se alimenta da mesma convicção. O movimento pró-vida se recusa a aceitar a atual lei do aborto baseando-se no fato de que nenhuma lei humana é válida enquanto for contrária a uma lei superior.

Lei Transcendente

Esta compreensão de uma lei transcendente acima da lei humana (ou lei positiva) é crítica à preservação da liberdade e da justiça. Como está escrito na Declaração da Independência, ali existem alguns "direitos inalienáveis" que estão além da autoridade do governo, seja para assegurar, seja para negar; somente se pode reconhecê-los como sendo pré-existentes. Se o governo confere estes direitos, então eles *não* são inalienáveis, pois o governo também pode removê-los — e qualquer grupo desaprovado pode ser esmagado pelo interesse próprio da maioria ou pela força do Estado.

O professor Robert George, da Universidade Princeton, esclareceu, de maneira vívida, lendo aos seus alunos em um curso sobre as liberdades civis, as palavras iniciais da Declaração de Independência: "Nós afirmamos que estas verdades são evidentes por si mesmas, que todos os homens foram criados iguais, que foram dotados, pelo seu Criador, de certos direitos inalienáveis". Depois ele olhou para o mar de alunos na apinhada sala de aulas e disse: "Estas são as palavras fundamentais da doutrina americana das liberdades civis, e à luz do conteúdo dessa doutrina, conforme expressa na Declaração, talvez não seria inadequado começar as nossas deliberações dando graças ao Criador que nos conferiu esses direitos. Então, cada um de nós, em silêncio, de acordo com a sua tradição e à sua maneira, vamos dar graças ao Criador pelos nossos preciosos direitos e liberdades". E então ele acrescentou, sabiamente: "Aqueles entre vocês que não são cristãos podem aproveitar esta oportunidade para refletir em silêncio sobre a origem dos nossos mais importantes direitos e liberdades, que eu acredito que vocês também apreciem". Quando voltou a levantar a cabeça, ele viu duzentas e cinqüenta cabeças baixas (e na lateral um punhado de professores assistentes que pareciam pálidos e horrorizados).[7]

A idéia de uma lei transcendental tem profundas raízes históricas, como até mesmo uma investigação superficial pode deixar claro. Na antiga cultura judaica, a lei (a Torá) era reverenciada como sendo uma revelação divina. Entre os antigos gregos, Platão e Aristóteles afirmavam que a justiça humana é definida por verdades ou ideais mais elevados, acessíveis à razão humana e conhecidos pela lei natural — os princípios morais que estão de acordo com a nossa natureza como seres humanos. Da mesma maneira, os romanos apelavam para uma fonte eterna de lei, como está refletido na afirmação de Cícero de que "a lei não é o produto do pensamento humano, nem é qualquer decreto das pessoas, mas alguma coisa eterna que rege todo o universo".[8] Por volta do ano 380 d.C., o cristianismo era a religião oficial do Império Romano, e a partir de então, a lei ocidental foi enormemente moldada pela concepção cristã de lei, baseada na doutrina da criação. Teólogos como Agostinho e Tomás de Aquino afirmavam que a lei humana deve refletir a ordem moral criada por Deus — conhecida da mesma forma pelos cristãos e pelos não-cristãos, uma vez que é a "lei que está escrita no coração". Uma lei que não reflete esta lei natural, como King iria escrever na cadeia de Birmingham, é uma lei injusta — e não é lei de maneira alguma.

Assim, a tradição política ocidental em geral assumiu que, para ser válida, a lei humana deve estar baseada na lei natural pela qual Deus ordena a sua criação, que por sua vez é uma participação em sua lei eterna.[9] Esta suposição foi expressa na Carta Magna de 1215, um texto pioneiro que garantia determinados direitos e privilégios dos nobres, contra o rei. Esta foi também a base para a lei comum inglesa.

"A lei da natureza ditada pelo próprio Deus... se aplica a todos os países e a todas as épocas", escreveu o grande jurista do século XVII, Sir William Blackstone. "Nenhuma lei humana tem qualquer validade se for contrária a isto; e as que são válidas derivam toda a sua força e toda a sua autoridade, direta ou indiretamente, desta lei original." Blackstone entendia que o caráter da lei comum ocidental era refletir os costumes, as crenças e as tradições das pessoas como escritas por "homens inspirados pelo Espírito de Cristo".[10]

Um Rei Limitado pela Lei

Mas, com a ascensão do nacionalismo, surgiram idéias de soberania nacional e absolutismo político, tais como a doutrina do direito divino dos reis, que afirma que o rei governa com a autoridade divina de Deus — e que a lei será o que o rei decretar. Muitos cristãos se levantaram para ir contra estas idéias e para reafirmar a primazia da lei natural. No final dos anos 1500, o teólogo jesuíta Robert Bellarmine publicou diversos panfletos argumentando contra o direito divino dos reis e a favor dos direitos naturais e da soberania popular. Os seus escritos foram tão influentes que o rei James I sentiu-se obrigado a responder com uma série de panfletos de sua autoria.[11] Nos anos 1600, o clérigo escocês Samuel Rutherford escreveu um livro chamado *Lex Rex* ("A lei é o rei"), afirmando que a lei está acima do rei e que ele está sujeito a ela, como todos os outros cidadãos. O livro foi proibido na Escócia e queimado publicamente na Inglaterra, e Rutherford foi preso. Mas as suas idéias sobreviveram e influenciaram profundamente os fundadores da América através da obra de John Witherspoon e John Locke.[12] Na nova república os cidadãos seriam governados não pelos homens, mas sim pela lei.

Limitado pelo Escopo da Autoridade

Mas o governo deveria ser limitado não somente pelo Estado de direito mas também pelo escopo da sua autoridade sobre a sociedade. No pensamento social católico, a idéia do governo limitado se desenvolveu através do conceito de *subsidiariedade*, e no pensamento da Reforma através do conceito da *soberania das esferas*.

A "subsidiariedade" (em latim, *subsidium* significa "ajudar, apoiar, assistir") afirma que as instituições sociais mais elevadas, como o Estado, existem somente para ajudar as instituições subordinadas, como a família. A implicação é a de que se o Estado for além de ajudá-las — se ele as destruir ou absorver as suas funções — então estará agindo ilegitimamente e perturbando a ordem social.[13]

A soberania das esferas nasceu do grito unido da Reforma — *coram deo* ("na face de Deus") — significando que o indivíduo deve prestar contas diretamente a Deus, e não mais se aproximar dEle por meio da estrutura mediadora da igreja. A conseqüência é que todas as esferas da sociedade — incluindo o Estado, a família, as escolas, as corporações, como também as associações profissionais e voluntárias — não estão sob a igreja, mas diretamente sob a autoridade de Deus. Esta visão foi libertadora porque queria dizia que nenhuma esfera pode propriamente dominar as outras; todas respondem diretamente a Deus, por meio da consciência dos indivíduos envolvidos. Além disso, o poder de cada esfera está limitado pelo poder das demais. Como o teólogo holandês Abraham Kuyper explicou no século XIX, a soberania do Estado está limitada "por outra soberania, que é igualmente divina na sua origem" — especificamente, a soberania das demais esferas da sociedade.[14]

Assim, a herança da Reforma transmitiu uma visão equilibrada do Estado como ordenado por Deus mas limitado por outras instituições sociais divinamente ordenadas. A função do Estado é a de restringir a força do pecado que foi desencadeada pela queda do homem. Em Gênesis 3.24, vemos que Deus pôs anjos com uma espada inflamada para guardar a árvore da vida — os primeiros policiais de ronda. Preservando assim a ordem social, o Estado permite que a liberdade floresça. Mas a liberdade das outras esferas, por sua vez, limita a do Estado. A sua liberdade é, como escreveu Kuyper, "o meio ordenado por Deus para limitar a autoridade" do Estado, que de outra maneira poderia degenerar em despotismo.[15] Nesta concepção balanceada podemos ver as raízes do que os fundadores americanos chamaram de "liberdade ordenada".

Separação de Poderes

Outra contribuição do cristianismo foi a noção da separação de poderes, baseada na doutrina da Queda. Os fundadores perceberam que, uma vez que todo mundo é propenso ao pecado, é um engano fatal confiar demasiado poder a qualquer indivíduo ou grupo. Como um resultado, eles estabeleceram três ramos de governo — o judiciário, o legislativo e o executivo — baseados no ensinamento bíblico de que Deus é o nosso juiz, é aquele que nos dá as leis, e o nosso rei (Is 33.22). Os fundadores também estabeleceram um sistema federativo, no qual os governos estaduais deveriam estar de acordo com o governo nacional. É por isso que a Constituição dos Estados Unidos originalmente reservava aos estados o direito de indicar senadores, e até mesmo a eleição do presidente era tarefa dos eleitores do Estado (o colégio eleitoral). Os estados deveriam ter um poder real, e não funcionar meramente como unidades administrativas do governo nacional.

O Sistema Republicano

Finalmente, os fundadores construíram um sistema que iria proteger contra a democracia direta — contra qualquer sistema onde "a voz do povo é a voz de Deus". Tais democracias, advertiu James Madison, "têm sido espetáculos de turbulência e combates".[16] Conseqüentemente, os fundadores construíram um sistema republicano, onde a vontade do povo é filtrada por representantes eleitos, que devem ser pessoas de virtude e preocupação com o bem comum, capazes de estar acima das paixões do momento. Ao mesmo tempo, os representantes devem prestar contas à população, atingindo assim um equilíbrio maravilhoso.

Que plano engenhoso! Nunca me canso de me admirar com ele e de ser grato por esta expressão histórica de um ponto de vista cristão. Por mais de dois séculos, a experiência americana forneceu um exemplo dramático da maneira como os princípios bíblicos sustentam eficientemente tanto a ordem quanto a liberdade.[17] Mas nas décadas recentes, tais princípios estiveram sob ataques desmoralizadores de forças cada vez mais agressivas do secularismo moderno — tanto, que o estado de direito e o próprio caráter da nossa ordem política estão agora ameaçados.

O IMPERIALISMO JUDICIAL

A idéia de que a lei humana (ou positiva) deve refletir uma lei superior foi seriamente desafiada na segunda metade do século XIX — especialmente depois do trabalho de Charles Darwin. A sua teoria da evolução implicava que não existe ordem moral criada que funcione como a base para a lei; em lugar disso, a vida é o resultado de um processo de tentativas e erros, com novas estruturas sendo preservadas se ajudarem o organismo a obter o que ele necessita para sobreviver. Esta nova visão, nascida com a aprovação da ciência, parecia sugerir que a própria verdade é encontrada por um processo de tentativas e erros — onde a "verdadeira" idéia é aquela que trabalha melhor para a obtenção dos resultados desejados. Assim nasceu a filosofia do *pragmatismo*.

Golpes de Pragmatismo e "Desconstrucionismo"

O pragmatismo foi formulado quando diversos professores famosos universitários organizaram um grupo estranhamente chamado de Cambridge Metaphysical Club. Estes intelectuais de liderança — entre eles Oliver Wendell Holmes, Charles Pierce e William James — definiram a verdade como a hipótese que funciona melhor. Ou, como James coloca sucintamente: "A verdade é o valor em dinheiro de uma idéia".[18]

O que o pragmatismo queria dizer como lei foi ousadamente afirmado por Holmes em 1897, quando ele advertiu uma audiência de estudantes da Escola de Direito para que deixassem de lado as noções de moralidade, e em seu lugar encarassem a lei como uma ciência — a ciência da coerção do Estado[19]. O seu sumário mais grosseiro quer dizer que a lei é o "voto majoritário daquela nação que pode derrotar as outras".[20] Em outras palavras, sem a lei divina como a autoridade moral final, a lei fica reduzida à pura força.

Mais recentemente, a autoridade da lei recebeu outro golpe pelas mãos do *desconstrucionismo*, que começou como um método de crítica literária, mas que agora se aplica a todos os tipos de texto, inclusive os legais. De acordo com o "desconstrucionismo", a linguagem não revela significado (o que implicaria existir um campo transcendente de verdade); mas, em lugar disso, a linguagem é uma construção social. Qualquer texto reflete diversas (e alguma vezes conflitantes) forças sociais e culturais, que em última análise têm o objetivo de ressaltar o poder de algum grupo social. A interpretação não significa identificar o que o autor quis dizer, mas "desmascarar" os relacionamentos de poder intrínsecos.[21]

O Efeito de Filtro

Nos últimos anos, estas visões radicais da lei começaram a filtrar e ajudar a modelar as decisões atuais da corte — inicialmente, em casos que envolviam direitos religiosos. Não havia nenhuma conspiração anti-cristã aqui, contrariamente ao que muitos cristão possam ter acreditado; ao contrário, os casos religiosos eram os alvos mais óbvios, porque claramente se apóiam no que agora parece estar desacreditado — a autoridade de uma lei superior.

As cortes agiram rapidamente. No ano recente de 1952, o juiz William O. Douglas descreveu a América como "um povo religioso cujas instituições pressupõem um Ser Supremo" e insistiu que o Estado, portanto, deveria "acomodar o serviço público às suas necessidades espirituais".[22] Douglas não estava defendendo nenhuma religião em particular, mas simplesmente afirmando que a religião é boa para as pessoas e que o Estado deveria respeitar isso. Mas somente duas décadas mais tarde, em 1973, a Corte passou por cima das preocupações religiosas e morais mais profundas, afirmando ter descoberto na Constituição um direito implícito à "privacidade", protegendo o direito de uma mulher ao aborto (*Roe versus Wade*). Com um único golpe, a Corte procurava extinguir um debate político que então tinha lugar em cinqüenta legislaturas estaduais a respeito de uma questão moral sensível — o estado legal dos primeiros estágios da vida humana. Foi um ato de arrogância judiciária que poderia somente questionar a autoridade da lei, assegurando, portanto, que o debate sobre o aborto iria continuar e crescer cada vez mais rancoroso. Isso naturalmente aconteceu.

Mas *Roe* foi apenas o mais influente numa série crescente de casos — que envolviam oração, manifestações religiosas e direitos sexuais — nos quais os juízes arrogantemente usurparam o processo legislativo e mostraram uma hostilidade crescente para com as tradições morais e religiosas que historicamente formaram a lei americana. Na verdade, em alguns casos, os juízes realmente estabeleceram que a motivação religiosa por trás de uma lei serve para desqualificar essa lei. Por exemplo, em 1987 a Suprema Corte anulou um estatuto de Louisiana, que ordenava o ensino da criação juntamente com o da evolução.[23] Por quê? Porque a Corte decidiu que o objetivo secular reivindicado pela legislatura (ou seja, a liberdade acadêmica) era um "logro", encobrindo o que realmente era uma tentativa de promover a religião bíblica. Isto representa uma reviravolta surpreendente: embora os princípios bíblicos antes fossem considerados a autoridade que envolve a lei, agora eles desqualificam a lei.

Uma das decisões mais destrutivas nos últimos anos foi o caso de 1992, *Planned Parenthood versus Casey*.[24] Embora apoiando algumas restrições modestas do Estado a respeito do aborto, a Corte procurou colocar o direito ao aborto criado em *Roe* com base em uma idéia constitucional mais sólida. Ela abandonou a velha tática de justificar o aborto como um direito implicado à "privacidade" espreitando as "penumbras" da 14ª emenda, e em lugar disso foi diretamente ao explícito direito de "liberdade".[25] A Corte então puniu os favoráveis ao pró-vida por terem o descaramento de desafiar as suas decisões, e basicamente os advertiu para que ficassem quietos e fossem para casa. Assim, depois de ter sumariamente cancelado o debate democrático sobre o aborto em 1973, vinte anos depois a Corte decretou que mesmo o desafio ao aborto é uma afronta ao estado de direito.[26]

Então a maioria definia a "liberdade" da 14ª emenda em termos de tirar o fôlego: "No coração da liberdade", escreveu o juiz Anthony Kennedy ,"está o direito de definir o próprio conceito que alguém tem da existência, do significado, do universo e do mistério da vida humana". Em resumo, a Corte colocou o indivíduo isolado, construindo o seu próprio sentido de significado, no centro gravitacional da lei constitucional. O autogoverno coletivo pelo povo, de acordo com um código moral comum, foi rejeitado como uma "intolerância majoritária".[27]

Na verdade, a Corte rejeitou *qualquer* crença em uma ética transcendente como "intolerância", portanto rejeitando a idéia de uma lei superior sobre a Corte. Em 1992, em *Lee versus Weisman*, a Corte decretou que até mesmo uma oração inócua do tipo a-quem-possa-interessar, oferecida por um rabino em uma aula inaugural de um colégio, era inconstitucional porque infringia o direito que alguém com 15 anos de idade tem de não ter que ouvir respeitosamente qualquer expressão religiosa com a qual ele está em desacordo.[28] O que poderia ter sido considerado um marco de civilidade há apenas uma geração agora era transformado em uma ofensa constitucional. Entretanto, mais perturbador era o fato de que a expressão religiosa proibida pela corte não apenas abrangia as crenças tradicionais, mas qualquer "convicção compartilhada de que existe uma ética e uma moralidade que transcendem a invenção humana".[29] Em outras palavras, a Corte estava dizendo que nenhuma moralidade transcendental deve ser permitida no âmbito público, somente seria permitida a visão pós-moderna, que encara a moralidade como uma "invenção humana".

E se nenhum apelo à autoridade transcendente for permitido, então os próprios juízes se tornam a autoridade suprema. No caso *Romer versus Evans*, os juízes anularam um referendo, democraticamente aprovado pelos cidadãos do Colorado, que proibiam as proteções especiais aos direitos civis e às preferências baseadas em "orientação sexual". Reconhecidamente, o referendo não foi cuidadosamente esboçado, mas o juiz Kennedy, escrevendo pela maioria, desconsiderou completamente o propósito afirmado pelos que votavam, presumindo ter uma habilidade misteriosa de conhecer as suas mentes melhor do que eles mesmos. "Leis deste tipo", escreveu ele, "trazem a inevitável inferência de que a desvantagem imposta é nascida da animosidade em relação à classe de pessoas afetada".[30] Em uma única sentença desdenhosa, uma posição moral básica, há muito tempo compartilhada pelos cristãos, judeus, muçulmanos e pessoas de outras crenças — e, adicionalmente, uma posição democraticamente decretada na lei — foi reduzida a nada mais do que uma "animosidade pessoal". Os juízes já não se limitavam a discordar da ética bíblica; eles nem mesmo a reconheciam como uma ética, mas a ignoravam como sendo um fanatismo.

A mesma atitude logo passou para os níveis inferiores do judiciário. Escrevendo pelo Ninth Circuit Court of Appeals em 1996, anulando um referendo do Estado que proibia o suicídio assistido, o juiz Stephen Reinhardt fechou a porta da corte na cara das pessoas "com fortes convicções morais ou religiosas". Ele escreveu: "Eles não são livres para impor as suas visões, as suas convicções religiosas ou as suas filosofias aos outros membros de uma sociedade democrática".[31] Mas o que é o processo democrático, senão uma tentativa de cidadãos com pensamentos semelhantes de se unirem e elaborarem leis em conformidade com o seu melhor juízo de certo e errado? E com que base pode um juiz dizer que todos os cidadãos são livres para participar neste processo, *exceto* aqueles que têm "fortes convicções morais ou religiosas?"

Este golpe de estado judicial culminou, em 1997, na decisão *Boerne versus Flores*, o primeiro desafio ao Religious Freedom

Restoration Act (RFRA) de 1993. O propósito do RFRA foi o de restabelecer um padrão rígido para a proteção do livre exercício da religião, que tinha sido anulado pela corte três anos antes. De maneira significativa, o RFRA foi aprovado unanimemente pela Câmara, teve somente três votos contrários no Senado e foi entusiasticamente assinado pelo presidente Clinton. Se alguma obra de legislação já refletiu a vontade do povo, essa foi o RFRA.[32] Apesar disso, em *Boerne* a Suprema Corte declarou que o RFRA era inconstitucional com base no fato de que a autoridade expressa do Congresso de reforçar os direitos civis básicos, assegurados pela 14ª emenda, não era "substantivo", mas simplesmente "paliativo". Em outras palavras, o Congresso não pode usar o seu poder para expandir as proteções constitucionais, exceto para retificar as violações de direitos que a própria Suprema Corte permitiu-se reconhecer. Assim, duas correntes principais de cortes ativistas convergiam neste único caso: uma contra o direito transcendental da liberdade religiosa e a outra contra o autogoverno. Não apenas a cláusula do livre direito foi castrada, mas também um voto que refletia a vontade praticamente unânime do povo americano foi ignorado.

Além disso, a Corte decretou que ela tem a autoridade suprema para definir as liberdades constitucionais e estabelecer o seu escopo, apoderando-se arrogantemente do poder de uma maneira que teria horrorizado os fundadores. O direito da revisão judicial não está na constituição, e Jefferson, na verdade, advertia contra a "oligarquia judicial", ao passo que o seu adversário freqüente, Alexander Hamilton, era de igual modo resistente ao poder judicial irrestrito.[33]

Tragicamente, os juízes conservadores parecem incapazes de se opor à tremenda força do imperialismo judicial. Conservadores de importância, como Robert Bork, Edwin Meese e o juiz da Suprema Corte, Antonin Scalia, procuraram resistir ao ativismo judicial com várias formas de positivismo legal (por exemplo, a jurisprudência da intenção original) que rejeita os apelos à lei natural. Scalia vai mais longe, insistindo que os juízes não devem considerar a moralidade, os costumes e nem a intenção legislativa ao tomar decisões, mas somente o sentido literal do texto. Por exemplo, Scalia argumentou que não compete aos juízes considerar a moralidade, mas sim ao povo, que deve dar força de lei às suas convicções morais. Mas naturalmente esses são exatamente os tipos de leis que os juízes liberais estão anulando como sendo ilegítimas. Assim estamos em uma situação sem saída, onde os juízes conservadores dizem que as cortes não podem consultar a moralidade, que é o papel do povo transformar a moralidade em lei — enquanto, ao mesmo tempo, os juízes liberais anulam leis que expressam as convicções morais do povo, até mesmo desqualificando essas convicções como uma simples "animosidade" pessoal.[34]

O resultado destas correntes é que hoje em dia as cortes, sem restrições por leis superiores e desdenhosas da vontade da maioria, são a força dominante na política americana. Como escreve o professor de direito Russell Hittinger, em *Casey* a corte estabeleceu um "novo concerto", pelo qual ela concorda em dar aos cidadãos o direito de decidir por si mesmos o significado da vida, de decidir o que é certo e o que é errado, de agir como quiserem. Em troca desta garantia, a Corte só pede que o povo aceite a suposição de que a Corte tem todo o poder, em última instância.[35] Ou, como Gerard Bradley, da Universidade de Notre Dame, afirma, a Corte disse: "Nós seremos a sua Corte e vocês serão o nosso povo".[36]

Mas este novo concerto com a Corte é instável inerentemente, e dará oportunidades ou para a anarquia ou para o puro poder. O desequilíbrio de poder entre os três ramos do governo sempre foi a maior vulnerabilidade do sistema americano. De tempos em tempos, a balança se inclina de forma precária, mas providencialmente, podemos dizer, todas as vezes o equilíbrio foi restaurado, até hoje. O imperialismo judicial agora ameaça destruir o delicado equilíbrio que assegura a nossa liberdade. O falecido historiador Russell Kirk advertiu certa vez que o "poder da Suprema Corte de fazer travessuras se tornaria quase infinito" se ela se tornasse a força dominante na vida pública americana, pois iria "abolir a democracia da América".[37] Precisamente. É por isto que é tão urgente que os cristãos que têm uma visão bíblica da lei e da justiça alertem os seus vizinhos quanto à séria ameaça que o nosso sistema de governo enfrenta.

REBAIXANDO OS DEZ MANDAMENTOS

A compreensão cristã da lei, como baseada em uma lei moral superior, tem paralelos na maioria das civilizações ao longo da história. Como ressaltou C. S. Lewis, todas as principais religiões e todos os sistemas morais supõem a existência de uma moralidade objetiva (que ele chamou de Caminho ou Tao).[38] Todos nós, sejamos cristãos ou não, intuitivamente sentimos que deve haver alguma justificação moral para a lei, alguma coisa que a torne correta. De outra forma, qualquer lei pode ser abatida com a expressão desafiadora "quem disse?" Assim também argumentou o falecido Arthur Leff, da escola de direito de Yale, em um famoso discurso de 1979. A menos que exista um Deus que é, Ele mesmo, a Bondade e a Justiça, disse Leff, não pode haver uma base definitiva para a lei. Pois se não existe Deus, ninguém poderá tomar o seu lugar. Nenhum padrão humano — nenhuma pessoa, nenhum grupo de pessoas, nenhum documento — é imune aos desafios.[39]

Leff habilmente captou a conseqüência de uma visão secular. Uma vez que o Iluminismo começou a negar a realidade da criação e da revelação divinas, a base da lei sofreu erosão. Os pensadores do Iluminismo otimisticamente supuseram que eles iriam encontrar uma base alternativa na razão e na experiência humana. Mas, como Leff tão vividamente destaca, as crenças morais de qualquer grupo ou indivíduo estão abertas ao desafio. E a conclusão lógica de todos os esforços para fundamentar a lei em alguma coisa menor do que a lei transcendente de Deus é um ceticismo moral — o grande "quem disse?"

As conseqüências disto estão abalando as próprias fundações do nosso governo e da nossa sociedade hoje em dia.

A Remoção de Restrições

Em primeiro lugar, a perda da autoridade moral na lei remove as restrições do comportamento individual. Os americanos parecem estranhamente esquecidos da conexão entre a perda da autoridade moral na lei e o caos social que resulta disso: o crime, a corrupção, a perda da civilidade. Eu descobri o quanto eles são esquecidos quando fui convidado a falar sobre temas de justiça e crime a um grupo de líderes de comunidade há alguns anos.

No bate-papo de apresentação durante o almoço, um senhor alto e distinto me assegurou do comprometimento da sua empresa com a liberdade religiosa. — Nós fizemos uma campanha, em nossa cidade, para tirar os Dez Mandamentos das paredes das salas de aula — ele se vangloriou.

— Por que vocês fizeram isso? — perguntei.

— Nós devemos ter respeito por todas as crenças — ele disse, com confiança.

— Mas os cristãos, judeus e muçulmanos, todos acreditam nos Dez Mandamentos. Nem mesmo os budistas e os hindus fazem objeção a eles — respondi.

— A separação entre a igreja e o Estado — disse ele.

— É claro. — Eu concordei com a cabeça. — Mas o Decálogo e a *Lex Divina* são as raízes históricas do nosso sistema legal. É por isso que Moisés está incluído entre os maiores legisladores, cujos rostos estão representados no afresco que adorna as paredes da Câmara dos Deputados.

— Tolerância, senhor. Os tempos mudaram. Nós precisamos admitir isso. — Ele se ergueu em sua cadeira, como um sólido pilar da comunidade.

Depois da refeição, quando comecei a falar do assunto da reforma da justiça, muitos tomavam notas enquanto eu desenrolava as estatísticas deprimentes.

O mesmo homem então me interrompeu, perguntando se eu tinha visto algumas das últimas pesquisas a respeito do crime nas escolas. "Dois terços dos nossos alunos colam na escola", disse. "E um terço admite que poderia roubar. O que podemos fazer a respeito?"

Eu não pude deixar de sorrir. Este era o mesmo homem que insistiu em que devíamos tirar os Dez Mandamentos das paredes das salas de aula. E este é precisamente o impasse pós-modernista: nós queremos a libertação das regras e dos princípios morais transcendentes, mas odiamos o caos moral que se segue.

Limitação do Governo a Procedimentos Utilitários

Em segundo lugar, a perda da autoridade moral na lei significa que o governo fica reduzido a procedimentos utilitários. Aristóteles disse que no coração da política está a questão: Como vamos organizar as novas vidas em conjunto? A questão pressupõe que existe algum bem comum ao redor do qual deveríamos organizar as nossas vidas, um imperativo moral próprio de um governo. Mas hoje em dia, como sugere a lógica do caso *Casey*, a tarefa do governo é simplesmente a de proteger a autonomia individual — o direito que as pessoas têm de fazer o que quiserem. Na nova visão da Corte, escreve Gerard Bradley, o bom governo está garantido pela libertação do indivíduo atomístico das restrições da moralidade comum defendida por religiões tradicionais.[40] Como resultado, o governo não tem uma tarefa moral positiva, mas funciona como um pouco mais do que um guarda de trânsito, impedindo que as pessoas se choquem umas nas outras enquanto realizam as suas coisas. O governo tornou-se o que o professor Michael Sandel, de Harvard, chama de uma "república de procedimentos", que não rege nada além de procedimentos para ajudar as pessoas a conseguirem o que desejam.[41]

Perda do Debate Moral

Em terceiro lugar, a perda de uma base moral para a lei significa que não mais podemos nos engajar em debates políticos. Se a política trata apenas de quem consegue o que, então a política se torna um jogo interminável de gritarias, com uma briga infindável sobre as exigências pelos direitos — definidos, em última análise, por quem falar mais alto ou tiver mais votos. Os assuntos são definidos não pelos princípios, mas sim pelo poder. Nestas circunstâncias, os indivíduos se sentem cada vez mais desamparados e no final desistem do sistema político — uma corrente particularmente perigosa em uma sociedade democrática, que depende da participação de uma cidadania informada e ativa.[42]

Reversão à Regra Humana Arbitrária

Finalmente, a perda da autoridade moral na lei significa que perdemos o Estado de direito e revertemos à regra humana arbitrária. O Estado de direito não pode sobreviver a menos que exista um padrão imutável e transcendental que nos sirva de medida para as leis humanas. De outra forma, a lei será o quc os legisladores ou os juízes disserem que ela é — o que somente poderá resultar, no final, no colapso do governo livre.[43] O ataque pós-modernista contra as verdades morais objetivas nos colocou no caminho para a tirania.

Mas não devemos perder a esperança, pois a verdade cristã ainda nos oferece um caminho para sair do impasse pós-modernista. Os cristãos de todas as partes podem ajudar a revitalizar a nossa cultura política e restabelecer o estado de direito exibindo uma visão bíblica de lei e de política.

A ARTE DA PERSUASÃO

Como os cristãos devem trabalhar para renovar as nossas estruturas políticas e legais? Se aprendemos alguma coisa nas últimas décadas, é que não devemos produzir movimentos políticos autoritários que despreocupadamente desorganizam os clichês sobre Deus-e-o-país e assustam os nossos vizinhos seculares. O nosso objetivo não é agarrar o poder e impor a nossa visão, mas deveríamos agir pela persuasão dos princípios e pela participação responsável.

Persuasão dos Princípios

O Estado de direito. Persuasão quer dizer que a nossa primeira tarefa é a apologética — lutar para convencer os nossos vizinhos de que a visão cristã fornece a melhor maneira de organizar a sociedade. Nós podemos assumir que muitos de nossos vizinhos não entendem a necessidade de alguma coisa, mesmo que seja tão básica como o estado de direito. Quando eu estava na escola, isto estava contido na primeira lição de educação cívica; hoje em dia, os cursos de educação cívica mais provavelmente irão tratar da exploração dos americanos nativos pelos colonizadores europeus.

O bem público. Também precisamos deixar bem clara a importância da idéia de um bem comum ou público. Vejamos o exemplo de um semáforo: para o bem público, todas as pessoas devem parar nos semáforos; caso contrário, haverá o caos e a morte nas ruas. Esta lei se aplica aos cristãos, aos agnósticos, aos hindus e da mesma maneira aos proponentes da Nova Era; quer eles se sintam ofendidos pela lei, quer não, eles precisam obedecer-lhe, para o bem comum.

Precisamos aplicar o mesmo raciocínio a outras leis, tais como aquelas que reconhecem o casamento somente entre duas pessoas de sexos opostos. Existem importantes razões por que proteger o casamento heterossexual é do interesse da sociedade: isso reorganiza um padrão social que todas as sociedades civilizadas adotaram para propagar a raça humana e criar filhos. Os cristãos precisam argumentar que tais leis não "impõem" uma crença religiosa, mas são baseadas em princípios morais racionais e evidências históricas que mostram que a proteção das famílias promove o interesse público. É por isso que decisões como a do caso *Casey* e *Romer* são tão desastrosas, porque elas tornam impossível a determinação do bem público. Finalmente, podemos argumentar que a visão cristã fornece o padrão mais confiável para a determinação do bem público e o incentivo do comportamento pessoal responsável.

Talvez o mais difícil hoje em dia seja convencer as pessoas que elas *deveriam* controlar o seu comportamento pessoal em nome do bem público. O individualismo cresceu tão exuberantemente que a maioria das pessoas pensa que a sociedade existe para servi-las, e acham que não devem nada à sociedade. Precisamos argumentar que a menos que os indivíduos voluntariamente restrinjam o seu comportamento em nome do bem comum, o governo terá que restringi-lo, por meio de medidas de coerção — com o custo da nossa liberdade.

Testemunhemos a coerção que já caracteriza os esforços para manter a correção política. Como as pessoas desrespeitam os limites voluntários da civilidade e das convenções sociais (os costumes de cortesia fora de moda), o Estado começa a microgerenciar o comportamento pela publicação de leis cada vez mais opressivas. Por exemplo, testemunhemos as tentativas ridículas de definir o que é ou não assédio sexual. A Antioch College publicou um código que exigia que os alunos que estão saindo juntos dessem e obtivessem o consentimento verbal uns dos outros em cada estágio do envolvimento físico.[44] Ainda mais absurdo, uma criança de seis anos de idade foi castigada pelo seu professor da escola pública por ter dado um beijo amistoso no rosto de outra criança de seis anos, e o diretor entregou à mãe do "depravado" uma cópia da política de assédio sexual da escola.[45]

E um banco de Kansas foi multado porque não tinha instruções em Braille sobre o ATM nos acessos *drive-thru*![46]

Podemos rejeitar algumas coisas como sendo sinais de uma insanidade nacional temporária, mas elas não deixam de ter lógica. Elas são a conseqüência inevitável da perda das restrições voluntárias. Antigamente, lançar um epíteto racial teria sido considerado uma falta de civilidade e teria sido suprimido pela desaprovação social e pelo ostracismo; hoje, na ausência de tais sanções informais, isso tem que ser um crime causado pelo ódio, passível de uma ação legal. Antigamente, os homens de bom comportamento não "se aproveitavam" do "sexo mais bonito"; hoje em dia, na ausência de tais convenções morais, as mulheres devem ser protegidas por lei contra o assédio sexual. Fomos "libertados" das antigas regras de cortesia e moralidade somente para ficar aprisionados em novas regras impostas pela lei. Para reverter esta erosão de liberdade, precisamos demonstrar que o autogoverno, no sentido político, depende do autogoverno no sentido pessoal — ou seja, governarmos as nossas próprias palavras e o nosso comportamento segundo as normas da civilidade e do respeito.

A defesa da liberdade. A Bíblia não é um documento político, mas tem implicações políticas profundas que são importantes para o bem-estar geral de todos os cidadãos. Aqueles que dizem que Jesus e os apóstolos ignoravam a política deixam de ver as implicações políticas da máxima: "Dai, pois, a César o que é de César e a Deus, o que é de Deus" (Mt 22.21). Os cristãos do século I sabiam exatamente o que significavam essas palavras de Jesus — e foi por causa de um ato político (eles não iriam dizer "César é o Senhor") que eles foram crucificados, torturados e atirados aos leões.

Qual é o ensinamento escritural fundamental no Estado? Por um lado, devemos viver submissos ao Estado. Para o nosso bem, Deus apontou reis e governantes para executar as tarefas do Estado: restringir o mal, preservar a ordem e promover a justiça. Assim, devemos "honrar o rei" e submeter-nos "às autoridades superiores; porque... as autoridades que há foram ordenadas por Deus" (Rm 13.1; veja também Dn 2.21; Rm 13:1-7; Tt 3.1; 1 Pe 2.13,14, 17).

Algumas pessoas interpretaram estas passagens como uma outorga absoluta de autoridade, significando que o governo deve ser obedecido em todas as épocas e em todas as circunstâncias. Mas a ordem para obedecer é condicionada pela suposição de que oficiais e magistrados estão realizando os objetivos para os quais Deus ordenou o governo (em Romanos 13.4, o governante é chamado de "ministro de Deus"). Assim, se os governantes agirem de modo contrário à sua delegação de autoridade, se não agirem como servos de Deus, então os cristãos não são obrigados a obedecer-lhes; na verdade, os cristãos poderão ser moralmente obrigados a resistir. Por exemplo, se o Estado proíbe a pregação do evangelho, está claramente agindo contra os mandamentos daquEle que conferiu ao governo a sua autoridade, para começar. Se o Estado praticar a injustiça, como o massacre aos judeus ou o engajamento à tirania sistemática, ele perde a sua reivindicação da autoridade divina.

Ao longo dos tempos, este princípio foi afirmado por pessoas como Agostinho, Tomás de Aquino, Calvino, Knox, e, como vimos, Martin Luther King Jr. A igreja precisa conservar o Estado moralmente responsável perante o julgamento transcendental de Deus, embora este princípio deva ser exercido com solene discernimento enquanto o Corpo de Cristo, coletivamente, procura a orientação do Espírito Santo.[47]

Decidir *qual* ação resulta na perda da legitimidade do Estado é um problema difícil e sensível. Nos primeiros dias do regime de Hitler, os cristãos da Alemanha lutavam com esta questão, que levou, em 1934, à publicação da Declaração de Barmen, um documento que protestava contra a tentativa dos nazistas de controlar a igreja e insistia na independência da igreja. Aqueles que concordassem com a declaração se chamariam de "Igreja Confessante" e se engajaram em uma resistência ascendente à política opressiva de Hitler; os seus líderes mais proeminentes foram presos e até mesmo executados.

O cristianismo historicamente provou ser o defensor mais confiável da liberdade humana. O compromisso com uma lei superior significa que os cristãos sempre estiveram na linha de frente para resistir a leis ou ações contrárias àquela lei. A visão bíblica foi defendida eloqüentemente pelo estadista inglês Edmund Burke durante um famoso debate de 1788 na Casa dos Lordes, depois do *impeachment* (a deposição) do governador geral da Índia. O governador geral tinha reivindicado um direito à autoridade arbitrária sobre os rebeldes nacionais, afirmando que, afinal, eles estavam acostumados ao despotismo. Burke replicou com estas maravilhosas palavras: "meus senhores, a East India Company não tem poder arbitrário para dar a ele [o governador geral]. O rei não tem poder arbitrário para dar a ele. Nenhum dos senhores, nem os Comuns, nem toda a legislatura, tem poder arbitrário para dar a ele. Poder arbitrário é uma coisa que nenhum homem pode dar... todos nós nascemos, tanto os superiores como os inferiores, tanto os governadores como também os governados, sujeitos a uma lei pré-existente, grande e imutável... esta grande lei não surge das nossas combinações e dos nossos acordos; ao contrário, ela dá a todos eles a sanção que podem ter".[48]

Exatamente. Nenhum rei ou parlamento tem a autoridade absoluta nem mesmo sobre o mais inferior súdito do império britânico. Esta convicção fundamental cristã nos dá uma base para a resistência à autoridade terrena quando esta autoridade for injusta, e é por isso que a grande lista de pessoas que deram as suas vidas para defender a liberdade apresenta predominantemente cristãos.

Os tiranos admitem isto muito bem, o que explica por que o governo chinês persegue os cristãos religiosos tão violentamente, aprisionando pastores, queimando igrejas, proibindo reuniões. Não é simplesmente porque os comunistas são ateus e querem acabar com a religião; é que eles não podem tolerar ninguém que adore um Rei que está acima dos reis deste mundo. Pois esta obediência ao superior dá uma base para exigir liberdade e direitos por parte do rei terreno.[49]

O Estado de direito, a promoção do bem público e a defesa da liberdade — estes são os princípios que devemos aprender para demonstrar uma visão cristã da política, engajando-nos na "apologética do quintal" durante o churrasco com os amigos. Mas embora as nossas crenças derivem basicamente das Escrituras, em uma sociedade pluralista nós também devemos traduzi-las em termos que os não cristãos consigam entender. Por exemplo, quando trabalhamos para mudar as leis do aborto, não devemos apenas apelar para a revelação divina, mas também destacar que o dever mais fundamental do governo é o de defender os que não têm quem os defenda. Quando nos opomos à legalização do suicídio assistido e a eugenia, podemos observar que o próprio objetivo do governo é evitar o uso privado da força letal. (O governo exerce o poder da espada precisamente para que os indivíduos *não* o façam.) Precisamos lançar argumentos públicos e persuasivos que apelem à razão e à evidência.[50]

Participação Responsável

Também devemos provar a nossa visão pelo modo como vivemos. Outros verão mais claramente a verdade em que acreditamos se demonstrarmos as nossas convicções como cidadãos responsáveis em nossas comunidades.

Em primeiro lugar, os cristãos devem ser bons cidadãos. O requisito mais elementar de qualquer sociedade é que os cidadãos se comportem com responsabilidade, obedeçam à lei e executem os seus deveres cívicos. Os cristãos devem ser os melhores cidadãos, como disse Agostinho, porque nós fazemos, por amor a Deus, o que os outros fazem somente porque são forçados pela lei. Isto significa que nós votamos, pagamos impostos, cuidamos do nosso bairro e vivemos em paz com os outros. Nós honramos os nossos líderes e magistrados civis, e lhes obedecemos e oramos por aqueles que têm autoridade. Também podemos apoiar grupos que visem a proteger a liberdade religiosa.[51]

Em segundo lugar, os cristãos devem realizar o seu dever civil em cada etapa da vida. Quando Alexis de Tocqueville veio a este país no começo do século XIX, ficou maravilhado com a maneira como os cidadãos ajudavam os seus vizinhos, organizando todo tipo de associação voluntária para satisfazer as necessidades sociais e realizar projetos para o bem comum. Ele comentou que não conhecia dez homens em toda a França que fizessem o que o americano comum fazia todos os dias como uma coisa natural.[52] A maioria das associações que tanto impressionaram o estadista francês foram fundadas e eram administradas por cristãos, seguindo o mandamento de amar o nosso próximo.

A mesma coisa ainda é verdadeira hoje. As pessoas podem não dar importância às faixas de "Jesus Salva" sobre a porta dos abrigos missionários e restaurantes que servem sopa, mas não podem negar que estes lugares estão distribuindo misericórdia e compaixão aos destituídos. Visite nossas cidades do interior, e você irá descobrir que o Exército da Salvação, as missões evangelísticas e as instituições de caridade cristãs fornecem a grande maioria de serviços de ajuda privados. Em áreas atingidas pela pobreza, organizações voluntárias como Habitat for Humanity estão construindo casas e fornecendo outros tipos de ajuda para os pobres. Através do ministério Prison Fellowship, milhares de voluntários ministram aos discriminados pela sociedade — aqueles que estão atrás das grades. E através do ministério Prison Fellowship's Project Angel Tree, centenas de milhares de pessoas compram presentes e os entregam aos filhos dos internos todos os Natais.

O simples fato de realizar o nosso dever dentro da nossa própria esfera de influência pode produzir resultados surpreendentes. No início de 1998, Barbara Vogel falou à sua classe de quarta série na Highline Community School em Aurora, Colorado, a respeito da guerra civil no Sudão, onde os cristãos do sul estavam sendo derrotados pelos traficantes de escravos muçulmanos, e vendidos como escravos para o norte. As crianças começaram a chorar: "Nós pensávamos que a escravidão já não existia mais", disseram.

As crianças decidiram fazer alguma coisa a respeito. Elas formaram um grupo chamado Slavery That Oppresses People, conhecido como STOP. Elas aprenderam sobre a Christian Solidarity, uma organização que liberta escravos — literalmente os compra de volta e os devolve às suas famílias. Embora muitos dos alunos morassem em casas populares, eles economizaram as suas mesadas e venderam limonada, camisetas e brinquedos velhos. Dentro de pouco tempo eles tinham dinheiro suficiente para libertar cento e cinqüenta escravos!

Mas os alunos não pararam por aí. Eles lançaram uma campanha de cartas, escrevendo e enviando mil e quinhentas cartas para os jornais e órgãos públicos. A história se espalhou. Um homem sem teto que morava em seu carro enviou os seus últimos 100 dólares. Um grupo de crianças deficientes levantou fundos através da venda de bolos. Um motorista de caminhão contou às pessoas de todo o país sobre as crianças, e angariou fundos. Dentro de nove meses, mais de cinqüenta mil dólares em doações tinham sido levantados, e mais de cinco mil escravos puderam ser libertados.

O Congresso dos Estados Unidos reconheceu os garotos de Barbara Vogel como os "Pequenos Abolicionistas" da América e colocou uma bandeira no Capitólio em sua honra. "Como uma professora de escola pública, eu não posso dizer [na classe] que Cristo é a pessoa mais importante da minha vida", diz Vogel, "mas isto não quer dizer que eu não possa ser um modelo da minha fé".[53]

Quando nos engajamos nos assuntos públicos, estamos dando um eloqüente testemunho de fé. E nesse processo, estamos fortalecendo o autogoverno e limitando o Estado, pois quando as estruturas intermediárias estão vibrantes, o governo encontra menos oportunidades para tornar-se um intruso.

Em terceiro lugar, os cristãos devem estar engajados diretamente na política. Como já observamos, isto começa com o voto; além disso, inclui unir-se a grupos cívicos e organizações políticas, e talvez até concorrer para algum cargo público. Quando fizermos isto, deveremos estar vigilantes para manter as nossas prioridades em ordem, não comprometendo o nosso compromisso com Cristo nem colocando em primeiro lugar os compromissos partidários. As organizações cristãs ativas na política devem definir objetivos definitivamente cristãos e não comprometer a fidelidade com a Bíblia, nunca se permitindo estar envolvidas nos problemas de nenhum partido político. Esta é uma estrada estreita, mas isto pode ser feito.

Um bom exemplo é o Justice Fellowship (JF), o braço da política pública do ministério Prison Fellowship, que organiza forças tarefa para trabalhar em prol de reformas do sistema judiciário criminal baseadas na Bíblia. A visão da JF segue o esquema de uma visão cristã. Com base na *criação*, ela diz que como existe um Deus santo, existe um padrão transcendental de justiça; portanto, para ser qualificada como justa, qualquer lei humana deve estar baseada na justiça divina. É por isto que a JF trabalha para defender a liberdade religiosa e proteger os princípios transcendentais expressos na lei. Com base na *queda*, ela diz que como somos seres moralmente responsáveis, a justiça deve referir-se à nossa consciência. Precisamos definir o crime como um problema moral, que requer uma solução moral e espiritual. É por isso que o ministério Prison Fellowship vai atrás das grades para manter estudos bíblicos e outros programas baseados na fé. Com base na *redenção*, ela diz que os criminosos são chamados para se arrependerem dos seus crimes, e, até onde possível, para restaurar o que eles danificaram. A sociedade, por sua vez, é chamada para restaurar tanto o criminoso como a sua vítima na comunidade. E como podemos restaurar a ordem civil que foi danificada pelo crime? A JF defende o que é conhecido como *justiça restauradora*, que inclui princípios tais como a promoção dos direitos da vítima no processo legal, o incentivo aos criminosos para que se reconciliem com as suas vítimas e a exigência de que os criminosos trabalhem e paguem restituição às suas vítimas. O objetivo da justiça restauradora é reparar a ordem moral e social na qual Deus nos chamou para viver. A agenda da JF freqüentemente cruza as fronteiras dos partidos políticos, e a organização tem tido um admirável sucesso sem comprometer os princípios bíblicos.

Os cristãos também podem e devem procurar os cargos políticos — e a melhor estratégia é livrar-se dos estereótipos comuns. Eu conheço inúmeros homens e mulheres que fazem isto muito bem tanto no nível estadual quanto no nacional. Por exemplo, Mark Earley é um antigo missionário, um evangélico que, como um senador estadual da Virgínia, não abriu mão de assuntos morais, e ainda assim ganhou respeito pelo seu cuidadoso trabalho em outros assuntos. Quando ele anunciou que iria se candidatar a procurador federal do Estado em 1997, os fofoqueiros na vizinha Washington D.C. predisseram que os eleitores iriam se voltar contra este "fanático religioso". Mas Earley conduziu uma campanha forte em relação aos assuntos morais, e ele não apenas venceu, mas também venceu com a maior margem de votos de qualquer republicano na história do Estado.

Em quarto lugar, a igreja deve agir como a consciência da sociedade, como um limitador contra o mau uso da autoridade do governo. Corporativamente, a igreja deve guardar zelosamente a sua independência, manter a sua voz profética afiada e resistir às ilusões do poder mundano. Ela deveria manter o governo moralmente responsável para estar à altura da sua autoridade delegada por Deus (e da mesma maneira, manter todas as demais esferas da sociedade responsáveis para cumprir as funções ordenadas a elas por Deus).

Isto não quer dizer que os cristãos devem ir por aí "impondo" as suas crenças sobre uma população que não está disposta. Sempre que a igreja fala sobre os assuntos públicos, alguns secularistas falam que o que os cristãos realmente querem é uma teocracia, onde eles estejam no poder. Isto não é verdade. Historicamente, foram os cristãos quem primeiro formularam o princípio da separação entre a Igreja e o Estado, iniciando com a distinção de Agostinho entre a Cidade de Deus e a Cidade do Homem. Os cristãos reconhecem que Deus ordenou o governo como uma instituição separada com os seus próprios objetivos. O governo é uma função civil, não uma função da igreja. É por isso que os cristãos sempre têm sido os defensores mais leais da liberdade religiosa — para todas as crenças. É preciso somente comparar a forma de governo ocidental, historicamente formada pelo cristianismo, como, por exemplo, a forma de governo islâmica, que não reconhece distinção entre a Igreja e o Estado, e que freqüentemente oprime sem misericórdia e persegue as minorias religiosas.[54]

Ao falar sobre o Estado, precisamos fazê-lo não somente com base no poder, como os interesses especiais, mas com base nos princípios. Esta é uma distinção crucial, mas é o que os políticos e jornalistas seculares freqüentemente deixam de ver. Por exemplo, no início de 1998, James Dobson, da Focus on the Family encontrou-se com os líderes republicanos do congresso em Washington para confrontá-los por fracassarem na promoção dos assuntos sociais que eles tinham prometido apoiar. Para Dobson, este era um problema de princípios — e muito válido. Mas os jornalistas interpretaram o ato de Dobson como um jogo de poder, advertindo em tom apocalíptico que os conservadores religiosos estavam "marchando sobre Washington" e exigindo os seus direitos. Os artigos dos jornais descreviam os cristãos como um bloco eleitor poderoso que tinha contribuído com 45% dos votos na varredura republicana do congresso em 1994, e advertiam que agora eles queriam "o seu lugar na mesa". Os cristãos foram retratados nos mesmos termos que aqueles que se aplicavam a um sindicato trabalhista, ou qualquer outro grupo que possui interesses especiais.[55]

Naturalmente, temos o direito de ter um lugar na mesa, assim como qualquer cidadão. E, sim, nós temos influência política, mas somente porque milhões de americanos compartilham as nossas preocupações morais. Mas estes fatos não são a base da nossa postura política. Nós lutamos por determinadas verdades na arena política porque elas são cruciais para a liberdade e a justiça pública — e iríamos fazer isso, com 45% dos votos, ou com 5%.

A nossa mensagem não é: "Nós colocamos você no cargo, agora dê-nos a nossa recompensa". Ao contrário, estamos dizendo: "Isto deve ser feito porque é o correto, porque é um princípio que move qualquer sociedade civil bem ordenada, e porque é uma obrigação apropriada do Estado, conforme ordenado por Deus".

RESUMO

Tudo isto pode ser resumido dizendo que deveríamos exibir o melhor do patriotismo cristão, sempre amando a nossa pátria e sempre levantando o padrão da justiça divina. Os Estados Unidos, com os seus defeitos e fracassos, continua sendo a melhor esperança da história para alcançar a liberdade moralmente ordenada. Ainda é o grande farol de esperança para as nações emergentes que testemunham as notáveis bênçãos trazidas pela liberdade religiosa, política e econômica. Mas para que isto continue assim, devemos permanecer a postos, "os bons cidadãos do rei, mas do Senhor em primeiro lugar", como disse Thomas Moore quando se dirigia à sua execução por ter se oposto a Henrique VIII.[56] Precisamos estar sempre prontos para mostrar aos nossos companheiros cidadãos a maneira de restaurar a verdade e a autoridade moral à lei e à política americanas.

E precisamos começar voltando à fundação da visão de mundo cristã — o princípio da criação. Pois como vimos, foi a rejeição da idéia da criação que levou à perda do conceito de uma lei eterna superior à lei. E isto, por sua vez, foi o resultado de uma nova visão da ciência que atacou diretamente a própria definição do conhecimento.

PARTE 4

QUESTÕES PARA DEBATE

CAPÍTULO 9

1. Em Gênesis 2, está indicado que o trabalho, por si mesmo bom e valioso, foi desfigurado pela Queda (Gênesis 3). Rapidamente imagine as vantagens e desvantagens do trabalho. (Para esta pergunta, defina o trabalho como incluindo tarefas que não ofereçam compensação financeira.) Faça uma observação mental: Aqui, no início desSte debate, para você, pessoalmente, os aspectos negativos do trabalho superam os positivos, ou vice-versa?

2. Observando os versículos da Escrituras citados na seção "Princípios Econômicos", discuta o objetivo positivo ou os efeitos positivos destes princípios econômicos das Escrituras:

   Propriedade privada

   Riqueza

   Administração

   Justiça econômica

   Responsabilidade econômica

   Dignidade humana

3. Sinceramente, você acha que o trabalho "secular" está em igualdade com o trabalho que é basicamente chamado de "ministério"? O que influencia os seus sentimentos, de uma maneira ou de outra? Você vê uma base bíblica para os seus sentimentos?

4. Ajudem-se uns aos outros a identificar os "fins produtivos" do tempo e das capacidades do seu trabalho. Se vocês não puderem identificar nenhum fim produtivo, imaginem opções: Quais são os passos, grandes e pequenos, que vocês poderiam dar (em profissão, atitude ou lugar) para obter resultados mais "cristãos"?

5. Se o interesse próprio substitui o princípio bíblico como a estrutura da ética do trabalho, quais são os problemas que podem ser esperados?

6. Que evidência você vê no comentário de Robert Schrank de que "o ambiente de trabalho realiza o papel da comunidade"? Você acha que esta é uma tendência positiva ou negativa? Que papel a igreja tem, ou pode ter, para satisfazer esta necessidade na comunidade?

7. O que a sua igreja pode fazer para preparar os seus jovens para entrar no mercado de trabalho, tendo uma visão bíblica do trabalho como seu objetivo?

8. De que maneiras o seu grupo ou a sua igreja pode ajudar as pessoas (sejam empregadores, empregados, desempregados, donas de casa ou aposentados) a terem uma visão redentora do trabalho e da administração econômica?

9. Como a sua visão do seu próprio trabalho modificou-se como um resultado deste estudo?

CAPÍTULO 10

10. Com base em que Martin Luther king Jr. desobedeceu à lei em Birmingham? Com base em que você concorda ou discorda do raciocínio de King? E dos seus atos?

11. De que maneiras o sistema americano de governo e lei, conforme projetado pelos fundadores, reflete princípios bíblicos?

12. Como a rejeição da idéia da criação levou à perda do conceito de uma lei eterna sobre a lei?

13. Dê exemplos de como você já está sofrendo as quatro conseqüências da perda da autoridade moral.

14. Resuma o que você aprendeu neste capítulo sobre os três "princípios que devemos aprender para demonstrar uma visão cristã da política":

    O Estado de direito

    A promoção do bem público

    A defesa da liberdade

15. Em sua comunidade, com os seus pontos fortes e as suas fraquezas, o que significa, para você, participar com responsabilidade da vida pública:

Ser um bom cidadão?

Executar o seu dever cívico?

Engajar-se em uma atividade política?

Participar com a igreja do seu papel como a consciência da sociedade e na promoção de limites contra o mau uso da autoridade do governo?

16. Imaginem que vocês estão se candidatando a um cargo público. Em grupo, criem uma lista de orientações para a tomada de decisões para uso naquele cargo.

ENCENAÇÃO

Veja as instruções para encenações, no final da parte 1.

INÍCIO DE CONVERSA

a. Imagine que um jovem admite ter um único objetivo na vida: "Muito dinheiro. Isso é tudo o que eu quero, somente dinheiro para poder comprar tudo o que eu quiser".

b. Imagine que um vizinho diga: "Deveria haver uma lei contra as crianças que são insolentes com os seus professores (ou pais)". Como você transformaria esta observação repentina em uma conversa sobre o papel da lei, o bem público e a perda dos limites voluntários? (Nós já "fomos 'libertos' das antigas regras da cortesia e da moralidade somente para estar presos pelas novas regras impostas pela lei"?)

c. Imagine que um vizinho diga: "Os políticos são todos desonestos. Estaríamos melhor sem eles".

d. Imagine que alguém diga: "Eu não me importo com o que diz a lei; vou dirigir do lado errado da estrada. Eu tenho esse direito".

RESUMO FINAL

Do que você deseja se lembrar, daquilo que leu (ou ouviu, ou fez) nesta parte?

Considere a possibilidade de partilhar isto com o grupo.

PARTE 5

A CIÊNCIA E AS ARTES

O materialismo nos deu uma teoria que explicou tudo em todo o universo, mas que tornou impossível acreditar que o nosso pensamento era válido.

C. S. LEWIS

CAPÍTULO 11

A BASE DA VERDADEIRA CIÊNCIA

Enquanto você lê o capítulo 11, tenha em mente as seguintes questões:

- Quais são as contradições básicas do naturalismo científico?
- Quais elementos da visão cristã fornecem os fundamentos da ciência moderna?
- De que maneiras devemos reagir aos proponentes da filosofia do naturalismo científico?

O título de um livro recente, *Darwin's Dangerous Idea*, poderia facilmente enganar uma pessoa inocente que está olhando os títulos em uma livraria. Poderíamos esperar que o autor, o professor Daniel Dennett, da Universidade Tufts, deseja advertir os leitores quanto aos perigos do darwinismo. Mas, na realidade, Dennett espera persuadir os leitores a *adotar* as "perigosas" implicações da teoria de Darwin. Ele argumenta que o darwinismo, corretamente interpretado, é um "ácido universal" que dissolve todas as crenças tradicionais, morais, metafísicas e religiosas. Pois se os seres humanos evoluíram por causas materiais e sem objetivos, então não há base para acreditar em um Deus que nos criou e revelou verdades morais. Dennett chega a sugerir que as igrejas tradicionais e os rituais sejam relegados aos "zoológicos culturais" para a diversão dos visitantes.[1]

O livro é um dos mais coloridos exemplos de uma tática comum — o uso da ciência como uma arma para atingir a fé religiosa. A suposição padrão é a de que a ciência constitui um conhecimento objetivo, ao passo que a religião é uma expressão de uma necessidade subjetiva. Portanto, a religião deve acomodar as suas reivindicações sobre o mundo ao que a ciência decretar. Desta maneira, a ciência é elevada a uma filosofia abrangente — com freqüência chamada *linguagem científica* ou *naturalismo científico* — que supõe que as únicas coisas reais são aquelas que podem ser conhecidas e medidas pela experiência e pela observação. Todo o resto é irreal, um produto da fantasia subjetiva, inclusive coisas como o amor e a beleza, o bem e o mal, Deus e a consciência.

David Hune, um filósofo escocês do século XVIII e crítico do cristianismo, expôs o programa real da linguagem científica em prosa dramática. Ele recomendou que as prateleiras das bibliotecas fossem limpas de qualquer livro que tratasse de religião, ética, metafísica — qualquer coisa que não pudesse ser reduzida a fatos empíricos. Veja este livro em sua mão. Ele (Hume) perguntaria: Este livro contém raciocínio baseado em matemática? Contém raciocínio baseado em fatos e experiências? Se a resposta for não, então "entregue-o às chamas". Se algum livro não tratar de matemática ou de fatos empíricos — ou seja, da ciência — então "ele não pode conter nada além de sofismas e ilusão".[2]

Como Hume, muitos intelectuais da atualidade supõem que a ciência é a origem de todo o conhecimento genuíno. Esteja ela sob a bandeira da linguagem científica, do positivismo, do materialismo ou do naturalismo, esta é a visão dominante da cultura ocidental. A ciência, que originalmente significava simplesmente o estudo do mundo natural, foi confundida com o naturalismo científico, a filosofia de que o mundo natural é tudo o que existe. Já em 1922, G. K. Chesterton advertiu que a linguagem científica se tornou um "credo" que assumiu as nossas instituições, um "sistema de pensamento que começou com a evolução e terminou na eugenia".[3] E em 1955, um educador advertiu que embora as escolas públicas da América sejam ostensivamente neutras, elas estão "propagando uma fé dogmática particular, ou seja, o naturalismo científico".[4]

Esta "fé dogmática" procura agrupar agressivamente todo o resto em categorias naturalistas. Até mesmo os seres humanos são reduzidos a "objetos" ou "coisas" que podem ser inspecionadas, experimentadas e finalmente controladas. O filósofo Arthur Koestler denunciou isto como sendo a "falácia ratomórfica", argumentando que ela trata os seres humanos como se fossem uma espécie de rato de laboratório.[5] De maneira similar, o grande defensor do cristianismo, C. S. Lewis, advertiu que a ascensão do naturalismo científico levaria à "abolição do homem", pois ele nega a realidade daquelas coisas centrais à nossa humanidade: o nosso senso de certo e errado, de propósito, de beleza e de Deus.

E se nós negarmos as coisas que nos fazem verdadeiramente humanos, então iremos criar uma cultura que é, por definição, *não humana*. Se tratarmos a moralidade como um sentimento subjetivo, então os ideais morais serão relegados ao campo privado, e o campo público estará privado de toda a moralidade. Se negarmos a realidade das virtudes que nos fazem superiores aos animais, então aquelas virtudes irão enfraquecer, reduzindo-nos ao mesmo nível dos animais. Assim, embora a ciência tenha criado avanços tecnológicos que fazem a nossa vida mais fácil e mais saudável, quando a ciência é confundida com a filosofia do naturalismo científico, ela destrói as mesmas coisas que fazem a vida digna de ser vivida. Nós ganhamos o controle sobre o mundo natural às custas das nossas próprias almas.

Lewis previu esta dificuldade claramente. "Para os homens sábios do passado", escreveu ele, "o problema principal tinha sido como adequar a alma à realidade, e a solução tinha sido o conhecimento, a autodisciplina e a virtude". O objetivo da vida foi definido em termos do crescimento da alma, e havia um padrão moral duradouro ao qual se adequar. Mas para a mentalidade técnica contemporânea, "o problema é como domesticar a realidade de acordo com os desejos dos homens: a solução é uma técnica". Esta mentalidade não reconhece nenhum padrão permanente, de modo que não há nada que detenha o desejo humano para o controle e a dominação.[6]

Assista a um bom entrevistador de televisão interagindo com os cientistas de hoje, e rapidamente você perceberá que o subjetivismo ético privou muitos cientistas da capacidade de avaliar as implicações até mesmo do seu próprio trabalho. A sua compreensão ética não acompanhou as suas brilhantes descobertas. Como resultado, a ciência e a tecnologia cambaleiam sem uma orientação moral clara, criando aparelhos mais sofisticados, mas também criando confusão quanto aos propósitos, objetivos ou valores a que elas deveriam servir.[7]

Mas apesar destas fraquezas agourentas, não é uma tarefa simples desalojar o naturalismo científico da sua posição de dominância intelectual, pois ele investiu os cientistas com um enorme poder. Se a ciência é a única fonte de conhecimento, então a sua própria disciplina supera todas as demais, e somente eles falam livremente com autoridade para a cultura. Portanto, se queremos nos posicionar contra os ataques à fé cristã feitos em nome da ciência, a nossa primeira meta não deve ser nenhuma teoria específica, como a evolução darwiniana, mas sim a filosofia inerente ao naturalismo científico.

CONTRADIÇÕES BÁSICAS

Os cristãos devem argumentar que o naturalismo científico é incoerente e se contradiz, pois os cientistas devem isentar a si mesmos da mesma estrutura que eles prescrevem a todos os demais. Todos os seres humanos são reduzidos a mecanismos que operam por causas naturais — *exceto* os mesmos cientistas. Por quê? Porque para realizar os seus experimentos, eles devem supor que *eles*, pelo menos, são capazes de transcender a rede de causas materiais, capazes de ter um pensamento racional, de ter uma deliberação livre, de formular teorias, de reconhecer a verdade objetiva. Eles mesmos devem formar a única exceção evidente da sua própria teoria. Esta é a autocontradição fatal do naturalismo.

Lewis ressaltou outra contradição que é igualmente devastadora. O naturalismo supõe que tudo o que existe pode ser explicado em termos de forças naturais. Mas esta suposição, por si só, não pode ser o resultado de forças naturais, ou ela não se qualificaria como uma reivindicação de verdade legítima. Se uma idéia é simplesmente o produto de partículas que se chocam em nossos cérebros, então nem é falsa nem verdadeira, mas meramente um fenômeno natural. Se, por exemplo, um homem nos diz que o seu quarto está pegando fogo, mas nós sabemos que ele digeriu uma droga alucinógena, então provavelmente não iremos chamar os bombeiros. Se acharmos que uma idéia é o resultado de causas físicas, químicas no cérebro, então nós a descartamos e nem mesmo lhe damos crédito como um pensamento racional.

Agora, o naturalismo científico precisa da conclusão de que *todas* as idéias são produtos de causas naturais no cérebro — *incluindo a idéia do próprio naturalismo científico*. Assim, se é verdade, então não é um pensamento racional, e deveria ser descartado. "Toda teoria do universo que faz a mente humana um resultado de causas irracionais é inadmissível", escreveu Lewis. Pois "para pensar, nós precisamos reivindicar para o nosso raciocínio uma validação que não é digna de crédito se o nosso próprio pensamento for meramente uma função do nosso cérebro, e o nosso cérebro um sub produto de processos físicos irracionais".[8]

A tarefa dos cristãos, então, é clara: *expor as falhas do naturalismo científico, que investiu a ciência de uma autoridade intelectual suprema.* Precisamos fazer isto não porque somos contra a ciência, mas porque queremos devolver a ciência ao seu papel adequado, como um meio de investigar o mundo de Deus e aliviar o sofrimento. E os cristãos são aqueles que devem mostrar o caminho porque a idéia original da ciência foi desenvolvida no contexto da visão bíblica, e somente nesse contexto ela pode funcionar adequadamente. Na verdade, por mais surpreendente que isso possa parecer a algumas pessoas, sem o cristianismo não haveria ciência.

A NATUREZA DA NATUREZA

O método de investigação que agora conhecemos como ciência moderna surgiu pela primeira vez na Europa cristianizada, uma cultura apoiada na fé bíblica, e a maioria das figuras-chave da revolução científica se compunha de cristãos, que trabalhavam em uma base de fé. Na verdade, os historiadores contemporâneos das ciências, tanto os cristãos quanto os não-cristãos, concordam que o cristianismo forneceu as atitudes básicas e as suposições intelectuais que tornaram possível a ciência moderna em primeiro lugar.[9] Consideremos alguns dos mais importantes elementos na visão cristã, contrastando-os com visões alternativas:

O mundo físico é real, e não uma ilusão. A maioria das culturas orientais adota o panteísmo, que ensina que o mundo físico é uma ilusão (maya). Mas a Bíblia ensina que Deus criou o mundo material; ele é real e pode ser conhecido. Esta suposição levou os pensadores ocidentais a valorizar o mundo físico e a considerá-lo digno de estudo.

A natureza é boa, mas não divina. Muitas culturas pagãs se apegam ao *animismo*, que ensina que o mundo é a residência do divino ou uma emanação da essência de Deus. Conseqüentemente, elas acreditam que a natureza está viva com deuses do sol, deusas dos rios e divindades dos astros. Esta crença antiga está sendo revivida na nossa época. Por exemplo, no filme *Pocahontas*, da Disney, a jovem índia repreende o homem branco por pensar que a terra "é apenas uma coisa morta", dizendo-lhe que "toda rocha, árvore e criatura tem uma vida, tem um espírito, tem um nome". Esta é uma expressão assustadoramente clara do animismo.[10]

Mas Gênesis 1 está em um contraste agudo com tudo isto. Ali se ensina que a natureza não é divina, é sim que é a criação de Deus. O sol e a lua não são deuses, mas astros colocados no céu para servir aos objetivos de Deus. Os historiadores descrevem o efeito desta doutrina como a "desdivinização" da natureza, e foi uma pré-condição crucial para a ciência. Quando a natureza comandava a adoração religiosa, então perscrutar muito de perto os seus segredos era julgado uma irreverência. Ao "desdivinizar" a natureza, o cristianismo transformou-a, de um objeto de medo e de adoração, em um possível objeto de estudo científico.

A natureza é ordenada e previsível. Outra contribuição exclusiva do cristianismo foi a idéia das leis da natureza. Nenhuma outra religião ou cultura, oriental ou ocidental, usou a palavra *lei* em relação à natureza. Na verdade, antes dos tempos modernos, a maioria das pessoas considerava a natureza como misteriosa, perigosa e caótica.

Como resultado, observa o historiador Carl Becker, a idéia da lei natural não surgiu da experiência normal, mas somente do ensino bíblico de que Deus é ao mesmo tempo o Criador e o Legislador.[11] Os primeiros cientistas tinham que supor pela *fé* que a natureza foi ordenada, muito tempo antes que tivessem descoberto suficientes evidências científicas para provar isso.

Os humanos podem descobrir a ordem da natureza. Além disso, os primeiros cientistas tinham que supor, pela fé, que a ordem na natureza pode ser descoberta pela mente humana — uma convicção baseada no ensino bíblico de que nós somos criados à imagem de Deus. Mais uma vez, uma comparação entre as culturas nos mostra como esta convicção é exclusiva. Os antigos chineses acreditavam em algum tipo de ordem na natureza, mas eles o concebiam como uma necessidade inerente, inescrutável à mente humana. É por isso que os chineses, apesar das suas grandes conquistas tecnológicas, nunca desenvolveram a ciência como um empreendimento autocorretivo e experimental (como nós o conhecemos). Em contraste, o ensino bíblico da imagem de Deus é suposto como significando que a racionalidade humana reflete, de alguma maneira, a racionalidade do próprio Deus — a racionalidade pela qual Ele fez o mundo. Portanto, nós podemos "pensar os pensamentos de Deus depois dEle" (para usar uma expressão popular dos primeiros cientistas) e descobrir a ordem que Ele colocou na criação.

Precisamos experimentar. Mas *como* "pensamos" os pensamentos de Deus? A resposta a esta pergunta era crucial para a ciência. Os antigos gregos tinham definido a ciência como uma intuição na estrutura racional inerente às coisas, que implica que o mundo é da maneira como é porque isto é racionalmente necessário. Portanto, o verdadeiro conhecimento do mundo é obtido basicamente pela análise lógica.

Mas já perto do fim da Idade Média, emergiu uma forma de teologia cristã conhecida como *voluntarismo*, que ensinava que a ordem racional não é alguma coisa inerente *na* natureza, mas é imposta *sobre* a natureza pela vontade e desígnios de Deus. O voluntarismo ajudou a inspirar a metodologia experimental na ciência, pois se o mundo não estiver estruturado pela necessidade racional, mas for uma criação da escolha livre de Deus, então não poderemos obter o conhecimento se ficarmos sentados em uma torre de marfim conduzindo análises lógicas, como os gregos tinham ensinado. Em lugar disso, precisamos sair e ver o que Deus fez na verdade. Nós devemos observar e experimentar.

Muitos dos primeiros cientistas descobriram uma conexão explícita entre a teologia do voluntarismo e o método científico. Por exemplo, Roger Cotes, um amigo de Isaac Newton, escreveu que o mundo surgiu da "vontade perfeitamente livre de Deus", e "portanto" nós precisamos investigar o mundo por "observações e experimentos".[12]

Galileu apresentou argumentos similares e deu um exemplo memorável do que eles significavam. Quando ele quis descobrir se um peso de 5 quilos caía ao chão mais rápido que um peso de meio quilo, não fez perguntas filosóficas (em sua época, ele era muito criticado por não cogitar sobre a "natureza do peso"). Ao invés disso, ele soltou os dois pesos da Torre inclinada de Pisa e observou o que aconteceu.

A ordem da natureza é matematicamente precisa. A ciência moderna depende da idéia de que a ordem na natureza é precisa e pode ser expressa em fórmulas matemáticas. Esta também foi uma contribuição do cristianismo. Em todas as outras religiões, a criação do mundo começa com algum material pré-existente, que os deuses não podem controlar completamente. Por exemplo, no ocidente, os gregos acreditavam que a matéria existia na eternidade e que era capaz de resistir à ordem racional imposta pelo criador (que era uma divindade inferior — um demiurgo). Como resultado, os gregos esperavam descobrir uma certa falta de precisão na natureza, uma falta de precisão nos cantos, anomalias e irregularidades freqüentes.

Por sua vez, a Bíblia ensina que somente Deus é eterno, que não existe nenhuma "matéria" pré-existente que esteja além do seu controle ou que seja capaz de resistir a Ele. O mundo nasce completamente da mão de Deus (a criação *ex nihilo*, a partir do nada) e está completamente sob o seu comando. Como resultado, os cristãos esperavam que a ordem na natureza fosse precisamente o que Deus queria que ela fosse — matematicamente precisa.

Por exemplo, quando Copérnico propôs que os planetas se movem ao redor do sol e não da terra, na verdade ele não tinha nenhuma evidência empírica desta nova hipótese. Antes da invenção dos telescópios, as observações dos planetas se adequavam tanto a um sistema centrado na terra quanto a um sistema centrado no sol. O único fator que favorecia um sistema centrado no sol era porque ele era matematicamente mais simples; ele não exigia tantos ajustes nas equações. E como Copérnico estava convencido de que Deus tinha criado o mundo matematicamente preciso, a obtenção de fórmulas melhores era boa o suficiente para ele. Naturalmente, quando os telescópios foram inventados, aconteceu que Copérnico tinha razão. Ao ficar no limiar da revolução científica, Copérnico foi inspirado não pelos fatos científicos disponíveis a ele, mas pela sua fé cristã.

A mesma fé inspirou Johannes Kepler, o homem famoso por descobrir que as órbitas dos planetas não são círculos, como as pessoas pensavam na época, mas sim elipses. Kepler observou uma ligeira incoerência entre os cálculos matemáticos da órbita de Marte e as observações reais da órbita. A diferença era tão pequena que os outros cientistas a ignoraram, mas Kepler estava convencido de que tudo na criação é precisamente da maneira como Deus queria que fosse. Se Deus queria que as órbitas fossem circulares, elas teriam sido *exatamente* circulares; uma vez que não o são, então elas deveriam ser *exatamente* alguma outra coisa. Kepler lutou durante anos para ajustar as equações às observações até que finalmente descobriu que as órbitas são elipses. Durante aqueles anos difíceis, foi a sua fé cristã que o impulsionou — a sua convicção de que o Deus bíblico tem controle total sobre a matéria e, portanto, ela será matematicamente precisa.[13]

"A possibilidade de uma matemática aplicada", escreve o historiador R. G. Collingwood, "é uma expressão, em termos da ciência natural, da fé cristã de que a natureza é a criação de um Deus onipotente".[14]

A CIÊNCIA COMO APOLOGÉTICA

Nós ouvimos, por todos os lados, que a ciência desaprovou o cristianismo, mas hoje em dia a evidência histórica nos dá uma resposta clara: ao contrário, foi o cristianismo que possibilitou a ciência. Ao invés de nos sentirmos intimidados por ataques feitos em nome da ciência, podemos mostrar que a própria existência do método científico, e tudo o que ele alcançou, é um grande argumento de defesa da verdade do cristianismo.

Historicamente, muitos cristãos fizeram exatamente isso. Isaac Newton, com freqüência considerado o maior dos primeiros cientistas, era um cristão devoto, cuja procura pela ciência era fortemente motivada pelo seu desejo de defender a fé.[15] Ele acreditava de modo convicto que o estudo científico do mundo precisaria levar diretamente ao Deus que criou aquele mundo. A ciência nos mostra "qual é a primeira causa, qual poder Ele tem sobre nós e quais benefícios nós recebemos dEle", escreveu Newton, para que "o nosso dever em relação a Ele, assim como em relação aos outros, apareça em nós pela luz da natureza". E por que a ciência nos mostra tudo isso? Porque o assunto da ciência é "deduzir as causas a partir dos efeitos, até que cheguemos à primeira causa, que certamente não é mecânica". Em outras palavras, o mundo pode operar por causas mecânicas, mas quando procuramos as suas origens, deduzimos que a primeira causa deve ser um Ser inteligente e racional.[16]

"Este maravilhoso sistema de sol, planetas e cometas somente poderia vir da deliberação e do domínio de um Ser inteligente e poderoso", escreveu Newton[17]. Pouco admira que o seu amigo Roger Cotes proclamasse que a obra de Newton seria "a proteção mais segura contra os ataques dos ateus, e certamente o lugar mais seguro de onde alguém poderá lançar mísseis contra o grupo de homens sem Deus".[18] Esta é precisamente a abordagem que precisamos recuperar hoje.

Os livros escolares padrão ainda tratam a ascensão da ciência como a causa do abandono da religião, o que coloca os cristãos jovens na defensiva na sala de aula. Este estereótipo é o legado dos primeiros historiadores modernos, tais como Voltaire e Gibbon, que eram racionalistas do Iluminismo, ansiosos para desacreditar o cristianismo. Como resultado, eles compuseram histórias da civilização ocidental que mostravam a religião como um inimigo da ciência e do progresso.[19] Isto está agora tão completamente enraizado na sabedoria convencional que até mesmo os cristãos que não são cientistas treinados devem estar cientes dos argumentos deste capítulo, aprender a ver através dos estereótipos e ser capazes de defender a nossa fé.

Confesso que embora tenha conseguido honras acadêmicas razoáveis na faculdade, eu quase não fui aprovado em Física, portanto não posso me considerar um especialista em Física (embora Nancy tenha escrito um extenso material sobre o assunto). Mas consigo acompanhar o raciocínio dos apologéticos científicos, e suponho que a maioria dos cristãos normais também consegue. O nosso caso é forte e nos dá as ferramentas para desafiar a ortodoxia naturalista reinante e apresentar uma defesa persuasiva.

Os Cristãos Normais Falam

Muitos cristãos estão fazendo justamente isso. Considere a história de Phillip Johnson, um professor da faculdade de direito na Universidade da Califórnia, em Berkeley, uma incubadora do radicalismo dos anos 60. Durante uma licença na Inglaterra, em 1987, Johnson comprou diversos livros sobre a evolução darwiniana. Lendo-os com os seus olhos atentos de advogado, ele ficou atônito por descobrir como era falho o raciocínio, como era frágil a evidência. Ele ficou chocado por ver que o darwinismo é dominante hoje não por causa da força da evidência científica, mas porque sustenta uma visão — que rejeita Deus e retrata os humanos como moralmente autônomos. Ele percebeu que a questão do projeto de Deus *versus* o darwinismo é, no fundo, uma batalha entre visões de mundo contrastantes.

Assim, hoje, vestido com folgadas calças de lã, e espiando por óculos sem armação, Johnson quebra a sua agenda de ensino aceitando freqüentes convites para apresentar o caso do projeto de Deus em salas de conferência apinhadas com os cientistas mais ilustres do mundo. Os seus livros são líderes de venda, e ele é o orientador de um grupo de brilhantes jovens estudantes que estão estudando os detalhes científicos do argumento do projeto de Deus.[20]

Não é necessário ser um professor para assumir o caso. Em 1996, no Colorado, Danny Phillips, de quinze anos de idade, protestou sobre um vídeo apresentado na sala de aula, sobre a reprodução humana, da série *NOVA* da PBS, que começava com o devastador argumento de que a vida se originou há milhões de anos, quando "ventos poderosos reuniram ao acaso partículas da atmosfera". Danny foi falar com as autoridades da escola, argumentando que o vídeo violava uma política escolar local, que exigia que os professores apresentassem a evolução como uma teoria, e não um fato. Ele apresentou o seu argumento de maneira respeitosa e persuasiva, ressaltando que a afirmação inicial do vídeo era desnecessária e doutrinária — que ela afirmava sem nenhuma evidência que a vida na terra é o resultado de leis naturais operando puramente por acaso. Um comitê de revisão do conselho escolar concordou em deixar de usar o vídeo. Imediatamente, como abutres mergulhando para a matança, os representantes da ACLU procuraram o conselho, ameaçando processos e as autoridades da escola reverteram a sua decisão.[21]

Danny foi o único jovem aluno contra a oposição inflexível, de modo que talvez a reversão fosse previsível. Mas simplesmente levantar o assunto de maneira responsável já foi um importante ponto de partida. E a maneira como ele prosseguiu fornece um bom modelo para dirigir-se às autoridades do ensino público. Danny agiu completamente sozinho, de modo que os críticos não poderiam descartá-lo como um títere de grupos externos. Ele limitou a sua queixa a um caso claro de filosofia naturalista apresentada como um fato científico. E polidamente ofereceu para uso na sala de aula um vídeo educacional chamado *Darwinism: Science of Naturalistic Philosophy?*, que apresentava debatedores com credenciais acadêmicas impecáveis em um evento na Universidade de Stanford.[22]

Mudança no Equilíbrio

Se os cristãos de maneira inteligente levarem assuntos à sala de aula e aos meios de comunicação, usando o raciocínio e as evidências, no final nós poderemos mudar o equilíbrio. Já há sinais de que as autoridades científicas estão ficando nervosas. O jornal *The Washington Post* apresentou recentes controvérsias nas escolas em um artigo intitulado "O criacionismo promove um retorno".[23] E o que é pior, advertiu a revista *Science*, está retornando armado com "uma nova estratégia inteligente".[24] Esta nova estratégia envolve a promoção de talentos de pensamento crítico e o auxílio às pessoas para distinguir a ciência genuína da filosofia naturalista ensinada sob o disfarce de ciência — como no vídeo que revoltou Danny.

Precisamos expressar que o que está em debate não é o assunto específico da evolução *versus* o assunto específico do livro de Gênesis. Em lugar disso, em debate está a reivindicação da visão de que a vida é o produto de forças impessoais *versus* a reivindicação de que a vida foi projetada por um agente inteligente. Precisamos combater visão de mundo com visão de mundo.

Considere as afirmações dogmáticas e rigorosas feitas por livros escolares típicos: "Você é um animal, e tem a mesma herança que as minhocas".[25] "A evolução ocorre ao acaso e sem orientação... sem nenhum plano ou propósito".[26] Nossas escolas públicas deveriam ser neutras com respeito à religião, mas estas afirmações claramente não são neutras; elas são antagônicas a qualquer e a todas as religiões teístas. Elas vão além de qualquer evidência empírica (como alguém poderia provar que a evolução não tem propósito?) e, portanto, são mais filosóficas que científicas.

Lidando com as Escolas

O nosso primeiro objetivo ao lidar com as escolas, então, deve ser conseguir que os educadores separem as reivindicações filosóficas das teorias científicas. Em outras palavras, precisamos conseguir que eles deixem de tratar as afirmações filosóficas como se elas fossem ciência. A maioria dos professores é justa e reage bem se o assunto é apresentado de maneira inteligente e respeitosa.

Em segundo lugar, devemos pressionar para que o ensino da ciência seja feito honestamente. Ou seja, os educadores deveriam não apenas ensinar os exemplos que confirmam a evolução, mas também aqueles que a contradizem, as anomalias e as questões não resolvidas. Na obra *Education or Indoctrination?* o educador de ciência Norris Anderson exemplifica o quão dogmaticamente o naturalismo é apresentado nos livros escolares. Por exemplo, "Darwin deu à biologia uma base científica sólida, atribuindo a diversidade da vida a causas naturais e não à criação sobrenatural".[27] Ou ainda "hoje em dia, a evidência da evolução é esmagadora... a evolução já não mais é meramente uma teoria". O mesmo texto desfere um ataque antecipado contra críticos, denunciando-os como ignorantes: "Sempre houve aqueles que resistem ao apelo da evolução, e ocasionalmente declaram que 'Darwin estava errado', com a esperança de alguma publicidade lucrativa, normalmente revelando que eles não compreendem o darwinismo".[28]

Mas o próprio Anderson entende o darwinismo melhor do que a maioria. Quando era um escritor de livros escolares, ele ajudou a preparar a infame série da BSCS (Biological Sciences Curriculum Study), que inaugurou a abordagem dogmática do ensino da evolução. "Eu era praticamente um evangelizador da evolução", diz obliquamente Anderson. Mas ele sentiu uma reviravolta quando um colega lhe disse em particular: "Eu acredito que a evolução humana realmente aconteceu, mas não existe absolutamente nenhuma evidência disso". Anderson ficou muito surpreso e sugeriu que os livros fossem escritos de novo para refletir o estado real da evidência. A sua proposta foi veementemente rejeitada.

"Foi aí que o meu idealismo começou a desmoronar", diz Anderson. "Eu vi que os cientistas se uniram para apresentar uma falsa imagem da certeza científica".[29] A sua reação foi liderar uma campanha de sucesso em seu Estado natal, o Alabama, para introduzir uma inserção na capa interior dos livros de biologia, listando algumas das anomalias e ambigüidades da teoria evolucionista. Diversos outros estados agora estão considerando adotar inserções similares.

Este é um bom começo, pois precisamos ajudar as pessoas a verem que as cartas já foram embaralhadas, que as apresentações são completamente unilaterais. Precisamos pressionar para que haja uma abordagem honesta que se livre da "falsa imagem da certeza científica" e avalie abertamente a evidência favorável ou contrária a qualquer relato completamente naturalista da vida e do universo.

Incentivando a Juventude

Talvez a coisa mais importante que possamos fazer é incentivar os jovens cristãos a adotarem a ciência como uma profissão e demonstrar na prática a viabilidade de uma estrutura bíblica para a ciência. A maioria dos cristãos não pensa na ciência como um campo de missão, como descobri recentemente quando um jovem amistoso se apresentou a mim em um vôo internacional. Ele me disse o quanto os meus livros significaram para ele, em seu crescimento espiritual, e então explicou que estava estudando biologia molecular; entretanto, assim que concluísse o curso, ele planejava ir para as missões na América do Sul.

"Neste caso, eu vejo que os meus livros falharam na orientação do seu crescimento espiritual", eu respondi.

O jovem pareceu surpreso.

"Por que você acha que tem que ir para a América do Sul para servir a Deus?", perguntei. "Quantos biólogos moleculares cristãos você acha que existem?"

"Não muitos", admitiu ele.

Antes que o avião aterrissasse, ele veio até a minha poltrona mais uma vez. "Eu estava pensando", disse ele, "e creio que posso ser um missionário sendo um biólogo molecular".

Exatamente. Se queremos engendrar uma estratégia vitoriosa para estender a soberania de Cristo sobre toda a vida, precisaremos de missionários em ciência e em todas as disciplinas e vocações.

E agora é a hora. Embora o naturalismo científico tenha separado a religião e a ciência em categorias antagônicas, a necessidade humana de uma visão unificada do mundo está ultrapassando aquelas barreiras artificiais. O Center for the Renewal of Science & Culture [Centro para a Renovação da Ciência e Cultura], no Discovery Institute, em Seattle, patrocina e dá publicidade a evidências descobertas de pesquisas em campos tais como física, cosmologia e biologia. A Templeton Foundation encorajou a pesquisa no relacionamento entre a ciência e a religião, construindo ligações entre elas. Como resultado, os assuntos religiosos estão sendo acaloradamente debatidos em reuniões científicas.

Que Tipo de Religião?

A pergunta crítica é a seguinte: *Que tipo* de religião irá receber a aprovação oficial da ciência? Na reunião anual de 1993 da American Association for the Advancement of Sciente (AAAS) [Associação Americana para o Progresso da Ciência], os cientistas participantes ficaram um pouco surpresos ao ouvir uma voz clara e doce que se destacava do grupo em um hino, quando eles se reuniram na manhã do domingo. A cantora era Nancy Abrams, esposa do cosmologista Joel Primack, e o hino era "The Handwriting of God", que celebrava a radiação cósmica residual da grande explosão. "Os segredos de Deus estão escritos na primeira luz", dizia o refrão. "Logo estaremos lendo a página do primeiro dia do diário de Deus."

A performance destacou uma parte sobre o relacionamento entre a ciência e a religião, onde os participantes discutiram assuntos como "O significado religioso da cosmologia da grande explosão" e "Recursos científicos para um mito religioso global". Não foi surpreendente, em vista do fato de que esta é a era dos "kits" faça-você-mesmo "o seu deus", que muitos oradores argumentaram que as crenças tradicionais devem abrir caminho para "um mito baseado na ciência". Eles insistiram que os seus ouvintes elevassem a evolução cósmica a uma "narrativa 'religiosa' instigante", com "o poder de unir os humanos em uma nova ordem de mundo".[30]

O que estes discursos sacerdotais deixam de perceber é que a ciência ocidental tem a sua origem e a sua base não em algum "mito baseado em ciência", mas no cristianismo, como vimos neste capítulo. À medida que os cientistas ficam mais interessados nestas questões, é crucial que os cristãos aproveitem esta oportunidade para demonstrar qual é a verdade base da ciência.

Deus nos convoca para "destruir os conselhos e toda altivez que se levanta contra o conhecimento de Deus" e "levar cativo todo entendimento à obediência de Cristo" (2 Co 10.5). Não devemos deixar de prestar atenção a esta convocação quando o assunto é a ciência moderna, pois de outra maneira não se pode saber o que estes cientistas de mitos "instigantes", mas falsos, poderão inventar para alimentar a profunda fome espiritual da nossa sociedade.

A reforma da ciência — e a maneira como realmente pensamos — não é apenas um assunto para os acadêmicos nas torres de marfim. Ela afeta toda a nossa visão de mundo — não somente as idéias a respeito da religião e da ética, mas também as artes, a música e a cultura popular, como veremos nos capítulos seguintes.

Como os cristãos, artistas e também evangelistas
têm dentro de si o poder do Espírito Santo,
nada mais lógico que concluir que os artistas,
que trazem tudo cativo a favor de Cristo,
escrevem, assim como vivem, sob a direção do
Espírito Santo... Os seus poemas não são
privados; são imagens encarnadas por si mesmos
e para a comunidade na qual eles vivem.

JOHN LEAX

CAPÍTULO 12

SOLI DEO GLORIA

Enquanto você lê o capítulo 12, tenha em mente as seguintes questões:

- Qual é a visão clássica das artes?
- Durante os séculos, que papel desempenharam os cristãos nas artes?
- Quais são as conseqüências da arte sendo encarada como uma religião?
- Como os cristãos de hoje incentivam a boa arte?

A Sinfonia nº 3 de Henryk Górecki pode ser a primeira música a estar no topo das listas clássica e popular ao mesmo tempo. Os vendedores solenes das lojas de discos de música clássica ficaram surpreendidos por ver roqueiros punk com o cabelo alaranjado espetado entrar para comprar a obra. Pessoas de todas as idades e antecedentes são atraídas pela canção assombrosamente bonita e quase litúrgica de Górecki, que se inspira tanto na música medieval quanto em melodias folclóricas.

Mas o significado básico da obra de Górecki é o fato de que ela representa um retorno à música tonal — a música baseada nas escalas maior e menor. Na maioria das composições clássicas produzidas na última metade do século XX, estas escalas foram deixadas de lado, e os compositores produziram música atonal (baseada na escala de doze tons de Arnold Sheonberg, ou a "música casual" de John Cage). O problema é que a música atonal foi rejeitada pelo público desde o início, porque era simplesmente desagradável. Por exemplo, o estilo dissonante de Sir Harrison Birtwistle foi descrito pelos críticos como "extremamente violento", capaz de infligir uma "dor quase física".[1]

Por que os compositores contemporâneos estão produzindo música com uma dissonância tão desagradável? A resposta revela uma mudança na própria definição de arte. Tradicionalmente se encarava a linguagem musical da tonalidade como representando a lei natural dos sons (baseada nos sons secundários que acompanham qualquer som naturalmente produzido). Ela remonta aos gregos antigos, que descobriram que se você dividir uma corda em comprimentos puramente matemáticos de proporções simples como 2:1, 3:2 ou 4:3, você obterá intervalos de som "puro" (consonância).[2] Mas os compositores contemporâneos encaravam a tonalidade como uma construção arbitrária, que pode ser descartada, de modo que novas linguagens musicais possam ser inventadas. De maneira paralela, os artistas em outros campos desistiram da noção tradicional de que a arte de alguma maneira reflete a natureza ou a realidade objetiva, e substituíram a idéia de que os artistas criam o seu próprio mundo autônomo, abstrato e artificial, do qual eles podem atirar raios sobre o mundo do cidadão normal. Na verdade, muito da arte contemporânea parece ter a intenção básica de chocar, de destruir tradições e convenções.

Há alguns anos, no programa da CBS *60 Minutes*, Morley Safer empreendeu uma crítica severa à arte contemporânea. O programa destacou Robert Gober, que cria esculturas com a forma de mictórios; Robert Ryman, que pinta telas inteiras de branco; e Jeff Koons, cujo trabalho é exemplificado por duas bolas de basquete flutuando em um aquário. "Isto é arte?", perguntou Safer.[3]

É uma pergunta importante, pois a maneira como definimos a arte tem o poder de modelar a nossa cultura. Como vimos na obra de Górecki, a arte nos afeta no nível mais profundo da alma. Ela pode modelar os nossos sentimentos, agitar as nossas emoções, ampliar a nossa imaginação. A música que ouvimos, as imagens que gravamos na mente, as histórias que contamos — tudo isso tem um enorme poder sobre o tipo de pessoas que somos, e ao mesmo tempo expressa e modela as nossas crenças e os nossos valores.

Pense na maneira eficiente como Jesus usava as imagens e as histórias. Ele poderia simplesmente ter dito: "Cuidem das pessoas que estão feridas e sofrem". Mas em lugar disso, Ele contou a história do Bom Samaritano. Ele poderia ter simplesmente dito: "Deus perdoa os seus pecados". Mas em lugar disso, Ele contou a parábola do Filho Pródigo. Por quê? Porque uma história atinge os aspectos da verdade que estão além do poder do ensinamento didático. Os símbolos, as metáforas, as alegorias e as imagens podem agitar toda a pessoa — as emoções e os sentidos, além da inteligência. As palavras ricas e evocadoras da literatura são muito mais poderosas do que a descrição dos fatos.

Para o cristão, as artes também são uma maneira importante de compreender Deus e a sua criação. As artes nos dão ouvidos para ouvir e olhos para ver mais claramente. Sabemos, das Escrituras, que a criação é obra de Deus e que revela a sua glória; mas freqüentemente os nossos ouvidos estão surdos e os nossos olhos, cegos, àquela revelação. Os artistas são dotados de uma sensibilidade especial para perceber as glórias da criação, e através do seu trabalho eles podem trazer estas glórias a um foco melhor para os demais.[4] Pense na música de Bach, nas pinturas de Rembrandt, na escultura de Michelangelo.

Por que, então, a arte foi tão degradada em nossa época? Como pudemos passar de Bach para as dissonâncias de Birtwistle? De Rembrandt para as telas em branco de Ryman? De Michelangelo aos mictórios de Gober? Como pudemos perder o sentido da dignidade e do propósito da arte?

A HARMONIA DAS ESFERAS

A resposta está em uma mudança filosófica básica do objetivismo para o subjetivismo, e, à medida que examinamos a história das idéias sobre a arte, veremos como esta mudança de perspectiva levou a conseqüências desastrosas.

A visão clássica é que as artes são um poderoso meio de comunicar alguma coisa significativa sobre a realidade, um meio de representar a verdade. Não que uma obra de arte tenha que captar os eventos de uma maneira fotográfica. Afinal, um quadro pode retratar coisas invisíveis, como anjos, ou ideais abstratos, como a justiça retratada como uma mulher vendada com uma balança na mão; mas essas imagens ainda transmitem alguma coisa que é real. Um romance é fictício, mas pode representar realidades profundas sobre a condição humana. A música é a mais abstrata das artes, mas, como vimos, a escala musical tradicional está enraizada em uma realidade objetiva, baseada no relacionamento musical entre as freqüências dos sons encontrados na natureza.

Desde o tempo dos gregos antigos, pensava-se que a música refletia uma estrutura matemática e ordenada construída no próprio universo. Com a ascensão do cristianismo, estas idéias foram absorvidas em uma perspectiva cristã. A arte era vista como tendo raízes na estrutura organizada e na harmonia do universo que Deus tinha criado. Portanto, a justificativa básica para a arte está na doutrina da criação.

Além disso, quando Deus criou o mundo, Ele se preocupou o suficiente em fazê-lo bonito. Não existe nenhum argumento mais convincente de que o próprio Deus está contente com a beleza do que olhar para as delicadas cores de uma flor silvestre contra o musgo verde, a imensidão azul de um céu em Montana, os contornos pontiagudos dos Alpes Suíços. E ainda há mais, quando Deus nos transmitiu a sua Palavra, Ele o fez em uma variedade de estilos: história, poesia, fórmulas litúrgicas, princípios éticos, hinos, cartas, provérbios e ditados e até mesmo uma canção de amor.

Como Deus criou os seres humanos à sua imagem, a nossa capacidade para o prazer estético é parte da maneira como Ele nos criou — uma das suas boas dádivas em nós. Uma história cativante, uma sinfonia majestosa, um quadro de uma bonita paisagem — estas obras de arte nos dão prazer estético e fazem com que contemplemos não apenas a beleza do mundo que Deus criou mas também a eterna beleza do próprio Deus. "Uma coisa pedi ao Senhor", diz o salmista, "que possa... contemplar a formosura do Senhor" (Sl 27.4). Nas Escrituras, podemos encontrar mandamentos para embelezar o templo e fazer soar música nele. Deus quer que usemos os nossos melhores talentos artísticos na adoração a Ele.

Ao longo da história, os cristãos fizeram exatamente isso, usando as artes para glorificar a Deus e aperfeiçoar-se uns aos outros. A Igreja Primitiva ergueu a sua voz em louvor em uma variedade de estilos de cantos (alguns dos quais recentemente foram transformados em CDs líderes de venda). O período medieval nos deu catedrais de inspiração assombrosa, projetadas para elevar a mente à divina verdade e para dar "prazer na beleza da casa de Deus", nas palavras do arquiteto Abbot Suger, do século XII, que projetou a grande catedral de St. Denis, na França.[5] Na verdade, em cada período da história ocidental, muitos dos tesouros artísticos duradouros foram produzidos por cristãos.

Música

Na música, a Renascença produziu o tesouro sublime da polifonia sacra; as harmonias serenas de Palestrina, as texturas sem emenda de John Taverner, Thomas Tallis e William Byrd. Esta música cria um sentimento de que se está sentado em uma catedral e o som sobe como elevadas abóbodas sobre as nossas cabeças.

O período barroco nos deu Antônio Vivaldi, um clérigo, apelidado de "o padre vermelho" por causa do seu selvagem cabelo avermelhado. Johann Sebastian Bach era um luterano, com um intenso comprometimento evangélico, que assinou a maioria das suas obras com "Soli Deo Gloria" — somente a Deus seja a glória. Quando Bach estava compondo a majestosa *Paixão Segundo São Mateus*, que retrata o sofrimento e a morte de Cristo, ficou tão profundamente comovido que as lágrimas corriam pelo seu rosto. A obra está cheia de árias fervorosas nas quais o compositor expressa a sua imensa tristeza e gratidão pelo sofrimento de Cristo.

George Frideric Handel, outro luterano, tinha cinqüenta e seis anos de idade, quando, em uma época de crise na sua vida, se fechou para compor o seu famoso *Messias*. Diz-se que, durante este período, ele passou por uma experiência espiritual tão impressionante que soluçava de emoção, e mais tarde disse ao seu servo assombrado: "Pensei que vi realmente todo o céu diante de mim, e o próprio grandioso Deus".[6]

No período clássico, Franz Joseph Haydn usava a oração para romper o bloqueio de criação. Se uma obra "não progride", dizia, "tento descobrir se me enganei de alguma maneira ou de outra, desta forma deixando de ter a graça; e oro por misericórdia até sentir que estou perdoado".[7]

Entre os compositores românticos, Felix Mendelssohn foi um luterano de profunda fé pessoal (seu pai se converteu do judaísmo). Mendelssohn escreveu muitas obras celebrando a fé cristã, incluindo a sua sinfonia de 1830, "da Reforma", que termina com uma retumbante interpretação do hino de Martinho Lutero, "Castelo Forte".[8] Antonín Dvorák, com as suas melodias eslavas vivas, era um cristão vigoroso que escrevia invocações nos seus manuscritos; elas começam com a expressão "Com Deus", e terminam com "Agradeçamos a Deus".[9]

Literatura

Muitos dos maiores mestres da literatura ocidental foram poetas cristãos. Pense em Dante, cuja *Divina Comédia* retrata um rico mural do encontro da alma com o pecado (o inferno) e a glória (o céu). Pense em John Donne, com as suas linhas memoráveis "Que a morte não se orgulhe", "Nenhum homem é uma ilha" e "Nunca pergunte por quem os sinos dobram: eles dobram por ti". Ou pense em John Milton, que escreveu o maravilhoso épico *Paraíso Perdido* para "justificar os meios de Deus com os homens".

Existem outros em quem podemos não pensar imediatamente, como Samuel Taylor Coleridge, que chegou a ser um ícone na cultura das drogas dos anos 60 porque escreveu alguns dos seus visionários poemas sob a influência do ópio. O que os livros de literatura raramente mencionam é que Coleridge procurou libertar-se da sua dependência do ópio voltando-se a Jesus Cristo.[10]

Muitas das histórias e contos tradicionais da cultura ocidental foram escritos por cristãos, ou pelo menos refletem o caráter de uma cultura cristã, como mostra Vigen Guroian em *Tending the Heart of*

Virtue. Por exemplo, a conhecida história de *Pinóquio* (a original, não a versão da Disney) mostra um boneco de madeira que se torna um menino real ao superar a sua tendência para mentir e a auto-indulgência. A história expressa a verdade cristã profunda de que aqueles cujos corações são "de madeira" com o pecado podem tornar-se "carne" por um processo de regeneração moral.[11]

De igual maneira, muitas das obras clássicas da literatura refletem claramente uma perspectiva cristã. *O Conde de Monte Cristo*, de Alexandre Dumas, fala de temas complexos de vingança e perdão. *A Família do Robinson Suíço*, de Johann D. Wyss, que narra as aventuras de um clérigo suíço e sua família, é rica em piedade cristã. Livros de Robert Louis Stevenson, como *Seqüestrado* e *A Ilha do Tesouro*, revelam uma perspectiva bíblica. E poucas pessoas falaram de temas bíblicos e das grandes questões morais da vida mais brilhantemente que Fyodor Dostoyevsky.

Artes Visuais

Passando às artes visuais, podemos observar, ao longo da história, uma variedade de estilos que foram usados para expressar uma perspectiva cristã. Muitas pinturas medievais são encantadoras, mas simbólicas, compostas por imagens bidimensionais e figuras estilizadas contra um cenário plano e dourado. Com a chegada da Renascença, a pintura tornou-se mais natural. No século XIII, o teólogo Tomás de Aquino rejeitou a tendência sobrenatural da Idade Média e ressaltou a importância do mundo natural como a criação de Deus, argumentando que "a graça não nega a natureza, mas a aperfeiçoa". A filosofia de Tomás de Aquino foi rapidamente sentida nas artes, exemplificada por Cimabue e Giotto, que começaram a pintar de modo mais realista, transformando os ícones rígidos medievais em indivíduos vivos.[12]

A Reforma trouxe uma apreciação maior da vida cotidiana e do trabalho. Os artistas começaram a pintar as pessoas comuns — fazendeiros e donas de casa — realizando o seu trabalho contra paisagens reais. Pintores como Albercht Dürer, Jacob van Ruisdael e o incomparável Rembrandt combinaram profundamente os temas espirituais no tecido das suas obras primas sobre a vida cotidiana.

A Contra-Reforma produziu arte barroca ornamentada e grandiosa, inspirada por uma nova apreciação da Encarnação — a de que em Cristo, Deus se manifestou na carne. Isto levou a uma maior apreciação pela criação, especialmente o corpo físico, como revelação de Deus. Artistas como o pintor flamengo Peter Paul Rubens retrataram figuras pesadas, vivas e sólidas para transmitir a idéia de que Deus se revela no mundo físico — e transmite um grande peso de glória espiritual.

Entre os artistas mais recentes, praticamente todos estão familiarizados com o pintor holandês van Gogh e as linhas intensas e torcidas das suas árvores, dos céus e dos girassóis. Mas poucos sabem que van Gogh, filho de um pastor protestante, no início acreditava ter uma vocação religiosa. Ele trabalhou como um missionário nos cortiços de Londres e depois nos distritos das minas na Bélgica. Somente quando começou a mostrar sinais de instabilidade mental e perdeu a ajuda financeira da sociedade da sua missão, é que ele se voltou à pintura. Em um trabalho fascinante, ele se retrata como Lázaro ressuscitado dos mortos — um claro testemunho da sua fé.

■ ■ ■

A partir desta investigação histórica rudimentar, podemos ver que os cristãos tiveram um papel importante na criação e na conservação da grande arte da nossa cultura. Mas nunca poderíamos ter imaginado isso a partir da maioria dos nossos livros seculares, pois eles freqüentemente apagam as referências à fé religiosa dos artistas. Assim, fica fácil para os críticos seculares considerarem erroneamente os cristãos como ignorantes em arte.

Na verdade, alguns historiadores até acusaram a igreja de ter se oposto às artes. Para responder a esta acusação, devemos novamente olhar para o testemunho da história. É verdade que em várias ocasiões durante os séculos, os cristãos tiveram que ficar contra as artes de várias formas — não porque eles fossem contrários à arte por si só, mas porque se opunham ao seu mau uso. Por exemplo, a igreja sempre condenou a arte que tivesse conteúdo lascivo, vulgar, grosseiro ou imoral; ela também desaprovou os projetos de arte grandiosos usados para ostentação e status.

O uso de imagens dentro da igreja também levantou controvérsias recorrentes. Durante a Reforma, por exemplo, os extremistas protestantes promoviam desordens nas catedrais, derrubando as estátuas e estraçalhando os vitrais. Como resultado, alguns historiadores criticaram a Reforma; Kenneth Clark, em sua influente série de televisão *Civilisation* denunciou a Reforma como sendo um "desastre completo" para as artes.[13] Mas mesmo os iconoclastas devem ser entendidos dentro do seu contexto histórico. O pensamento medieval atribuía um grande poder espiritual às imagens. Os ícones eram venerados, beijados e as pessoas rezavam a eles. Acreditava-se que as estátuas dos santos sangravam, choravam, faziam milagres e até mesmo concediam indulgências, isentando os pecadores das dores do purgatório.[14] Ansiosos por combater o que eles viam como uma idolatria, os iconoclastas erroneamente pensavam que a maneira para acabar com a adoração dos santos era destruir-lhes as estátuas.

Mas este não era o verdadeiro espírito da Reforma. O seu verdadeiro espírito foi exemplificado por Martinho Lutero, que depois de ser condenado pelo imperador, arriscou a sua vida ao sair do seu esconderijo para *acabar* com as revoltas que queimavam imagens e destruíam estátuas. A forma favorita de arte de Lutero era a música, e ele compôs muitos hinos, incluindo o tão amado "Castelo Forte". Ele disse que "o dom da linguagem, combinado com o dom da canção, foram dados ao homem para que ele pudesse proclamar a Palavra de Deus através da música".[15] João Calvino, da mesma maneira, tinha uma alta consideração por algumas das artes: "Como a escultura e a pintura são dádivas de Deus, eu procuro um uso puro e legítimo para cada uma delas".[16]

Ao longo da história, os cristãos realizaram a mesma procura do "uso puro e legítimo" da arte. Como, então, esta tradição acabou empurrada para fora da tendência? Como a arte acabou ficando tão secularizada que hoje, algumas vezes, é produzida para pouca coisa além de chocar?

DA ARTE À ANTI-ARTE

Para entender por que a arte perdeu o seu elevado objetivo, devemos colocá-la no contexto de uma mudança de perspectiva mais ampla (observada no capítulo 11), quando a ciência moderna foi elevada à condição de um ídolo, a única fonte do conhecimento. As suposições diziam que tudo o que a ciência não consegue detectar nem avaliar não pode ser real, levando a um ataque não somente à religião, mas também ao campo da imaginação e da intuição expressas nas artes.

Isto começou com os críticos racionalistas olhando com desprezo a todas as criaturas mitológicas, tão adoradas pelos poetas e pintores, dizendo, basicamente: "Agora, vamos. A ciência prova que não existem coisas como unicórnios e centauros, bruxas e fadas, dragões e ciclopes. Chega desses mitos e dessas superstições!" Finalmente, os racionalistas concluíram que a arte, pela sua própria natureza, é uma falsificação da realidade. A literatura não se compõe de histórias imaginárias? A poesia não emprega a metáfora e a hipérbole? O artista pode pintar um pôr-do-sol com todas as suas tonalidades gloriosas, mas o cientista sabe que um pôr-do-sol "realmente" não é nada além da refração da luz branca através das partículas de poeira nas camadas de variadas densidades do ar.[17] Muitas pessoas começaram a ter a idéia de que se a ciência é verdadeira, então a arte deve ser falsa, ou na melhor das hipóteses meramente uma expressão de emoções pessoais.

Naturalmente este ataque completo colocou os artistas na defensiva, e eles começaram a questionar o significado e o objetivo do que eles faziam. Se a arte não expressava a verdade de alguma maneira, o que ela *fazia*? Alguns artistas se renderam ao capitalismo da ciência e tentaram representar, em seu trabalho, os princípios generalizados que a ciência dizia fundamentar, daquilo que nós ouvimos e vemos. Isto produziu uma corrente em direção à arte ainda mais abstrata. O cubismo, por exemplo, com as suas formas geométricas e os seus ângulos, pode ser interpretado como uma tentativa de retratar as estruturas matemáticas fundamentais do mundo físico. Na arquitetura, os movimentos como o Bauhaus, na Alemanha, e o de Stijl, na Holanda, produziram edifícios rígidos e com forma de caixas, em um esforço para basear a sua arte em "números, medidas e linhas abstratas".[18]

Mas a reação mais típica dos artistas foi a de conceder o mundo físico à ciência e relegar a arte a um mundo completamente separado — um mundo que alguém criaria para si mesmo. Na verdade, foi então que os artistas começaram a falar do seu trabalho em termos de "criação". Hoje em dia este uso é tão familiar que nem percebemos que há apenas quatro séculos teria sido chocante falar de um poeta ou de um pintor como "criando" alguma coisa nova. Tal linguagem parecia igualar o artista a Deus, no seu papel exclusivo como o Criador.

Compreendida em um contexto bíblico, naturalmente, não há nada errado com reivindicar que a criatividade humana reflete a criatividade de Deus, segundo cuja imagem somos feitos. Mas arrancada daquele contexto, a noção rapidamente se torna idólatra. Ao defender o seu trabalho, os artistas começaram a dar uma compensação excessiva, afirmando que a arte na verdade é *superior* à ciência. Eles argumentaram que é a imaginação — e não o raciocínio científico — que é mais divina. E insistiam que a arte encontra a sua forma mais elevada não na representação da realidade, mas na criação de alguma coisa completamente nova e imaginária. Em cada poema, cada pintura, o artista era concebido como o criador de um novo universo, um microcosmo no qual as suas decisões eram absolutas. A criatividade do artista, diz o estudioso literário M. H. Abrams, se modelava na "ordem absoluta de Jeová, no livro de Gênesis".[19]

A partir do movimento romântico do século XIX, o artista ficou idolatrado, e a arte tornou-se um substituto da religião. Na peça *O Dilema do Médico*, escrita por George Bernard Shaw em 1908, um pintor em seu leito de morte recita este credo: "Eu acredito em Miguelangelo, em Velázquez e em Rembrandt, na força do desenho, no mistério da cor, na redenção de todas as coisas pela Beleza eterna... Amém. Amém".[20] E se a arte era uma religião, então o trabalho do artista está além da crítica, pois "a atitude apropriada com relação à Divindade é, naturalmente, de adoração", escreve Abrams.[21] As pessoas comuns já não mais estavam qualificadas para ter uma opinião se as obras de arte são boas ou ruins, e a arte se tornou o campo de uma elite.

Assim "a arte herdou todas as obrigações da igreja", escreve o historiador Jacques Barzun.[22] Os artistas eram elevados ao status profético nos dois sentidos da palavra: como pessoas dotadas de um discernimento exclusivo, oferecendo uma visão de um mundo ideal, e como pessoas que denunciavam os pecados do mundo real. Na primeira função, os artistas eram os precursores da vanguarda da sociedade, aqueles que podem ver mais longe que o resto de nós. Esta atitude produziu estilos como o simbolismo, a abstração e o expressionismo — todos eles, tentativas para libertar a arte da contaminação do mundo cotidiano, e para construir um mundo ideal, autônomo, quase espiritual. Na segunda função profética, os artistas se responsabilizaram por denunciar a feiúra da sociedade burguesa, materialista e industrializada que tinha tornado tão precário o papel dos artistas. Esta atitude produziu o naturalismo na arte: uma tentativa de retratar as doenças da sociedade com uma precisão completa e cruel.

Mas ambas as funções proféticas — a visão do ideal e a denúncia do real — estavam unidas por um tema comum: a hostilidade em relação ao mundo real.[23] E no final aquela hostilidade tornou-se o tema dominante, quando ambas acabaram em protestos, críticas e ataques à moralidade estabelecida e às estruturas sociais. Pois o mundo autônomo que os artistas idealistas estavam tentando criar estava muito além do seu poder. "É necessário um Deus onisciente", para extrair o bem do mal, para fazer do último o primeiro, para derrubar governantes e levantar o humilde", escreve Barzun. Portanto, "para uma época sem Deus, somente a parte negativa da inversão continua potente".[24] Tudo o que sobrou foi o ataque e a destruição, a subversão e "a transgressão" — ou, na expressão do poeta Baudelaire, "chocar a burguesia".

Mas a arte que ataca todos os padrões acaba destruindo a si mesma — porque eventualmente até mesmo os padrões artísticos são atacados e deixados de lado. E é por isso que, no século XX, Marcel Duchamp pôde exibir um urinol comercialmente produzido e chamar isso de arte. Jackson Pollock gotejava tinta ao acaso sobre uma tela. Andy Warhol reproduziu as latas de sopa Campbell, e Roy Lichtenstein pintou imagens de vinhetas cômicas. Hoje em dia, os artistas exibem a "junk art" ou "found art" (a arte do lixo ou das coisas encontradas) que consiste de tijolos, vidros quebrados e latas de alumínio amassadas sobre telas ou empilhadas em uma escultura. O tema comum em todos estes exemplos é que não existe um padrão comum que distinga a arte dos objetos do mundo cotidiano.

Um correspondente na música é a "música do acaso" de John Cage, composta pelo lançar de dados ou qualquer outro mecanismo de sorte. Cage já chegou a oferecer peças "musicais" sem nenhum som. Em uma performance da sua obra "4-33", o pianista se senta ao piano, olha para uma partitura, coloca as suas mãos suspensas sobre o teclado, como se estivesse pronto para começar. Ele faz isso durante 4 minutos e 33 segundos, depois fecha a partitura e deixa o palco.

O correspondente à "found art" na música é a "música do barulho", gravações do barulho da cidade. Por exemplo, Luigi Russolo gravou "as palpitações das válvulas, o ir e vir dos pistões, os uivos das serras mecânicas, os solavancos do vagão nos trilhos" e então deu o seu nome ao barulho.[25]

O próprio conceito de qualidade, de padrões, é rejeitado por muitos dos artistas da atualidade, como sendo uma "ficção paternalista", diz o crítico de arte Robert Hughes.[26] A rejeição completa dos padrões levou ao movimento anti-arte, exemplificado por uma exibição de 1993 intitulada "Abject Art" (a arte abjeta) no Whitney Art Museum em Nova Iorque. A exibição apresentava o que o seu catálogo descrevia como "materiais abjetos tais como sujeira, cabelos, excrementos, animais mortos, sangue menstrual e comida estragada". A mostra incluía um monte de um metro de altura de excremento sintético, uma escultura desmembrada de duas mulheres em atos sexuais, e um filme que retratava Jesus Cristo como uma mulher nua.

E qual é o objetivo de tudo isto? "O de confrontar assuntos tabus de sexo e sexualidade", e outros assuntos "julgados inapropriados por uma cultura conservativa dominante", explicava o catálogo.[27] Os artistas não tinham nenhum objetivo maior do que denunciar as crenças e padrões das pessoas normais, especialmente aquelas que tinham tido a ousadia de fazer protestos morais no passado. Assim, um ramo influente da arte do final do século XX se degenerou em expressões de rebeldia, no mesmo nível das risadas dos meninos de oito anos que riem das piadas sujas escritas nas paredes dos banheiros.

Quando mesmo os museus de arte de prestígio exibem anti-arte, fica claro que ninguém mais pode dizer o que é arte. E se a arte não pode ser definida, então deve ser destruída. Há alguns anos, a Academy of Fine Arts (Academia de Belas Artes) de Manchester promoveu uma competição em que o prêmio foi dado a uma aquarela intitulada *Rhythm of the Trees* [ritmo das árvores]. A obra exibia "uma certa quantidade de equilíbrio de cor, composição e talento técnico", decidiram os juízes. Para a humilhação destes juízes, o artista era uma criança de quatro anos de idade, cuja mãe tinha enviado o trabalho como uma piada.[28] Os padrões artísticos foram tão completamente ridicularizados que os críticos de arte não conseguem dizer honestamente a diferença entre a obra de um artista de talento e os borrifos de uma criança pequena.

E assim estamos de volta à pergunta de Morley Safer: "Isto é arte?" Para o mundo secular de hoje, a resposta é: "Quem sabe?" Não há padrões pelos quais possamos definir a arte.

O declínio das artes exemplifica o impacto vertiginoso de uma falsa perspectiva da *criação, queda* e *redenção*. Como já vimos, o processo teve início quando os artistas aceitaram o dogma do naturalismo científico, que estabeleceu a ciência como a única fonte do conhecimento genuíno e relegou a beleza ao campo subjetivo. Em sua defesa, os artistas definiram o seu próprio campo como uma arena onde eles poderiam reinar como deuses em sua capacidade de criatividade. A arte tornou-se uma religião substituta, com os artistas desferindo denúncias proféticas aos "pecadores". Mas é uma religião que não tem nenhum poder de redenção, e assim, no final, ela mesma se degenerou em pouco mais do que ataques às crenças e aos valores atuais da sociedade.

PARA A GLÓRIA E PARA A BELEZA

Somente o cristianismo tem os recursos para restaurar as artes ao seu lugar adequado, pois o cristianismo é uma visão que apóia a criatividade humana, mas o faz com a humildade adequada. Criados à imagem do Criador, os humanos encontram satisfação ao serem criativos em sua própria esfera. Mas, diferentemente de Deus, o artista humano não cria a partir do nada. "A criatividade humana é derivativa e refletiva, e opera dentro dos limites daquilo que Deus formou", escreve Os Guinness.[29] Como diz C. S. Lewis, "um autor nunca deve imaginar que ele traz à existência a beleza ou a sabedoria que não existia antes, mas ele simples e unicamente tenta personificar, em termos da sua própria arte, alguma reflexão daquela beleza e daquela sabedoria eternas".[30] Por causa da Queda, não temos uma visão clara da Beleza nem da Sabedoria, nós somente vemos um reflexo de má qualidade. Mas graças à redenção de Cristo, as artes podem ser restauradas.

As Escrituras tratam as artes como uma chamada divina. Em seu livro *State of the Arts: From Bezalel to Mapplethorpe* (A Evolução das Artes: de Bezalel a Mapplethorpe), Gene Edward Veith fala de um grande artista do Antigo Testamento chamado Bezalel. Deus escolheu Bezalel e o encheu "do Espírito de Deus, de sabedoria, e de entendimento, e de ciência em todo artifício" (Êx 31.3). Basicamente, quando pensamos nas pessoas escolhidas por Deus e cheias do Espírito, pensamos nas pessoas enviadas ao ministério ou às missões. Mas Bezalel foi chamado para trabalhar como um artista, cheio do Espírito, para "inventar invenções, e trabalhar em ouro, e em prata, e em cobre... para trabalhar em todo lavor" (Êx 31.4,5). E Bezalel não estava sozinho. Repetidas vezes, no livro do Êxodo, encontramos referências às pessoas a quem "o Senhor deu dons" como artesãos.[31]

De maneira similar, o Senhor disse a Moisés que fizesse vestes para os sacerdotes "para glória e ornamento" (Êx 28.2,40). Este deveria ser o slogan de todo artista, músico ou escritor cristão: trabalhar para a glória de Deus, e para a criação da beleza.

Dados estes princípios escriturais, os cristãos têm a responsabilidade de apoiar os artistas e de promover as artes. Infelizmente, muitos cristãos nunca pensam muito sobre as artes até descobrir que os seus impostos estão sendo usados pelo National Endowment for the Arts (um fundo de doação nacional para as artes) para apoiar algum projeto blasfemo ou indecente. E mesmo então, a nossa reação tende a ser econômica ou política (boicotes e protestos) e não estética. Assim, fica fácil para os críticos nos pintarem como sendo reacionários anti-intelectuais e anti-culturais.[32]

Mas Deus não chama o seu povo simplesmente para ficar por aí apagando o fogo depois que o mundo secular o acendeu. Ele nos chama para acendermos o nosso próprio fogo, para renovar a cultura.

E a melhor maneira para acabar com a arte ruim é incentivar a boa arte. "Se você não ler bons livros, irá ler livros ruins", disse Lewis. "Se rejeitar as satisfações estéticas, você cairá nas satisfações sensuais".[33] Como os seres humanos são criados à imagem de Deus, eles *irão* criar cultura, de um tipo ou de outro. A única questão é se será uma cultura decadente ou devota.

Para criar uma cultura devota, devemos começar descobrindo maneiras para nos reconectarmos com a nossa própria herança literária e artística. Vá a concertos, leia a literatura clássica, visite os museus de arte. Conheça os compositores, escritores e pintores que foram inspirados pela fé cristã. Desfrute das artes não somente como arte, mas como um meio que se comunica conosco espiritualmente. Louise Cowan, co-editora de *Invitation to the Classics* (Convite à Literatura Clássica), conta como perdeu a fé que tinha desde criança nos cursos universitários sobre a religião — para voltar a adquiri-la posteriormente, nos cursos sobre literatura. Os estudos dos temas cristãos em Shakespeare falaram ao seu coração de uma maneira que os tratados discursivos teológicos não tinham conseguido falar.[34]

Se os clássicos parecem muito longínquos, comece com artistas mais recentes ou contemporâneos, que enfrentaram o desafio de se levantarem contra a maré de uma cultura secular e que dão um poderoso testemunho da verdade cristã no nosso século. Por exemplo, entre os compositores do século XX que criaram obras-primas musicais que refletem a sua fé cristã está Francis Poulenc, que era um *playboy* de talento na música francesa, até que a morte de um amigo o levou ao desespero e então à uma profunda experiência religiosa, que inspirou a sua música a partir de então. Igor Stravinsky chocou o mundo com a sua música estranha e discordante; entretanto, mais tarde ele passou por uma conversão religiosa e escreveu composições como *Credo*, o credo niceno colocado em música. Entre os compositores contemporâneos, conheça John Tavener (que não deve ser confundido com o compositor renascentista Taverner, mencionado anteriormente no tópico referente à música neste mesmo capítulo) e Arvo Pärt, cristãos ortodoxos que expressam a herança musical antiga em um idioma moderno. Experimente as novas interpretações da música sacra antiga e medieval que se tornaram uma moda muito difundida na atualidade. Que ironia, que enquanto muitas igrejas estão lutando para serem relevantes imitando estilos seculares, a própria herança musical da igreja conquistou o mundo secular.

Na literatura, o século XX nos deu T. S. Eliot, freqüentemente aclamado nos livros escolares como o primeiro poeta modernista. Mas poucos livros mencionam que Eliot tornou-se um cristão na meia-idade, e em seguida escreveu obras significativas como "*Quarta-feira de Cinzas*" e *Quatro Quartetos.* Os cristãos também deveriam estar familiarizados com poetas contemporâneos como Luci Shaw, John Leax, Paulo Mariani e Irina Ratushinskaya.[35]

Entre os autores de ficção, os cristãos deveriam explorar as riquezas de C. S. Lewis, especialmente a sua trilogia espacial e as *Crônicas de Nárnia*; os romances de George Macdonald (o mentor de Lewis); os livros de ficção e investigação de Dorothy Sayers e a fantasia de J. R. R. Tolkien, especialmente a sua incomparável trilogia *O Senhor dos Anéis.* Deste lado do Atlântico, as obras de Walker Percy, Flannery O'Connor e Allen Tate representam a renascença literária cristã dos anos 40. Entre os autores contemporâneos, os cristãos devem conhecer Larry Woiwode, Frederick Buechner, Ron Hanson, Annie Dillard, Walter Wangerin Jr. e Stephen Lawhead, apenas para citar alguns. E não devemos ignorar as poderosas obras de Alexander Solzhenitsyn — obras que não apenas expõem os horrores do sistema de campos de prisioneiros soviéticos mas também revelam a reação do coração humano ao sofrimento inexprimível.

Os artistas visuais também expressaram a fé cristã de diversas maneiras. Entre os pintores do século XX, algumas das mais bonitas e ternas obras foram produzidas por Georges Rouault, que, depois de adulto, se tornou um cristão cujo enfoque era o evangelho. Ele usou a linguagem da arte moderna para pintar imagens que são remanescentes dos vitrais, com linhas negras e cores luminosas, um excepcional equilíbrio entre a tradição e a inovação. Entre os artistas contemporâneos que expressam o drama da graça divina em imagens poderosas, se incluem Sandra Bowden, Ted Prescott e William Congdon.

Em termos corporativos, a igreja pode desempenhar um importante papel no apoio às artes ao envolver os artistas nos seus cultos: elas podem convidar músicos para compor e tocar música; pedir a poetas e autores que criem apresentações de teatro para festas religiosas; encorajar os artistas para desenhar faixas e boletins e outros trabalhos que embelezem o santuário. Em um Natal, meu colega T. M. Moore, presidente do Theological Seminary de Chesapeake, organizou uma poderosa dramatização da ode de John Milton, "On the Morning of Christ's Nativity" (Na Manhã do Nascimento de Cristo). A produção envolveu um coro e outros músicos, pintores (que prepararam o cenário e a cortina), uma equipe de palco, dançarinos e atores.

Algumas igrejas se concentram nas artes promovendo festivais anuais de arte que apresentam seminários, exibições, palestras e concertos. Outras igrejas designam uma sala ou os corredores como uma galeria de arte, onde exibem a obra dos membros da congregação ou espetáculos de arte itinerantes. Também devemos mencionar as organizações americanas de ajuda a artistas cristãos tais como a Lamb's Players e o Washington Performing Arts Group.

Finalmente, toda família cristã pode fazer da sua casa um lugar onde haja o fomento da arte e da cultura. Quando as crianças estão rodeadas pelo que há de melhor em música, arte e literatura, elas crescem aprendendo a apreciar o melhor. Toque música clássica em sua casa. Pendure nas paredes reproduções de obras históricas de arte. Envolva as suas crianças na leitura de obras que inspirem a sua imaginação moral. Boas histórias fazem o que uma repreensão nunca conseguirá fazer: elas fazem com que nós *queiramos* ser bons. Como observa o psicólogo infantil Bruno Bettelheim, as escolhas morais das crianças são baseadas não nos padrões morais de certo e errado, mas nas pessoas que elas admiram e desejam imitar. "A pergunta para esta criança não é 'você quer ser boa?'", escreve Bettelheim, mas 'você quer ser como quem?'"[36]

Ninguém deveria crescer sem o conhecimento e a influência das artes, pois elas nos movem como pessoas, não influenciando apenas as nossas faculdades cognitivas. Eu só descobri as alegrias da literatura clássica depois de me tornar um cristão, quando a minha conversão me deu uma fome pela verdade em todas as suas formas. O meu romance favorito sempre foi *Os irmãos Karamazov*, de Fyodor Dostoyevsky, que levanta os grandes dilemas morais debatidos pelos filósofos em todas as épocas, e as resume em uma inesquecível máxima: "Se não existe Deus, então tudo é permitido". Recentemente, eu também decidi me educar em música clássica, e, para começar, comprei um conjunto de CDs de obras-primas famosas. Embora sempre tenha tido um ouvido pouco musical, estas gravações abriram um novo mundo para mim.

A música, a literatura e a arte nos oferecem uma janela através da qual podemos apreciar mais plenamente a verdade de Deus.

■ ■ ■

Há alguns anos, uma cristã apareceu na televisão falando sobre obras de arte famosas. No início, os telespectadores ficaram muito surpresos, mas hoje a *Sister Wendy's Odyssey* é uma série de programas de televisão imensamente popular. E por que uma cristã *não* poderia ser uma crítica de arte? Quem mais do que um cristão tem boas razões para apreciar e criar obras de arte?

Já é hora de a igreja reivindicar a sua herança artística e oferecer a orientação espiritual que os artistas necessitam se quiserem criar obras "para a glória e ornamento", obras que inspiram e enobrecem a cultura. Pois aquilo que acontece na alta cultura em pouco tempo modela a cultura popular. A degradação da arte e da música clássica causou uma degradação paralela na televisão e na música popular — mas mesmo aqui, no que parece ser uma terra improdutiva, os cristãos podem trazer renovação e redenção.

Um cristão está fazendo exatamente isto, com resultados surpreendentes.

PARTE 5

QUESTÕES PARA DEBATE

CAPÍTULO 11

1. A "fé dogmática" de uma perspectiva naturalista coloriu ou afetou negativamente a sua fé? Quando, como e por quê?

2. Como pode o reinado do naturalismo científico levar à "abolição do homem" ou a uma cultura desumana?

3. Sucintamente, sumarize as contradições básicas do naturalismo científico.

4. Quais são os seis elementos de uma visão cristã da natureza que possibilitam a ciência moderna? (Veja "A Natureza da Natureza".) Por que é importante conhecer estes pontos se você estiver falando com um cético que pensa entender de ciência?

5. Como você pode ajudar a reformar a maneira como a ciência é apresentada nas escolas ou na comunidade?

6. Como e por que você incentivaria os jovens cristãos a seguirem uma carreira no campo das ciências?

CAPÍTULO 12

7. Compare a visão clássica das artes com a compreensão contemporânea que resulta na música dissonante e na arte abstrata.

8. Por que as artes devem ser importantes para os cristãos? Você acha que as artes realmente *são* importantes para a maioria dos cristãos? Se você vê uma disparidade, o que você acha que está por trás dela?

9. O que fez com que as artes se desviassem do caminho marcado por muitos artistas cristãos exemplares dos séculos anteriores?

10. Quais são as conseqüências da arte ser vista como uma religião?

11. Leia em voz alta Êxodo 35.20,21; 35.30—36.7. (Os versículos não lidos listam presentes e materiais trazidos pelo povo.) Quem esteve envolvido neste empreendimento artístico? Quem fez o que, e com que objetivo?

12. Você vê, nesta passagem, alguma orientação ou algum princípio que possa lhe ajudar a *(a)* incentivar artistas ou *(b)* dominar e usar os seus próprios talentos?

13. Imagine maneiras como você pode usar as artes em sua casa, em sua igreja e em sua comunidade para "glorificar a Deus e aperfeiçoarem-se uns aos outros". Isto pode incluir o intercâmbio de listas dos seus livros, autores, compositores, músicos e artistas favoritos, ou o início de uma biblioteca para empréstimo de livros.

ENCENAÇÃO

Veja as instruções para encenações, no final da parte 1.

INÍCIO DE CONVERSA

a. Imagine que um professor diz: "O cristianismo e a ciência são como a água e o azeite. Eles não se misturam — nunca o fizeram, nunca o farão".

b. Imagine que um cético diz: "Vocês, cristãos, sempre estão destruindo — censurando isto, proibindo aquilo — e são negativos todo o tempo. Vocês não apreciam a criatividade?"

RESUMO FINAL

Do que você deseja se lembrar, entre o que leu (ou ouviu, ou fez) nesta parte?
Considere partilhar isso com o grupo.

PARTE 6

HOMENS E MULHERES DE UM TIPO DIFERENTE

CAPÍTULO 13

O TOQUE DE UM MILAGRE

Enquanto você lê o capítulo 13, tenha em mente as seguintes questões:

- A que missão Martha se sentiu chamada? Como e por quê?
- O que o sucesso de Martha exigiu dela?

Martha chamou pela primeira vez a atenção das hostes imortais uma noite em que fui designada para uma exibição de *In Extremis* (A Ponto de Morrer). As portas se abriram para a visão de uma cozinha suburbana da Califórnia, onde uma jovem mulher estava realmente prostrada em seu piso de ladrilhos mexicanos, com o rosto no chão, os seus braços abertos em humildade e penitência, à medida que ela entregava a sua carreira a Deus. Agindo como conseqüência de anseios espirituais tão profundos que superavam a sua autoconsciência sobre gestos dramáticos, a jovem estava expressando o seu desejo com todo o seu corpo — com todo o seu ser. Ela definitivamente queria que Deus visse, ouvisse e respondesse.

"Esta é séria", anunciou Glória. "Preste atenção."

Aquele único momento da eternidade marcou o início de um milagre. Ou talvez foi o próprio milagre. Eu ainda não sei.

Antes de lhe contar sobre este milagre, provavelmente deva lhe contar quem *eu* sou. Imagine que eu sou um anjo. Alguém digno de confiança. Um meio de ver a experiência de Martha tanto com a lente telescópica grande-angular da eternidade quanto com os *closes* do telefoto da vida na terra.

O que me confunde sobre os milagres é o fator humano. Não fosse por isso, sei muito bem o que eles são. Os milagres acontecem quando Deus age na história humana, cruzando a fronteira da eternidade no tempo, provocando o que não pode ser causado de nenhuma outra maneira. Ao longo dos milênios, tive a minha cota de eventos desse tipo, freqüentemente em lugares e épocas tão escuros que somente uma luz humana poderia atingi-los. Mas a maneira como Deus conduz a vontade humana nessas ações me confunde. Talvez seja por isso que recebi a instrução de prestar atenção a Martha: para aprender mais sobre como Deus escolhe operar através de homens e mulheres.

Martha fez esse gesto de total rendição relativamente cedo em sua vida cristã, somente três anos depois da sua conversão. Talvez o seu desespero se originasse no fato de que ela trabalha em Hollywood, onde a voz de Deus se parece muito com uma voz que clama no deserto. Talvez ela estivesse tropeçando sob a pressão de uma vida vivida nos termos perigosos da "indústria", onde não existe garantia de trabalho, nem salário regular, nem benefícios de emprego, nem plano de saúde, nada. É uma indústria como nenhuma outra.

De modo que Martha precisava de uma paz como nenhuma outra, uma confiança sem ilusões. Percebendo que somente o Deus que sustenta o mundo poderia levantá-la, ela se rendeu naquela noite ao Deus que poderia fazer até mesmo de Hollywood um solo sagrado.

■ ■ ■

Martha Williamson saiu da faculdade e foi diretamente para Hollywood. Ela pagava as suas dívidas — e havia muitas — trabalhando como assistente pessoal de vários produtores. Ele fazia de tudo, desde preparar o café até pegar a roupa do produtor na tinturaria, descobrir talentos e afastar interesseiros. Muito tempo depois que a maior parte da indústria tinha descoberto os computadores, Martha ainda datilografava múltiplas cópias de roteiros em uma antiga máquina de escrever para um espetáculo de variedades semanal de grande sucesso.[1]

Quando se tornou cristã, em 1981, ela era uma produtora associada de confiança, que ajudava a tomar decisões de produção — e a sua mudança de fé foi imediatamente notada no ambiente de trabalho. O chefe da empresa, que a protegia, começou a chamá-la de "a garota de Jesus".

Durante o começo da década de 80, Martha se uniu a uma associação profissional de diretores e escritores de Hollywood que se encontravam regularmente para comunhão cristã e incentivo. A associação orava regularmente para que Deus realizasse um milagre em Hollywood, para que houvesse um testemunho cristão claro, vindo do coração da própria indústria do entretenimento.

As pessoas realmente se levantavam dessas reuniões de oração com os roteiros na mão. Elas tinham comprado os direitos de *The Magician's Nephew*, de C. S. Lewis, ou alguma outra obra de alegoria cristã, e queriam que o grupo orasse para que eles conseguissem produzir um filme e ajudar a mudar a direção de toda a indústria cinematográfica. A seguir, o grupo orava especificamente pelo sucesso do projeto.

Embora Martha murmurasse "amém" ao final destas orações, ela realmente estava pensando: *Sem chance.* Ela duvidava de que esses sonhos viessem a tornar-se realidade, pois já estava dentro de Hollywood, assistindo a "reuniões de lançamento" tão rápidas que mal conseguia se lembrar dos seus assuntos. Ela conhecia as pessoas que dirigiam os estúdios, e sabia que eles não iriam trabalhar da maneira como os seus bem intencionados amigos esperavam. Um projeto que transmitisse uma mensagem cristã teria que ter sucesso na cultura mais ampla *antes* que os agitadores de Hollywood considerassem a possibilidade de realizá-lo. Talvez alguém produzisse uma história sobre, digamos, o movimento dos direitos civis, ressaltando a dimensão da fé, mas nunca *The Magician's Nephew*. Ali não havia um sentimento de missão. A sua função era fazer dinheiro.

E, francamente, também era assim com Martha. Embora os outros falassem de transformar a cultura de Hollywood, ela tinha que admitir que na maior parte do tempo ela somente queria receber o seu salário. Isto já era uma coisa bastante difícil nesta cidade.

Mas Martha tinha os seus próprios sonhos. Ela acreditava que tinha o talento para escrever comédias divertidas e irônicas, e drama. Também acreditava que seria capaz de produzir roteiros para a televisão. Ela não queria trabalhar para uma companhia cinematográfica cristã. Ela não queria escrever sobre os personagens bíblicos, criando celulóide para encher as horas mortas da televisão nas manhãs de domingo. Ela queria escrever programas de horário nobre com uma perspectiva cristã.

Ela decidiu que iria tentar, e passou de produtora associada a escritora. E pouco tempo depois de tornar-se uma escritora foi que ela deitou-se com o rosto em terra, reconhecendo a sua completa dependência de Deus. Rapidamente ela veio a compreender que planejar a sua própria carreira era algo enlouquecedor, e prometeu a Deus que não iria fazer nenhum esforço extraordinário para precipitar as coisas. Ela não iria planejar nenhuma estratégia complicada, mas faria o que Deus colocasse diante dela e deixaria que Ele a levasse onde ela deveria ir. Martha acreditava que Ele conhecia os mais profundos desejos do seu coração, e que Ele mesmo sabia o que esperava dela. Ela iria confiar tudo aos cuidados de Deus.

▪ ▪ ▪

Da maneira como nós, nos exércitos celestiais, vemos as coisas, o milagre foi a transformação interior de Martha. Mas o que a maioria dos humanos veria como milagre começou quando a rede de televisão CBS ofereceu a Martha uma oportunidade para ser a produtora executiva de um programa chamado *Angel's Attic* (O Sótão do Anjo). Ela não aceitou — basicamente porque a CBS tinha acabado de recusar outro projeto seu, e ela estava zangada com isso.

Martha tinha passado as últimas semanas trabalhando como uma "reparadora" para um programa piloto de televisão chamado *Under One Roof* (Sob um Mesmo Teto). O programa tinha um grande potencial. O ator principal era o notório James Earl Jones e a história era sobre os problemas reais de uma família que morava em Seattle. Justamente o tipo de série dramática em que Martha sempre tinha querido trabalhar. O piloto foi muito bem e tinha a qualidade de programação que os executivos das redes sempre dizem estar procurando.

Mas, inacreditavelmente, a CBS o recusou. Então, somente quatro horas mais tarde, eles enviaram a Martha o piloto para *Angel's Attic*.

A rede estava determinada a fazer um "programa com anjos". As pesquisas mostravam que 70% do público americano acredita em anjos e que praticamente qualquer produto sobre anjos seria um sucesso. Mas quando Martha assistiu à fita que a CBS tinha lhe enviado, ela descobriu que era sobre anjos que brigavam entre si e reclamavam do Todo-Poderoso. O programa imitava um programa sobre policiais, sendo Deus o superior obstinado e os anjos os renegados que somente faziam o serviço infringindo as regras burocráticas. A velha fórmula devia ser reforçada, supostamente, com efeitos especiais que mostrassem os anjos suspensos no ar — com asas e tudo. E o que era pior, os anjos nem mesmo eram anjos reais. Eles eram pessoas recentemente falecidas enviadas à terra por razões desconhecidas.

Martha respeitava os executivos da CBS. Eles tinham ajudado a sua carreira por muitos anos, desafiando-a a escrever do fundo do coração, apoiando o seu trabalho em *Jack's Place*, com a interpretação de Hal Linden. Assim, ela não podia entender como eles podiam recusar um trabalho de alta qualidade como *Under One Roof* mas estar determinados a usar um programa banal e repetitivo como *Angel's Attic*.

Naquela noite, a caminho de um compromisso no jantar, Martha travava um furioso debate mental consigo mesma. Estava claro, ela teria que repensar o seu relacionamento de trabalho com a CBS. Outra rede já lhe tinha oferecido trabalho, o que representava um pássaro na mão. Mas ela tinha nutrido esperanças de que *Under One Roof* seria aceito, para que ela pudesse continuar na CBS, fazendo o seu próprio tipo de programa.

Martha apanhou o seu telefone celular e ligou para o vice-presidente que havia lhe enviado a fita de *Angel's Attic*. A oferta da rede estava deixando-a louca, ela lhe disse, e ela simplesmente queria encerrar o assunto. Então ela poderia decidir se tinha algum futuro na CBS (o que ela provavelmente não tinha) ou se deveria escrever para outra rede (o que ela provavelmente não faria).

— Eu sinto muito, ela disse ao vice-presidente. — Eu sei que vocês investiram muito neste programa, e vocês têm um elenco promissor. Mas não é o tipo de coisa que eu quero fazer.

— Mas é exatamente por isso que enviamos para você, Martha. Ele precisa ser transformado no tipo de programa que você e outras pessoas de talento *irão* querer fazer.

— Não. Eu sinto muito, mas a resposta é não. Nós podemos almoçar juntos na próxima semana, e eu vou lhe dar os conselhos que puder para que você transmita à pessoa que contratar.

Na semana seguinte, Martha conversou com o seu agente, que lhe assegurou que o trabalho de escritora para a outra rede parecia já estar fechado, embora em seu ramo de negócio nada estivesse realmente garantido até a transferência do dinheiro para a sua conta. Para encerrar o seu relacionamento de trabalho com a CBS, ela almoçou com os executivos. Ela se sentia um pouco desanimada por terminar um relacionamento de trabalho tão bom, e até o último momento, quando já estava entrando no carro e dizendo adeus aos seus colegas da CBS, ela se surpreendeu dando-lhes conselhos sobre o programa relacionado ao anjo.

Naquela tarde o seu agente ligou para dizer que os detalhes do emprego na outra rede estavam em negociação, embora os produtores quisessem mudar o seu cargo, mostrando que eles estavam retirando uma parte do controle criativo que tinham prometido. Mas era a mesma quantia. Talvez até mais dinheiro. Tudo era negócio, como sempre.

Na manhã seguinte tudo mudou.

■ ■ ■

Se eu fosse um anjo da TV, ao invés de um ser real, exatamente neste ponto da história eu faria uma entrada dramática. Diria a Martha:

"Eu sou um anjo enviado por Deus" e lhe diria o que Deus queria que ela fizesse. Mas da maneira como estavam as coisas, ela não tinha idéia de que eu a estava vigiando. Ela somente soube, com uma convicção repentina, mas absolutamente segura, que Deus queria que ela trabalhasse naquele programa sobre anjos.

Durante os doze anos da sua experiência cristã, Martha tinha ficado cada vez mais atenta à voz do Senhor, a um ponto em que ela pensava que realmente poderia distinguir as ordens de Deus dos seus próprios desejos. Para ela, uma palavra de Deus não se anunciava gradualmente. Ela não se erguia acima do tempo como uma intuição ou uma visão. Para ela, uma palavra de Deus vinha de uma vez... e então exigia obediência. Se ela não obedecesse imediatamente, sabia que ficaria infeliz. Se Martha tinha chegado a fazer algum progresso em sua vida espiritual, foi ao aprender a minimizar o tempo entre ouvir a ordem de Deus e executá-la.

Foi isto o que aconteceu naquela manhã crucial. Em algum ponto durante o tempo em que ela saiu da cama, tomou o café da manhã e escovou os dentes, simplesmente *soube* que Deus queria que ela realizasse *Angel's Attic*. Ela até mesmo suspeitou que o programa sobre os anjos era a oportunidade de uma vida que Deus tinha estado preparando para ela.

Martha percebeu que não tinha orado sobre esse assunto antes de recusar. Sempre um erro. Com isso, ela confessou a Deus que tinha estado errada e lhe disse que agora ela tinha ouvido.

Foi um verdadeiro milagre? Com tão pouca ostentação? Sem espetáculo de luzes e sons? Sem efeitos especiais? No entanto, o que mais pode explicar a perfeita coincidência da loucura popular sobre os anjos, o piloto fraco, o entusiasmo da rede, o relacionamento de Martha com a rede e o relacionamento dela com Deus?

Martha chamou o seu agente, mas foi informada de que agora ela teria que "se candidatar" ao emprego da CBS, que ainda ontem eles estavam oferecendo a ela.

— OK — ela disse —, marque a reunião.

O seu agente ligou de volta. — Martha, o pessoal da CBS não pode se reunir com você antes da próxima quarta feira. O acordo com a outra rede está fechado, mas você precisa assiná-lo amanhã. Ele só vale por 24 horas. Você vai ter que aceitar este agora.

— Eu não posso.

— Você está louca? Você está rejeitando um grande programa e um salário enorme por uma oportunidade de produzir algo que todos pensam que é uma bobagem? Isto não parece coisa sua. Isto não é inteligente.

— Marque a reunião com a CBS. Eu tenho certeza de que vou conseguir o emprego com eles.

— Martha, você jogou esse programa na cara deles. Por que eles o dariam a você agora?

— Eu sei que tudo isso parece uma loucura, mas é uma coisa de Deus. Simplesmente marque a reunião.

Martha não rabiscou as suas observações sobre como consertar *Angel's Attic* até a manhã da sua reunião com a CBS. Ainda assim, ela foi à reunião muito confiante. Se Deus lhe tinha dito que se candidatasse para o programa, raciocinava ela, Ele iria dar-lhe o emprego.

Na reunião, os executivos se sentaram junto a uma mesa semicircular, incluindo o presidente da companhia naquela época, Peter Tortorici. Estas não eram pessoas que tivessem qualquer afinidade com as coisas espirituais. Como eles iriam interpretar o que ela ia lhes dizer?

— Nós estamos surpresos, Martha —, disse Tortorici, depois das apresentações — mas estamos contentes que você tenha decidido repensar em sua decisão sobre envolver-se no projeto. O que você fez com o programa?

— Toda série de sucesso tem as suas próprias regras dramáticas —, começou ela — mas o piloto não demonstra quais são essas regras. Ou, se demonstra, as regras não estão funcionando. Por exemplo, você não pode ter anjos que discordam das ordens de Deus. Os anjos são mensageiros de Deus. Eles fazem somente o que Ele manda.

Ela percebeu que os executivos se surpreenderam ao ouvir o seu tom confiante, a sua suposição de que sabia o que os anjos fazem.

— Nós veremos Deus dando as ordens aos anjos? — perguntou um dos executivos, tentando-a.

— Não — disse ela. — Ninguém pode ver Deus. É por isso que, se Deus quer que alguém veja um ser celestial, Ele envia anjos. E os anjos não são pessoas que morreram recentemente. Eles são anjos desde o início dos tempos.

— Mas por que as pessoas iriam querer ver um programa sobre anjos se eles não podem imaginar que venham a ser um deles? Os homens e mulheres ao redor da mesa pareciam perturbados com esse pensamento.

— Porque o programa não seria sobre os anjos. Este é o problema. O programa precisa abordar o seguinte tema: Se as pessoas desejam mesmo fazer o que Deus quer. É aí que está o drama, ela disse firmemente. "E nós temos que confrontar todas as grandes questões. Por que Deus deixou o meu bebê morrer? Onde está Deus no meio desta doença terminal? Por que Deus não cuida dos pobres? Por que Deus não faz com que as pessoas más deixem de atormentar os indefesos?

— Você acha que podemos abordar assuntos como estes? — eles perguntaram, surpresos.

— Nós precisaremos, disse ela. — E nós teremos que fazer isto a partir do conceito de que Deus ama a todos e deseja o melhor para todos; que Ele intervém por meio dos seus mensageiros angelicais para que os nossos personagens, que estão em situações críticas, saibam que Ele os ama e que irá fazer a coisa certa. Vocês sabem que sou cristã, mas eu não estou propondo que façamos um programa cristão. O que estou propondo é que as regras dramáticas do programa sigam o que todas as principais religiões acreditam a respeito de Deus — que Ele nos ama e cuida de nós.

Ela estava tendo sucesso. — E não há dúvida de que existe uma audiência para isto. As pessoas religiosas estão cansadas de ver-se retratadas como fanáticas, mercenárias, assassinos seriais ou simplesmente estúpidas. A audiência deste programa poderia usar alguma *inspiração* real, para variar".

Os executivos repentinamente passaram a tratar de detalhes. *Um bom sinal ou um mau sinal?*, perguntou-se Martha.

— Vocês podem filmar novamente algumas cenas e adaptar o projeto piloto?

— Não.

Ela olhou os seus rostos enquanto eles tentavam engolir uma perda de dois milhões de dólares.

— E quanto ao elenco?

— Este é o nosso ponto forte. Roma Downey e Della Reese são demais, porém você precisa pegar a sinceridade de Roma e a autoridade de Della e dar uma chance para que se forme o seu próprio tipo de química. É preciso que exista uma firme simpatia, um relacionamento de orientação, de tutoria. Elas não podem ser antagonistas.

— Martha, por que você não espera no escritório ao lado por alguns minutos? — perguntou Peter Tortorici. — Nós precisamos conversar um pouco aqui.

Quando chamou Martha de volta à reunião, ele disse: — Nós queremos que você faça tudo o que acaba de dizer. Mas precisamos do primeiro episódio em três semanas. A partir de agora, você tem um escritório e uma vaga de garagem. E é melhor começar logo. Feito?

▪ ▪ ▪

Se os executivos da CBS estavam sujeitos à influência divina, nem mesmo a voz de um anjo pode dizer. Martha atribuiu a sua abertura na reunião ao desespero. Eles precisavam do programa, mas sabiam que ele não iria funcionar sem alguém que tivesse uma visão real para ele. Mas Martha não poderia ter sabido disso de antemão. Assim, talvez o verdadeiro milagre aqui tenha sido a sua obediência determinada, mesmo diante da possibilidade de perder os seus prospectos imediatos de emprego, juntamente com a sua vontade de realizar a vontade divina. Eu gostaria de poder reivindicar para mim o crédito de Martha ter sentido *O Toque de um Anjo*, como o programa veio a ser chamado, mas, para dizer a verdade, Deus me enviou somente para observar este caso.

Durante mais de um ano, *O Toque de um Anjo* continuou um engano. O terrível programa original tinha produzido um "zumbido" na mídia que quase selou a morte do programa antes que os esforços de Martha vissem a luz no fim do túnel. Mesmo então, a CBS não conseguia encontrar o horário correto para o programa. Durante uma temporada inteira, eles moveram o programa por todos os horários da grade, com o resultado de que a audiência era desanimadora.

Quando o programa finalmente fez uma pausa (a pausa da produção no final da temporada), parecia que *O Toque de um Anjo* seria cancelado depois de apenas uma temporada. Martha estava exausta de lutar com os roteiros, o elenco e a equipe, e ela só queria descansar e recuperar as suas energias. Mas ela recebeu outra ordem do Senhor: Ela precisava lutar pela renovação do programa com toda a energia que pudesse reunir.

Com a ajuda dos colegas e de amigos de Hollywood, Martha voou por todo o país, realizando uma pesquisa nos meios de comunicação para obter a opinião dos telespectadores sobre os dois últimos episódios, que ainda não tinham sido exibidos. As notas dos telespectadores não subiram significativamente para estes dois episódios, mas também não caíram. O pessoal da televisão reconheceria isso como um sinal positivo: o telespectador era leal, procurando o programa quando quer que ele aparecesse na grade.

Mas, na melhor das hipóteses, *O Toque de um Anjo* atraía somente uma parcela de 1/12 da audiência segundo o índice Nielsen da televisão. Ninguém, exceto Martha e os seus leais colegas, achavam que ele seria prolongado por outra temporada.

Finalmente, Martha foi para Nova Iorque e passou pelos corredores da rede, agarrando todo mundo que pudesse lhe contar sobre o destino do programa. No final, ela obteve acesso ao presidente da rede, e embora os seus apelos em outras jurisdições tivessem ido até o fundo, aqui ela falou à alma do homem.

"Quando estiver em seu leito de morte", ela se atreveu a dizer, "você não estará pensando em como está contente por ter prolongado *Walker, Texas Ranger*. Mas você nunca se esquecerá de ter prolongado *O Toque de um Anjo*, e você sempre se sentirá feliz".

O presidente não lhe fez nenhuma promessa, e até hoje Martha não sabe o que finalmente moveu a balança. Esta parte do milagre permanece escondida no coração de alguém. Mas a inesperada decisão de renovar *O Toque de um Anjo* para uma segunda temporada deu-lhe a oportunidade que necessitava para se tornar o programa de enorme sucesso popular que é hoje em dia.

A vida de Martha Williamson foi tocada por um milagre. E isso também acontece com os milhões que assistem o resultado do seu trabalho todas as semanas.

Cada geração de cristãos enfrenta desafios únicos... o desafio de viver com a cultura popular pode muito bem ser tão sério para os cristãos modernos, como a perseguição e as pragas foram para os santos dos séculos anteriores.

KENNETH A. MYERS

CAPÍTULO 14

O DIABO TEM TODA A BOA MÚSICA?

Enquanto você lê o capítulo 15, tenha em mente as seguintes questões:

- O que é o mal da cultura popular? E o que não é?
- O que é tão assustadoramente real sobre o cenário de Aldous Huxley em *Admirável Mundo Novo*?
- Como uma mudança em nossa perspectiva contribuiu para um declínio da cultura popular?
- O que podemos fazer para unir a nós mesmos e o nosso estilo de vida à verdade, à bondade e à beleza?

Há alguns anos, eu era o orador em um café da manhã de oração que se realizava durante a National Association of Broadcasters Convention. A jovem sentada ao meu lado na mesa era agradável e contagiante — uma escritora, disse ela — determinada a produzir um programa de televisão de sucesso para o horário nobre, expressando temas cristãos. Eu sorri, pensando: *Como é nobre... mas tão ingênuo*. E eu me perguntei como tantas pessoas do centro-oeste, brilhantes, jovens, abertas, tinham tido o seu idealismo esmagado contra as rochas de Hollywood.

— Bem, continue firme — disse eu, com a intenção de elevar um pouco as suas esperanças antes que ela desistisse e se retirasse para alguma editora cristã.

— Oh, com certeza — ela respondeu animadamente. — Na verdade, eu já fiz um teste para o programa, e a rede o rejeitou. Mas estou esmurrando algumas portas para que ele volte ao ar. Sei que Deus está nisso.

De repente, ela conseguiu a minha atenção. — Qual é mesmo o seu nome?

— Martha Williamson, ela disse, sorrindo. — E eu vou conseguir. É sério.

Oh, eu, um homem de pouca fé.

Muitos cristãos reclamam do lixo da televisão e da falta de opções para a família, mas Martha Williamson arregaçou as mangas e fez alguma coisa a respeito. A sua história é ainda mais admirável pelo fato de que não há nada que a diferencie das muitas pessoas talentosas e criativas de Hollywood — nada, exceto a sua fé obstinada. Ela é um grande exemplo de como os cristãos são chamados para usar os seus talentos para fazer a diferença ao formar a cultura popular norte-americana.

▪ ▪ ▪

O MEIO É A MENSAGEM

O chamado para redimir a cultura popular certamente é um dos desafios mais difíceis que os cristãos enfrentam hoje em dia. Graças à tecnologia moderna das comunicações, a cultura popular tornou-se incomodamente penetrante. É praticamente impossível evitar a influência da cultura por meio de anúncios, fitas, CDs, televisão, rádio, cinema, revistas, jogos de computador, fliperama e Internet. A cultura popular está em todas as partes, moldando os nossos gostos, nossa linguagem e os nossos valores.

Quando eu era pequeno, minha exposição à cultura popular era limitada — o ocasional faroeste nas tardes de domingo, no cinema local, as séries Green Hornet no rádio, as séries de aventura dos Hardy Boys e o jornal *Saturday Evening Post*. E isso era tudo. Mas hoje a cultura popular aparece em cada cartaz, grita da televisão em inúmeros canais durante o dia inteiro, explode em nossos computadores, ressoa no rádio do carro e enfeita as nossas camisetas e os tênis. Nenhum de nós consegue escapar.

À medida que a cultura popular se espalhou, o seu conteúdo piorou de maneira chocante. Não é preciso dizer que durante as últimas três ou quatro décadas o nível do sexo e da violência cresceu imensamente nos cinemas, na música, na televisão e até mesmo nas revistas em quadrinhos. Naturalmente os cristãos sempre tiveram de lidar com coisas que eram vulgares, luxuriosas ou grosseiras, mas na maioria dos casos nós podíamos simplesmente evitá-las. Hoje isto é praticamente impossível.

Mas embora a maioria de nós perceba o quanto é perigosa a exposição ao *conteúdo* imoral, com freqüência falhamos em perceber que a *forma* da cultura popular também nos afeta quase da mesma maneira — não apenas *o que* é dito, mas também *como* é dito. Isto é o que o educador Marshall McLuhan quis dizer com o seu famoso provérbio "o meio é a mensagem".[1] A melhor maneira de entender isto é por meio da comparação com a alta cultura. Um soneto ou uma sinfonia tem uma estrutura complexa, que requer algum tempo para ser compreendida. Isto nos desafia; temos que trabalhar para poder apreciar isto. É por isso que nós, americanos, estudamos Shakespeare nas aulas de inglês, e Mozart nos cursos de apreciação musical. Mas quem faz um curso para entender Madonna? Quem precisa fazer isso? Quem estuda uma disciplina chamada "Novelas das Oito"?

Estas formas praticamente não requerem nenhuma disciplina e nenhum esforço intelectual. No máximo, a cultura popular tenta *evitar* que a audiência trabalhe. Ela é planejada para ser simples, divertida e fácil de entender, oferecendo gratificação imediata. Ela prende a nossa atenção com frases cativantes, música alta penetrante e efeitos visuais sensacionais, tudo isto planejado para ignorar a mente e apelar diretamente aos sentidos e às emoções. Além disso, os livros populares e os programas de televisão freqüentemente são escritos segundo uma fórmula, com enredos previsíveis e personagens estereotipados, de modo que já sabemos tudo o que vai acontecer. Os leitores e telespectadores deslizam sem ter que pensar muito sobre onde estão indo — simplesmente aproveitam a paisagem ao longo do caminho. Isto é algodão-doce para a mente.

Não há nada de errado com um pouco de algodão-doce em uma dieta equilibrada de outra maneira. Mas *existe* algum perigo em um consumo constante de sanduíches ou *fast food.* Para começar, você pode perder o seu gosto pela comida mais saudável. E com o algodão-doce mental, isto é perigosamente fácil de acontecer. A cultura popular vicia facilmente, destruindo o nosso gosto por alguma coisa mais substanciosa. Pode ser muito prático permitir que os filhos assistam aos desenhos animados em vídeos e DVDs, de modo que já não precisamos nos disciplinar para ler a literatura clássica para eles. Nós podemos ficar tão acostumados a ouvir a música popular no rádio, a ponto de não mais tocarmos os CDs de Bach ou Mozart, nem aprendermos a apreciar a música clássica.

E, o pior, a cultura popular pode destruir até mesmo a nossa capacidade de enfrentar tarefas mentais mais desafiadoras. Concentrando-se na experiência imediata, ela vai erodindo as qualidades necessárias para manter a atenção. Oferecendo o consumo fácil e a gratificação emocional, ela nos desencoraja de analisar o que vemos ou ouvimos. O que precisamos entender é que cada forma de meio incentiva um tipo diferente de processo mental, como explica Neil Postman em *Amusing Ourselves to Death*. Na leitura, por exemplo, a página impressa descortina a sua narrativa linha após linha, educando-nos em um processo de pensamento coerente, linear e racional. Em contraste, a televisão reduz os eventos complexos com imagens rápidas, causando um período de atenção curto, o pensamento desconecto e reações emocionais.[2] A cultura popular é como um narcótico: com o passar do tempo pode realmente debilitar a capacidade do cérebro.

No entanto, mais perturbador é o impacto que a cultura popular pode produzir em nossa vida espiritual. A atenção ao campo espiritual exige um conjunto de talentos e sensibilidades completamente diferente do solicitado pelas distrações da cultura popular. O estudo da Palavra de Deus requer concentração mental e disciplina. A oração e a meditação exigem memória concentrada e a capacidade de isolamento do ruído dos eventos cotidianos. Assim, a cultura popular (mesmo as versões cristãs dela) pode erodir as habilidades e as disciplinas necessárias para uma vida espiritual robusta.

As Escrituras sugerem este princípio no segundo mandamento, onde advertem contra a confecção de ídolos. Postman escreve que, quando lia a Bíblia, em sua juventude, imaginava por que Deus proibiria o seu povo de representar a divindade em imagens visuais. "É uma estranha proibição para ser incluída como parte de um sistema ético", dizia ele, "*a menos que o seu autor supusesse uma ligação entre as formas da comunicação humana e a qualidade de uma cultura*".[3] Exatamente. No mundo antigo, cada nação tinha as suas próprias divindades tribais, representadas em estátuas ou imagens. Em contraste, a Bíblia ensina a existência de uma divindade universal — um conceito tão abstrato que simplesmente não pode ser expresso em imagens concretas. "O Deus dos judeus devia existir na Palavra e por meio da Palavra, uma concepção sem precedentes, que exigia o tipo mais elevado de pensamento abstrato." Esta concepção radical de Deus, imagina Postman, só poderia entrar na cultura se as representações concretas de Deus fossem proibidas.[4]

Em outras palavras, as formas da comunicação de uma cultura são uma influência importante na formação da maneira como as pessoas pensam — até mesmo a maneira como pensam a respeito de Deus.

O que isto quer dizer é que enquanto o conteúdo não for imoral, não existe nenhum mal na cultura popular propriamente dita. Assistir a um bom programa de televisão, marcar com o pé o compasso da mais recente música popular cristã, ou perder-se nas páginas de um romance em um entretenimento leve pode ser uma diversão agradável. Muitas obras de cultura popular até mesmo expressam verdades espirituais ou morais genuínas, como veremos mais adiante. No entanto, *existe* mal em uma dieta constante de cultura popular, porque isso encoraja uma reação à vida irrefletida e emocional, ao invés do pensamento e da análise disciplinados — o que pode levar, por sua vez, a uma vida espiritual simplista. A cultura popular se encaixa na categoria das coisas a que o apóstolo Paulo se referiu quando disse:

"Todas as coisas me são lícitas, mas nem todas as coisas edificam" (1 Co 10.23). Podemos desfrutar da "comida rápida" cultural desde que estejamos treinados para ser seletivos, desde que não nos entreguemos aos hábitos do escapismo e da distração, e desde que definamos limites para que as sensibilidades da cultura popular não moldem o nosso caráter.

Os perigos da cultura popular moderna foram previstos por Aldous Huxley, em sua clássica obra anti-utópica *Admirável Mundo Novo* — que contrasta agudamente com outra obra anti-utópica, *1984*, de George Orwell. Orwell advertia a respeito de um governo comunista que proibia livros; Huxley advertia a respeito de um governo ocidental que não *precisava* proibi-los — porque ninguém mais leria livros sérios. Orwell predisse uma sociedade privada da informação pelos censores do governo; Huxley predisse uma sociedade super saturada de informação pelos meios eletrônicos — até que as pessoas perdessem a capacidade de analisar o que tinham visto e ouvido. Orwell temia um sistema que escondesse a verdade por trás da propaganda e das mentiras do governo; Huxley temia um sistema onde as pessoas deixassem de se preocupar com a verdade e se preocupassem somente com o seu entretenimento. Orwell descreveu um mundo em que as pessoas eram controladas pela aplicação de dor; Huxley imaginou um mundo onde as pessoas eram controladas pela aplicação do prazer.[5] Ambos os livros provaram ser estranhamente inexatos — Orwell descrevendo a praga totalitária do nosso século, Huxley descrevendo a enfermidade das sociedades opulentas livres.

Huxley prossegue castigando os libertadores civis do ocidente que sempre estão alerta contra uma tirania imposta externamente, mas que deixam de perceber como eles podem ser facilmente seduzidos por uma tecnologia opressora negligente: estes guardiões da liberdade, diz ele, "deixaram de considerar o apetite quase infinito do homem pela distração".[6] E em nenhum lugar o apetite pela distração é mais sedutoramente provocante pela cultura popular banal e estúpida do que na América.

Como, então, podemos nos proteger, e às nossas crianças, contra esta suave opressão? Somente entendendo de onde surgiu a cultura popular, como ela se desenvolveu, que visão de mundo ela expressa e quais idéias e tendências básicas nos levaram até este ponto.

COMIDA DE MÁ QUALIDADE PARA A MENTE

O primeiro passo para examinar a visão de mundo existente por trás da cultura popular é encontrar uma definição prática da palavra. Muita gente pensa na cultura popular como sendo a forma contemporânea da cultura folclórica, mas isto não é exato. A cultura folclórica consiste em histórias e mitos, fábulas e canções que se originam do modo de vida de um povo em particular. A verdadeira cultura folclórica da América remonta aos dias de colônia e inclui formas como quadrilhas, canções de negros, canções para banjo como "Oh My Darlin'Clementine", histórias sobre Davy Crockett e Paul Bunyan, artes e artesanatos. A cultura popular, por outro lado, é relativamente nova, sem raízes em nenhuma tradição étnica ou folclórica; ela é produzida em massa e padronizada, moldada mais pelas pesquisas de mercado do que pela expressão espontânea da experiência de um povo.

Kenneth Myers oferece uma analogia útil na obra *All God's Children and Blue Suede Shoes*, comparando as culturas com a culinária.[7] A cultura folclórica, com as suas canções e histórias, é como a comida étnica — a salsicha alemã, o bacalhau da Noruega, a sopa de beterraba da Rússia — que se origina de um modo de vida tradicional. Mas a cultura popular é como a comida rápida, cheia de sal, açúcar, cores e sabores artificiais. Ela parece atraente, tem um sabor marcante, mas, na verdade, oferece pouca nutrição. A comida rápida do tipo coca-cola e hambúrgueres do McDonald's não está enraizada na herança cultural específica americana, mas pode ser imposta indiscriminadamente a qualquer cultura existente — e na verdade *foi* transplantada para todo o mundo. Analogamente, a cultura popular não pertence a nenhum grupo étnico em particular, mas invade todas as culturas. Por exemplo, quando os refugiados da parte sul da China foram resgatados das águas infestadas de tubarões pela guarda costeira dos Estados Unidos, a única palavra em inglês que eles conheciam era *MTV*.

De onde se originou esta nova forma de cultura produzida em massa e padronizada? Em grande parte, ela é o resultado das mesmas teorias sobre a arte, apresentadas no capítulo 13. Como explicamos ali, quando a ciência foi "ungida" como sendo o único caminho para a verdade (linguagem científica), a arte foi relegada à fantasia subjetiva, e os artistas se colocaram na defensiva. A sua reação foi fabricar uma filosofia que, no final, exibiu a arte como um instrumento de subversão, um meio de torcer os narizes à sociedade convencional. Esta filosofia da "arte-como-rebelião" migrou da Europa para a América, onde infiltrou-se em nossa própria tradição folclórica. Na música, por exemplo, a nossa cultura étnica produziu o jazz, o blues, o folk e a música gospel, mas quando a filosofia de vanguarda chegou, o resultado foi o rock, Elvis, os Beatles, os Rolling Stones... e o final já sabemos. E à medida que a nova filosofia da arte chegava ao controle, o implacável ataque aos valores correntes chegou a um ponto tão fervoroso de profanação e perversidade, que hoje em dia temos letras de canções que glorificam a morte e a violência.

O importante é que o declínio da cultura popular não foi meramente um resultado do declínio do gosto popular; foi um resultado direto de uma mudança de perspectiva. A arte começou a defender tudo o que se opunha ao Iluminismo e à ciência: exaltou a emoção sobre a razão, o instinto sobre a racionalidade, a sensação sobre o pensamento, o primitivismo sobre a civilização. Primeiramente ensinada nas escolas de arte, esta filosofia de vanguarda finalmente encontrou o seu caminho nos estúdios de gravação. Na verdade, muitos músicos de rock ingleses influentes realmente começaram como estudantes de arte, entre eles Keith Richards, Peter Townshend, Eric Clapton e John Lennon. Como resultado, os Beatles, os Rolling Stones, o grupo The Who, o Cream e muitos outros conjuntos ingleses estavam deliberadamente criando música que expressava a filosofia do artista como um herói romântico, que esmagava a cultura estabelecida para criar uma nova cultura de liberdade moral, alívio emocional, energia animal e sensações vívidas. A pura energia do rock — a batida tipo pancada, os gritos, o espetáculo — tudo pretende ignorar a mente e apelar diretamente às sensações e aos sentimentos.[8]

Assim, o rock, pela sua própria forma, incentiva uma mentalidade subjetiva, emocional e sensual — não importa o que as letras possam dizer. É por isso que os cristãos precisam aprender a analisar não apenas o conteúdo da cultura pop, mas também a própria forma da arte, o modo de expressão.

O perigo é que a cultura popular cristã possa imitar a cultura em voga, mudando somente o conteúdo. O mercado musical abunda de rock e rap cristãos, blues e jazz cristãos, heavy metal cristão. As estantes das livrarias estão cheias de "ficção cristã", desde histórias de aventuras infantis até romances quase sensuais. Os parques temáticos cristãos oferecem uma alternativa à Disney, e são líderes de venda os vídeos cristãos para as crianças e os de exercícios. De muitas formas, este é um desenvolvimento saudável, mas sempre precisamos perguntar: Estamos criando uma cultura genuinamente cristã, ou estamos simplesmente criando uma cultura paralela com uma aparência cristã? Estamos impondo um conteúdo cristão a uma forma já existente? A forma e o estilo sempre transmitem uma mensagem própria.

Por exemplo, há alguns anos, Nancy leu uma crítica estarrecedora sobre um vídeo na revista *Time*: "Imagens provocativas enchem a tela da TV. Sobre um ritmo de rock sincopado e instigante, a voz de uma mulher — urgente, sedutora — conta a história da possessão e da salvação". Não, não se tratava de um novo vídeo de Madonna. Era uma versão contemporânea da história bíblica de Jesus expulsando os demônios chamados de Legião.[9]

Nancy encomendou uma cópia do vídeo e descobriu que a crítica não era exagerada. O estilo quase surrealista era tão vívido que, para todos os efeitos práticos, ele impressionou mais do que qualquer ensino bíblico. A "mensagem é superada pelo meio", disse a crítica da *Time*, e isso é verdade. O objetivo dos produtores era admirável — atingir os jovens criados à base da MTV — mas se até mesmo um crítico secular pode sentir uma discrepância entre a mensagem bíblica e o estilo usado para transmiti-la, então, certamente, nós também devemos ficar mais atentos.

Quando criamos a cultura popular cristã, devemos tomar cuidado para não inserir simplesmente o conteúdo cristão em qualquer estilo que esteja na moda no mercado. Ao invés disso, devemos cultivar alguma coisa notadamente cristã tanto em conteúdo quanto em forma.[10] Precisamos aprender como identificar as perspectivas expressas em várias formas de arte para criticá-las e fabricar uma alternativa que seja solidamente bíblica.

AQUILO QUE FOR VERDADEIRO, AQUILO QUE FOR NOBRE...

A maneira de reverter a degradação da cultura pop é, mais uma vez, conectar a arte à verdade. Devemos desafiar a linguagem científica que reduz a verdade àquilo que só pode ser conhecido pelo método científico e argumentar a favor da primeira plataforma da perspectiva cristã: a criação. O mundo é a criação de um Deus que é a Verdade, a Bondade e a Beleza. Assim, a beleza é tão objetiva e real quanto as partículas de matéria dos cientistas. O primeiro passo para redimir a cultura popular, então, é fabricar uma perspectiva das artes baseada na Bíblia (um esquema está sugerido no capítulo 13).

Em segundo lugar, existem alguns passos práticos que todos nós podemos dar, começando com a disciplina dos nossos hábitos pessoais, para dizer não ao pior da cultura popular. Ela está tão infiltrada em nossos lares, em nossas escolas e em nossas igrejas que precisamos começar a detê-la. As igrejas que usam principalmente a música contemporânea em seus cultos devem considerar os efeitos de uma dieta constante de coros simples e canções de adoração de estilo pop, enquanto os hinos clássicos de fé são negligenciados.

Em casa, os pais precisam ter a coragem de expressar e ensinar as suas convicções às suas crianças — desligar a televisão, desconectar os fones de ouvido e recusar-se a permitir que os adolescentes usem camisetas que estampem imagens da última banda "grunge" (N.E. Em inglês, significa pessoa que tem aversão aos padrões estabelecidos). Eu tenho "subornado" os meus netos, oferecendo-lhes cem dólares para o seu fundo educacional a cada mês em que eles não assistam à televisão.

O Dr. Ben Carson, o mundialmente famoso neurocirurgião pediátrico da Universidade Johns Hopkins, era um garoto de um gueto feio, sem direção na vida. Ele atribui a sua surpreendente reviravolta ao seu encontro com Deus e à disciplina da sua mãe, que desligava a televisão e o obrigava a ler os clássicos e escrever comentários sobre eles. "Como a sua mãe conseguia fazer isso?", sempre lhe perguntam, e ele responde, com uma perspicácia irreprimível: "Oh, isto foi no tempo em que os pais ainda controlavam as famílias". Esta é uma dinâmica familiar que os pais cristãos precisam recuperar.[11]

Os cristãos também podem fazer a diferença no que é oferecido no mercado, votando com o seu dinheiro. Recuse-se a comprar músicas com letras obscenas ou indecentes. Recuse-se a favorecer filmes ou alugar vídeos que glorificam a imoralidade. Recuse-se a comprar romances que barateiam o relacionamento entre homens e mulheres e até mesmo limitam a pornografia suave. Boicotes — sejam organizados ou simplesmente individuais — nem sempre podem tirar um produto do mercado, mas transmitem uma forte afirmação moral.

Atualmente, por exemplo, diversos grupos cristãos, incluindo a minha própria congregação, os Batistas do Sul, estão boicotando os produtos Disney. Eu apóio a sua decisão, pois tenha ou não um efeito econômico significativo no grupo Disney, o boicote realiza uma importante função educacional na igreja e no público em geral. Até que este boicote fosse trazido a público, muita gente — incluindo muitos cristãos — não sabia que por trás da imagem familiar e amistosa do grupo Disney existe uma filosofia naturalista e secular contrária ao cristianismo. A corporação oferece benefícios familiares aos parceiros homossexuais dos seus funcionários, e os seus parques temáticos têm um "Dia Gay" especial. O grupo Disney possui a companhia cinematográfica Miramax, que produziu filmes como *Priest* e *Sirens*, que atacam ferozmente o cristianismo. O grupo Disney possui a rede de televisão ABC, que celebra abertamente o homossexualismo no programa *Ellen* e zomba do cristianismo no seriado *Nothing Sacred* (Nada Sagrado). Os pais ainda podem decidir se permitem que os seus filhos vejam filmes de Walt Disney, ou se levam seus filhos à Disney World, mas pelo menos eles devem estar cientes da perspectiva anticristã a que seus filhos estão sendo expostos, para que possam lidar apropriadamente com isto.

Mas boicotar os maus produtos é apenas o começo. A melhor maneira de combater a banalidade é produzir alguma coisa melhor. Devemos procurar, como escreve Paulo na epístola aos Filipenses, "tudo o que é verdadeiro, tudo o que é honesto, tudo o que é justo, tudo o que é puro, tudo o que é amável, tudo o que é de boa fama", e "se há alguma virtude, e se há algum louvor", nisso devemos pensar (Fp 4.8). Observe que Paulo não limita este princípio às coisas espirituais; ele diz *tudo* o que é excelente (ou de boa fama). Paulo está nos dizendo que treinemos os nossos gostos para amar as coisas mais elevadas — coisas que desafiam a nossa mente, aprofundam o nosso caráter e nutrem um amor pela excelência — e isto inclui a música que ouvimos, os livros e revistas que lemos, os filmes que vemos, as formas de culto que adotamos.

Se formos seletivos, poderemos encontrar uma cultura popular de alta qualidade, que lida com profundos dilemas morais de formas que nos ensinam novas dimensões do bem e do mal por meio de uma história cativante — mesmo que os temas desta história não sejam abertamente cristãos. O filme *O Resgate do Soldado Ryan*, de Stephen Spielberg, por exemplo, inspira em muitos espectadores um sentimento de gratidão pelo sacrifício feito pelos seus pais e avôs durante a Segunda Guerra Mundial. Também de Spielberg, o filme *A Lista de Schindler* nos lembra da realidade do mal e da necessidade de resistir a ele. Mel Gibson, um cristão devoto, fundou a sua própria companhia cinematográfica, a *Icon Productions*, para produzir filmes que reflitam uma compreensão cristã do bem e do mal, de honra e de coragem. Um dos filmes de maior sucesso da companhia é *Coração Valente*, com roteiro de Randall Wallace, um antigo aluno da Duke Divinity School que concluiu que produziria um maior impacto contando histórias do que pregando em um púlpito.[12]

Entre os filmes um pouco mais antigos está *Carruagens de Fogo*, baseado na história real de um atleta escocês que deseja colocar Deus antes de uma medalha de ouro olímpica. O diretor italiano Franco Zeffirelli renovou o seu compromisso com a fé cristã depois de um acidente de automóvel quase fatal, e desde então nos deu filmes *como Jane Eyre* (baseado no livro clássico de Brontë) e a série de televisão *Jesus de Nazaré*.

Em última análise, para sermos uma força redentora na cultura popular, precisamos encorajar os cristãos a ir além da crítica e começarem a ser criativos. Um número surpreendentemente grande de cristãos está procurando fazer exatamente isso. Martha Williamson não estava sozinha quando enfrentou as dificuldades de trabalhar em Hollywood; ela foi incentivada todo o tempo pelo apoio de grupos de cristãos que trabalham ali. Um destes grupos é o Inter-Mission, que é formado por escritores, produtores, diretores e atores que se reúnem quinzenalmente em escritórios em Nova Iorque e em Hollywood.[13] O Los Angeles Film Studies Center (um centro de estudos cinematográficos), um programa do Council for Christian Colleges and Universities (que é o conselho das faculdades e universidades cristãs), coloca estagiários — estudantes cristãos das faculdades — nos escritórios de poderosas empresas de comunicação. Eles trabalham como assistentes de produção e nos escritórios, aprendendo o que é necessário para abrir o seu caminho em meio a este campo minado. E o programa está funcionando: dos duzentos e setenta graduados no centro, mais de setenta estão agora trabalhando em Hollywood de alguma maneira, alguns deles em posições estratégicas — uma porcentagem quase incrível.[14]

Alguns homens de negócios estão dispostos a dispor das suas próprias fortunas para fazer a diferença. Norman Miller, que ficou conhecido como o gênio empresarial por trás da Interstate Batteries, recentemente fundou uma companhia produtora de filmes para criar filmes saudáveis de alta qualidade sutilmente entremeados com temas cristãos. O seu primeiro filme, *The Joyriders*, está estreando enquanto este livro está sendo escrito.

Um segmento de cultura pop que conserva um forte componente religioso, segundo o que Dave Shiflett escreve em *Wall Street Journal*, é a música country. "A maioria dos músicos da minha geração são da igreja", diz o exímio tocador de bandolim, Ricky Skaggs, que é conhecido por orar no palco entre as apresentações. "Normalmente interrompemos o concerto e explicamos que o bluegrass (ritmo de raízes populares) nasceu da música de igreja".[15]

Na cultura popular, como em qualquer campo, a melhor maneira de atingir uma audiência não cristã não é tanto por meio das palavras que pregam explicitamente o cristianismo, mas por meio de obras que expressem uma perspectiva cristã indiretamente. "Nós podemos fazer as pessoas prestarem atenção à perspectiva cristã por meia hora aproximadamente", disse C. S. Lewis, "mas no momento em que saem da nossa palestra ou acabam de ler o artigo, elas são levadas de volta a um mundo onde a posição oposta está garantida". Portanto, "o que queremos não é mais livrinhos sobre o cristianismo, e sim mais livrinhos escritos por cristãos sobre outros assuntos — com o seu cristianismo latente".[16]

O que aconteceria se a melhor música popular do mercado fosse composta por músicos cristãos? Se os melhores livros que estão nas livrarias fossem escritos por autores cristãos? Se os melhores programas da televisão transmitissem implicitamente uma perspectiva cristã? Os não-cristãos poderiam ver rapidamente que o cristianismo não é alguma coisa que possa ser relegada a uma parte separada da vida rotulada de "religião", mas é uma perspectiva viável que dá mais sentido a todas as coisas com que nos preocupamos.

O Diabo tem toda a música boa? Se depender de nós, você e eu podemos garantir que não.

Ele é a nossa paz, o qual de ambos os povos fez um; e, derribando a parede de separação que estava no meio, na sua carne, desfez a inimizade... fazendo a paz, e, pela cruz, reconciliar ambos com Deus em um corpo, matando com ela as inimizades.

EFÉSIOS 2.14-16

CAPÍTULO 15

E AGORA, COMO VIVEREMOS?

Enquanto você lê o capítulo 15, tenha em mente as seguintes questões:

- Quais eventos levaram Kim Phuc a tornar-se um cristão?
- Como a história de Kim é uma excelente parábola sobre como devemos viver agora?

Desde o guarda Sal em Nova Iorque até Henryk Górecki na Polônia e Martha Williamson em Hollywood, surge um padrão comum: os cristãos que entendem a verdade bíblica e têm a coragem de expressá-la podem verdadeiramente redimir uma cultura, ou até mesmo criar uma nova. Este é o desafio que *todos nós* enfrentamos no novo milênio.

Como tentamos demonstrar ao longo destas páginas, a perspectiva cristã é mais coerente, mais racional e mais trabalhável que qualquer outro sistema de fé. Ela derrota todas as outras concorrentes ao dar respostas dignas de crédito às grandes perguntas que qualquer perspectiva deve responder: De onde viemos? (*criação*); Qual é o dilema humano? (*queda*); e O que podemos fazer para solucionar o dilema? (*redenção*). E a maneira como *vemos* o mundo orienta a maneira como trabalhamos para *mudar* o mundo (*restauração*).

Nenhuma perspectiva é meramente uma filosofia teórica. É intensamente prática, e afeta o modo como vivemos as nossas vidas, dia após dia, e também a maneira como influenciamos o mundo ao nosso redor. Se adotarmos uma perspectiva falsa, inevitavelmente iremos nos encontrar indo contra a natureza do universo, o que nos levará a conseqüências com as quais não poderemos viver — como milhões de americanos estão descobrindo. No entanto, se ordenarmos as nossas vidas de acordo com a realidade, não apenas encontraremos significado e propósito, mas também descobriremos que as nossas vidas são mais saudáveis e mais completas. O cristianismo é o único mapa exato da realidade, e precisamos estar prontos para justificá-lo para aqueles que estão cada vez mais conscientes da futilidade de todas as outras perspectivas.

Mas existem cinco bilhões de pessoas neste planeta — você dirá — e nós vivemos em meio ao sofrimento aparentemente interminável, ao conflito e à guerra. Poderemos esperar resolver os problemas intratáveis que colocam nação contra nação? O nosso mundo está fraturado por abismos insondáveis entre as pessoas — inimigos de séculos, gerações de desconfiança e hostilidade, todo "o pecado que tão de perto nos rodeia" (Hb 12.1). Estes eventos são formados pelas forças internacionais de grande escala, muito além do alcance de qualquer coisa que você ou eu possamos fazer.

A resposta é que mesmo nestes casos, Deus pode usar atos de fé e fidelidade para curar os piores ferimentos e reconciliar os profundos conflitos entre as pessoas, e até mesmo entre as nações.

■ ■ ■

No *mall* (um grande calçadão na cidade de Washington D.C.), sempre há gente aglomerada em frente à The Wall, uma parede que recorda os soldados que morreram na guerra do Vietnã. Em todas as épocas do ano, em todas as horas do dia, as pessoas se reúnem ali. Mães e pais, agora avôs, procuram os nomes dos filhos e filhas que morreram há tanto tempo; crianças, agora adultos, procuram os nomes dos pais, de quem mal podem se lembrar; veteranos choram pelos seus companheiros; turistas se desconcertam diante de uma guerra que nunca fez muito sentido. Sempre muita gente, com a sua dor particular, questões sem respostas e um respeito silencioso em frente aos nomes dos mortos gravados no mármore negro polido.

Naturalmente, os monumentos maltratados pelo clima estão espalhados por todo o país — memoriais aos que morreram na Guerra Civil, na Guerra Hispano-americana, na Primeira Guerra Mundial, na Segunda Guerra Mundial e na Guerra da Coréia. Mas ainda é a Guerra do Vietnã que assusta os americanos como nenhuma outra guerra.

Como uma nação, ainda não podemos responder claramente por que os nossos jovens tiveram que caminhar pela trilha de Ho Chi Minh, ou por que tantos tiveram que morrer. Aqueles de nós que têm idade suficiente ainda se lembram das novas fotos de sacos de plástico preto no aeroporto de Saigon, as inúmeras convocações do exército, a história dos soldados atirando nos seus comandantes e os confrontos horrorosos em casa, entre a polícia e os manifestantes contra a guerra. E então aquela última visão dos nossos soldados fugindo, pulando nos helicópteros do teto da embaixada em Saigon — uma visão que encheu os americanos de vergonha.

Em 1996, em um esforço para encontrar alguma resposta para estas perguntas, diversos homens que tinham sido oficiais de alta patente, responsáveis pelas decisões políticas durante a guerra, decidiram ter uma reunião com os seus correspondentes vietnamitas. Foi agendada uma conferência em Hanói, iniciada por Robert McNamara, que tinha sido secretário de defesa durante as administrações de Kennedy e Johnson.[1] Dois anos antes, McNamara tinha publicado *In Retrospect: The Tragedy and Lessons of Vietnam* (Em Retrospectiva: A Tragédia e as Lições do Vietnã), onde ele admitia, depois de um silêncio de vinte e sete anos, que as decisões que ele e outros oficiais da Casa Branca tinham tomado em relação ao Vietnã tinham sido "erradas, terrivelmente erradas". Mas, claramente, ele ainda estava tentando entender *por que* as ações dos Estados Unidos tiveram resultados tão desastrosos. Talvez esta conferência fornecesse as respostas que tinham escapado a tanta gente, durante tanto tempo.[2]

Mas nada disso resultou da conferência. Desde os momentos de abertura, os vietnamitas, embora sorrindo educadamente, repreenderam firmemente os americanos pela interferência no que eles consideravam uma campanha para a reunificação nacional. O "Vietnã do Norte" nunca tinha sido um país separado, eles insistiam, nem se considerava estar "interferindo" nos assuntos do "Vietnã do Sul", não mais do que os estados do Norte da América se consideravam interferindo nos assuntos dos estados do Sul durante a nossa própria Guerra Civil. Os americanos ficaram chocados e frustrados.

Durante dias, os participantes avançavam e retrocediam em acaloradas discussões. McNamara até mesmo tentou conversar em particular com o General Vo Nguyen Giap, o general que tinha derrotado as forças francesas e americanas no seu país. Mas o general lhe deu uma aula sobre a verdadeira história do Vietnã, e McNamara não conseguiu dizer uma palavra.

No final, o antigo analista da CIA, Chester Cooper, dirigiu-se à mesa para falar, o nó da gravata frouxo, os ombros curvados, e sarcasticamente resumiu a posição do Vietnã: "Tudo o que nós fizemos depois da convenção de Genebra de 1954 foi errado e imoral, e tudo o que vocês (vietnamitas) fizeram foi certo e moral". E então ele suspirou: "Eu estou cansado de dizer que estávamos errados sobre tudo".[3] Mais tarde, novas fotos mostravam Cooper e McNamara no aeroporto de Hanói, esperando para embarcar de volta para casa, os seus ternos amassados pelo calor opressivo, os rostos exaustos e derrotados. A sua missão tinha sido um fracasso completo.

O problema é que McNamara estava procurando por soluções técnicas para aplicar a dilemas humanos e espirituais complexos. Ele era o tecnocrata fundamental: ele chegou à proeminência como um super gerente que tinha produzido pequenos milagres na Ford Motor Company, e mais tarde no Departamento de Defesa, pela introdução de controles de planejamento baseados em estatísticas. Um planejamento melhor, e um gerenciamento melhor, podem resolver qualquer problema. Ele estava convencido disso, especialmente se puder ser racionalizado em termos quantificáveis e manipulado por fórmulas.

Mas as feridas da guerra não se curam com análises matemáticas nem com estatísticas. A verdadeira cura deve vir de uma maneira completamente diferente.

■ ■ ■

Eu mesmo tenho as minhas próprias recordações do horror do Vietnã, e entendo a necessidade de uma solução. Como parte da administração de Nixon, durante anos ouvi os relatórios dos generais e almirantes, os relatórios diários do então assessor do presidente para Assuntos de Segurança Nacional, Henry Kissinger, e os monólogos de fim de noite do presidente sobre o Vietnã. Algumas vezes ajudei o presidente a tomar algumas das decisões mais angustiosas, como a colocação de minas e o bombardeio do porto de Hanói em maio de 1972, e estive envolvido nas negociações secretas depois da eleição naquele mesmo ano. Eu era um dos homens do presidente, e apoiei a sua posição o tempo todo. Mas a agonia da guerra me atingiu de várias maneiras. Eu sabia que as nossas decisões estavam colocando os meus antigos companheiros de classe — no colégio de fuzileiros navais — em uma situação difícil. Mas uma imagem da guerra ficou gravada em minha memória, e até hoje ela continua pungente e dolorosa...

Antes do nascer do sol, no dia 9 de junho de 1972, entrei em minha limusine para o trajeto diário para a Casa Branca. No caminho, pensava em ler relatórios do serviço secreto e resumos das notícias, assim como preparar memorandos para uma reunião do pessoal mais graduado naquela manhã. Mas antes disso, abri o *Washington Post* para ler as manchetes.

De repente senti como se tivesse recebido um golpe. Na primeira página, abaixo da dobra, havia uma foto do Vietnã que mostrava o resultado de um bombardeio. Mas havia alguma coisa terrivelmente errada: os feridos na foto não eram soldados, mas crianças. Um menino de calças curtas chorando. Duas crianças correndo de mãos dadas. E então a menina. No centro da foto estava uma menina que corria diretamente em direção à câmera, com os braços abertos, as suas roupas queimadas. A sua pele estava escurecida pelo napalm, e as suas mãos caíam sem vida, enquanto a sua boca gritava em pânico, os olhos refletindo o horror do céu negro que explodia atrás dela.

Instintivamente, a minha mente horrorizada quis ajudar esta criança. Involuntariamente eu pensei em minha própria filha preciosa, Emily. *E se ela tivesse se ferido desta maneira?*

E pior ainda, eu não podia evitar um sentido arrasador da minha própria responsabilidade pelo sofrimento desta criança. O seu grito silencioso me fez estremecer. A minha própria pele queimava com a culpa e a vergonha.

▪ ▪ ▪

No dia em que a foto foi tirada, dois jornalistas — Chris Wain, da Inglaterra, e o fotógrafo vietnamita Nick Ut — estavam acompanhando uma unidade em patrulha fora da vila de Trang Bang, na rodovia 1, que liga Saigon ao Camboja. Uma ofensiva do Vietnã do Norte tinha devastado rapidamente a vila, e então o Vietnã do Sul a bombardeou pesadamente durante três dias. A população tinha se refugiado em um pagode de duas torres, em um lugar parecido com um oásis, com palmeiras, que se destacavam contra as montanhas azul escuras. O templo era considerado um lugar sagrado, e nenhum soldado, nem mesmo americano, poderia pensar em atingi-lo.

De repente, o bombardeio ficou mais intenso e um sinal colorido caiu do céu em direção ao pagode, designando-o como alvo. Os soldados vietnamitas viram o sinal e imediatamente começaram a expulsar as pessoas do templo, dizendo-lhes que fugissem para salvar as suas vidas. Chris e Nick olharam para cima e viram dois aviões. Um deles se inclinou, passando diante do pagode, sobre os camponeses que fugiam.

À medida que o avião baixava, quatro latas caíram dele. Os jornalistas prenderam a respiração. Eles sabiam que aquelas coisinhas que faziam acrobacias ao longe estavam cheias de enormes quantidades de gasolina gelatinosa. Napalm. Imediatamente antes que as latas chegassem ao chão, tudo pareceu parar.

Então, ao mesmo tempo, uma maré de fogo varreu a estrada, incinerando tudo no seu caminho. O pavimento que levava ao pagode derreteu nas chamas. O vento provocado pelo fogo era tão forte que agitava as imensas copas das palmeiras ao redor do templo.

Então começou o desfile da morte. Das chamas corriam diversas mulheres e crianças, estranhamente silenciosas. Uma velha carregava um menino moribundo de três anos de idade, a sua carne pendurada como trapos. Um irmão e uma irmã correndo de mãos dadas. Então apareceu uma menina, nua, com os braços abertos. A criança que corria ao lado dela começou a gritar: "Por favor, ajudem! Por favor, ajudem!"

Rapidamente, instintivamente, o fotógrafo Nich Ut tirou uma fotografia da cena. Então os dois homens pegaram a menina nos braços e deram água a ela. "Muito quente", ela continuava dizendo. "Muito quente". Depois de esvaziar um cantil de água sobre o ombro queimado da garota, eles gentilmente a envolveram com uma capa de chuva e levaram-na ao hospital no seu jipe. Em algum lugar durante o trajeto ela ficou inconsciente.

Chris e Nick eram correspondentes de guerra já há muito tempo, mas nenhum deles jamais tinha testemunhado nada parecido com isso. No dia seguinte, Chris e o seu operador de câmera, Michael Blakey, visitaram a garota no hospital. Ela estava deitada com o rosto para baixo, inconsciente, sofrendo de queimaduras de terceiro grau sobre as costas e os braços, especialmente o braço esquerdo. O seu cabelo escuro tinha sido cortado, as suas feridas enfaixadas. O que parecia um rolo de papel higiênico estava colocado ao lado da sua boca. A sua mãe estava sentada aos pés da cama, abanando-a. Eles descobriram que o nome da menina era Kim Phuc, um nome que significa "Felicidade dourada".[4]

Chris perguntou a um enfermeiro quais eram as chances da garota.

"Ela?", disse ele, indiferentemente. "Ela morre, talvez amanhã, talvez depois de amanhã".

O tom insensível era mais do que Chris poderia suportar depois do trauma de ter testemunhado o bombardeio no dia anterior. Acontece que ele levava uma baioneta às costas — um símbolo de boa sorte. Ele tomou a baioneta e colocou-a na mão do enfermeiro. "Por que você não faz simplesmente uma boa coisa e não a mata agora!", disse ele. "Pegue isto, e mate-a. É mais misericordioso do que o que você está fazendo. Deixá-la morrer uma morte lenta desta maneira!"

O enfermeiro correu para procurar os médicos, e Chris conversou com eles rapidamente, gritando e durante muito tempo. Por fim, eles concordaram em transferir a garota ao Barsky Hospital em Saigon, uma instalação fundada por um médico americano que foi pioneiro em desenvolver técnicas cirúrgicas para tratar as vítimas de Hiroshima. O hospital agora era especializado em cirurgia plástica para crianças.

Em Barsky, a cirurgiã de plantão, Dra. Mai Lee, assumiu o caso de Kim, discutindo com a sua própria enfermeira, que afirmava que o hospital não tinha equipe para poder cuidar de uma vítima de queimaduras cuja condição podia não se estabilizar. Mas a Dra. Mai Lee insistiu e venceu.

■ ■ ■

Depois de quatorze meses no hospital, e dezessete cirurgias, Kim Phuc teve alta e foi para casa. Nos anos seguintes, ela era apenas uma adolescente anônima que sempre usava mangas compridas para cobrir as suas cicatrizes sinuosas, e que se preocupava porque elas eram tão feias que ninguém jamais desejaria se casar com ela.

Mas a foto de Nick Ut tinha deixado um legado. Eu não fui o único impressionado por ela; a foto ganhou um prêmio Pulitzer e tornou-se um emblema para toda uma nação que questionava a razão por que estava no Vietnã. Assim, em 1980, quando o mundo comemorava o quinto aniversário do fim da guerra do Vietnã, os jornalistas começaram a se perguntar o que teria acontecido à garota da famosa fotografia. As autoridades do governo vietnamita observaram isso e decidiram que Kim Phuc poderia ser a sua garota propaganda, de modo que a procuraram. Naquela época, ela estava estudando medicina em Saigon, mas as autoridades a arrancaram da escola e levaram-na para trabalhar como secretária nos escritórios do governo em sua própria província, Tei Ling, de modo que ela estivesse disponível para desfilar diante dos meios de comunicação e dignitários. Regularmente, eles lhe pediam que erguesse as mangas e mostrasse as suas cicatrizes, fazendo-a atuar como uma criança de pôster sobre os horrores da agressão americana.

Kim detestava esta função de propaganda e fugiu para Saigon para concluir os estudos de medicina que adorava. O governo reagiu destruindo os seus registros acadêmicos. Mesmo assim, Kim fugia à noite para Saigon para estudar inglês.

No final, ela foi descoberta por jornalistas interessados em contar a sua história (entre eles, Perry Katz, da revista alemã *Stern* e o inglês William Shawcross). Eles a fotografaram no restaurante dos seus pais, e inclinada e orando no mesmo pagode de duas torres de onde ela estava fugindo correndo na famosa foto. A sua família adorava na tradição Cao Dai: um misto de religiões do mundo, com práticas espiritualistas, que incluíam sessões onde se pediam mensagens dos mortos.

Ao falar com os jornalistas, Kim sempre sorria, mas em seu interior queria desesperadamente levar a sua vida. Para proteger a sua família, no entanto, ela nada dizia, pois o governo poderia destruir mais do que os seus registros acadêmicos. Para provar isso, o governo confiscou todas as posses da sua família — o restaurante, a sua casa grande, tudo, menos as suas vidas. E quem sabe quanto tempo mais eles iriam poupar essas vidas?

■ ■ ■

Kim ficou cada vez mais deprimida. E havia uma compensação em ter um "trabalho de espetáculo" com poucas responsabilidades: isso lhe permitia passar algum tempo na biblioteca local, onde ela lia vorazmente. E foi ali que ela leu o Novo Testamento pela primeira vez. O retrato bíblico de Jesus era bastante diferente do que ela tinha aprendido sobre Ele em Cao Dai, e ela acabou questionando a fé que tinha desde pequena. Cao Dai parecia impotente para aliviar a sua depressão, mesmo que ela orasse mais do que quatro vezes por dia no templo.

Finalmente, Kim foi convidada a freqüentar uma igreja batista com o cunhado da sua irmã, um cristão convicto. Ela se sentiu fortemente atraída à fé cristã, mas relutante em deixar a religião da sua família. Por fim, em um domingo, antes de ir à igreja, ela orou pela primeira vez, pedindo a Jesus por um pequeno, mas significativo favor: "Eu preciso ter uma amiga com quem conversar. Se eu encontrar uma garota sentada sozinha na igreja, esta será a minha amiga".

Quando Kim passou pelas portas da igreja, é claro, ela viu uma mulher sentada sozinha. Ela se aproximou, e rapidamente as duas ficaram amigas. "Eu me senti muito feliz", diz Kim. "Eu tentei, e Deus atendeu imediatamente a minha oração!"

Não muito tempo depois, Kim dirigiu-se até o altar e aceitou a Jesus Cristo como o seu Salvador pessoal. "Foi o fogo da bomba que queimou o meu corpo, e foi o talento da médica que curou a minha pele", diz ela, "mas foi necessário o poder de Deus para curar o meu coração".[5]

▪ ▪ ▪

Finalmente Kim obteve a permissão para concluir os seus estudos de medicina em 1986, agora na irmã comunista do Vietnã, Cuba. Os alunos viviam no décimo quarto andar de um grande edifício, sem água corrente nem elevador. Isto representava um problema para Kim, porque os seus ferimentos ainda precisavam ser lavados e medicados diariamente. Um colega vietnamita chamado Toan ofereceu-se para carregar baldes de água até o seu apartamento, e não demorou muito tempo para que ele fosse tocado pela amabilidade do espírito de Kim.

Mas Kim ainda não queria comprometer-se. Toan fumava, bebia demais e ainda seguia a ideologia comunista na qual ele tinha sido educado. Ela começou a testemunhar a ele sobre Jesus Cristo, mas as barreiras intelectuais dele pareciam intransponíveis. No entanto, gradualmente, Toan deixou de fumar e beber, e acabou pedindo-lhe que se casasse com ele. Kim avisou-o de que os seus ferimentos tornavam praticamente improvável que ela pudesse vir a ter filhos, mas ele repetidamente lhe assegurou que, de fato, queria casar-se com ela, de qualquer maneira. E, o mais importante, ele lhe assegurou que entendia e respeitava a sua fé. Eles namoraram durante seis anos e por fim se casaram em 1992.

Kim e Toan passaram a lua-de-mel em Moscou, e em seu retorno a Cuba, o avião da Aeroflot tinha prevista uma parada para reabastecimento em Newfoundland. O casal tinha conversado antes a respeito de desertar, mas Toan tinha medo de ser capturado pelas autoridades comunistas. Ele também temia as represálias contra as suas famílias. Quando o avião começou a baixar para o Gander International Airport em Newfoundland, Kim começou a orar.

— O que você está fazendo? — , perguntou Toan.

— Toan — sussurrou ela, — se Deus abrir o caminho, nós devemos ficar e morar no Canadá. Eu me sinto em paz quanto a isso.

— Kim, não. Nós nunca vamos conseguir.

— Toan, eu tenho fé. Se você me ama, siga-me, porque eu sigo a Deus.

— Se eles nos apanharem, vão nos enviar de volta ao Vietnã, e você sabe o que acontece lá. Eles vão nos matar. — Ele estava tão preocupado que chegou a considerar a idéia de deixá-la desertar sem ele, se as coisas chegassem a esse ponto.

— Eu conheço os riscos. Eu amo você, Toan, mas também amo a Deus, então eu vou seguir a Ele.

Quando o avião pousou, os passageiros entraram no aeroporto para esperar pelo reabastecimento. Kim não tinha a menor idéia do que fazer para desertar, e estava assustada. Ela devia simplesmente esconder-se no banheiro? Não, quando a polícia secreta que viajava com eles contasse o número de passageiros veria que ela não estava, e viria procurá-la. "Oh, Deus, como faço para ficar aqui?", ela orava desesperadamente. "Dê-me um sinal, por favor. Eu não quero voltar mais para Cuba nem para o Vietnã.

Quando abriu os olhos, a sua vista foi atraída para uma pequena sala separada da sala de espera central. A porta estava entreaberta, e ela pôde ver dentro um grupo de pessoas, e reconheceu algumas da sua comunidade em Cuba. Ela foi até lá, colocou a cabeça para dentro e perguntou em espanhol: — O que vocês estão fazendo aqui?

— Nós queremos ficar.

— Eu, também. O que devo fazer?

— Simplesmente dê o seu passaporte àquele guarda, na frente da sala.

A providência tinha levado Kim diretamente ao escritório da imigração! Rapidamente ela chamou Toan e eles entregaram os passaportes ao oficial. "Nós queremos ficar no Canadá", disseram.

"Sim", disse ele. "Está bem."

Fácil assim?, maravilhou-se Kim. *Louvado seja o Senhor!*

Mas então o oficial disse: "Esperem uns dez minutos. Outro oficial virá fazer uma entrevista com vocês".

Dez minutos... mesmo aquela pequena demora poderia representar a vida ou a morte para o casal atemorizado. O reabastecimento estava quase acabado, e o tempo estava se esgotando. Kim e Toan ficaram à porta, observando, esperando. Finalmente, o outro oficial chegou e pediu que eles o seguissem de volta ao escritório. Imediatamente depois que eles cruzaram o limiar para a liberdade, ouviram o aviso para o embarque.

Todas as suas posses ainda estavam no avião; eles não tinham nada exceto as roupas que estavam vestindo. Mas isso não tinha importância. "Eu simplesmente digo 'bye-bye'", diz Kim, "e me sinto muito feliz. Eu sou livre!"[6]

Kim e Toan se estabeleceram em uma próspera comunidade de imigrantes vietnamitas em Toronto, e em breve outra bênção esperava por eles. Kim ficou grávida — verdadeiramente um milagre! — e eles agora são os orgulhosos pais de um menino saudável.

Em um filme recente sobre a vida de Kim, o menino Thomas, de dois anos de idade, e Kim se olham, cada um de um lado da mesa. Kim toca o rosto de Thomas, primeiro aqui, depois ali. "Bochechas", dizem juntos. "Lábios. Orelhas." Então eles aproximam os seus rostos e esfregam os narizes.[7] Uma mãe amorosa e o seu filho, felizes, satisfeitos — tão longe daquele terrível dia de 1972, onde choveu napalm do céu.

Mas a cura espiritual de Kim Phuc ainda iria além da sua própria casa, e levaria a uma cura muito mais ampla.

Em 1996, Kim concordou em falar nas cerimônias do Veterans Day que se realizariam em The Wall, em Washington, D.C. Ela assumiu o seu lugar na tribuna, ladeada por dignitários militares dos Estados Unidos, diante de uma imensa multidão de veteranos. Ninguém poderia imaginar o quanto lhe custava simplesmente estar ali e olhar aquele mar de uniformes, uma visão que trazia terríveis lembranças da guerra.

"Como vocês sabem, eu sou a garotinha que estava correndo para escapar do fogo do napalm. Eu não quero falar sobre a guerra porque não posso mudar a história. Quero que vocês se lembrem de uma tragédia de guerra para fazer o que for necessário para parar de lutar e matar ao redor do mundo."

A sua voz diminuiu. "Eu sofri muita dor emocional e física. Algumas vezes eu achava que não iria viver, mas Deus salvou a minha vida e me deu fé e esperança."

E então ela proferiu palavras curativas de graça e de perdão: "Se pudesse falar, face a face, com o piloto que deixou cair a bomba, eu poderia lhe dizer que não podemos mudar a história, mas poderíamos tentar fazer coisas boas no presente e para o futuro para promover a paz".

Quando ela terminou as suas curtas, mas comoventes observações, os veteranos se levantaram e iniciaram uma explosão de aplausos, muitos deles em lágrimas. "É importante para nós que ela esteja aqui", disse um veterano, "pois o fato de ela nos perdoar pessoalmente significa alguma coisa".

Um homem, dominado pela emoção, correu até um guarda e rabiscou um bilhete, e pediu-lhe que entregasse o bilhete a Kim. "*Eu sou o homem que você está procurando*", dizia o bilhete.[8]

Intermediários perguntaram se ela queria vê-lo. Sim, disse ela, se eles pudessem conseguir um encontro distante da multidão. Os oficiais trouxeram o homem até o seu carro.

Quando os repórteres se afastaram, Kim se virou e olhou diretamente para os olhos do homem e então estendeu os braços... os mesmos braços que ela tinha aberto quando corria pela estrada, em agonia pela sua pele queimada. Ela abraçou o homem e ele começou a soluçar.

— Eu sinto muito. Eu sinto tanto! — disse ele.

— Está tudo bem. Eu perdôo. Eu perdôo — disse Kim Phuc, ecoando o seu versículo favorito da Bíblia: "Perdoai e sereis perdoados" (Lc 6.37, ARA).

■ ■ ■

Aquele dia, da famosa foto de trinta anos atrás, da pequena menina vietnamita aterrorizada fugindo das chamas do napalm, foi substituído na consciência nacional pela foto de uma jovem mãe abra çando um ex-piloto, com o vislumbre do memorial negro ao fundo. As palavras de perdão que Kim pronunciou naquele dia ajudaram a curar a consciência de milhares de veteranos que estavam reunidos ali; e à medida que os meios de comunicação levavam a notícia através das distâncias, as suas palavras e a surpreendente foto ajudaram a curar os ferimentos da nação também. Ela trouxe o poder de ressurreição de Cristo para um lugar que serve como um memorial coletivo para 58 mil americanos, mostrando como a amargura da guerra pode ser superada pelo amor.

Eu não posso deixar de contrastar a mensagem de reconciliação de Kim Phuc com os esforços contínuos e infrutíferos de Robert McNamara e de tantos outros, ainda procurando soluções tecnocráticas para a guerra. Eles queriam tão desesperadamente ver, mas permanecem cegos. A única solução real é espiritual; é o perdão, o arrependimento e a compensação, a procura ativa do bem para o nosso antigo inimigo. Somente o cristianismo confere o poder para transformar o mundo.

E assim nós completamos o círculo, e voltamos às perguntas com as quais começamos este livro. Os cristãos realmente podem fazer alguma diferença no mundo? A perspectiva cristã nos dá o mapa que necessitamos para viver? Uma cultura pode ser reconstruída de modo que todo o mundo veja, no seu esplendor e na sua glória, os contornos do Reino de Deus? Nós realmente podemos fazer do mundo "uma nova criação"? Kim Phuc, juntamente com os outros que encontramos nestas páginas, nos mostra que a resposta é um enfático "sim".

Todos os dias você e eu tomamos decisões que ajudam a construir um mundo de um tipo ou de outro. Nós cooptamos pelas perspectivas passageiras da nossa época, ou estamos ajudando a criar um novo mundo de paz, amor e perdão?

E agora, como devemos viver?

Abraçando a verdade de Deus, entendendo a ordem física e moral que Ele criou, defendendo amorosamente essa verdade diante de nossos vizinhos, e tendo a coragem de demonstrá-la em todos os caminhos da vida.

Corajosa e alegremente.

PARTE 6

QUESTÕES PARA DEBATE

CAPÍTULO 13

1. Identifique a visão pessoal do ministério para Martha. Similarmente, tente expressar o que Deus está pedido que você realize como seu agente no mundo.

2. O que o sucesso de Martha exigia dela?

3. Discuta os papéis da fé e das obras na jornada profissional de Martha. Compare a sua jornada com as coisas que você aprendeu sobre o equilíbrio entre a fé em Deus e o seu próprio esforço de fé para executar a sua missão.

CAPÍTULO 14

4. Quais são os perigos de uma dieta constante de "comida de má qualidade" no aspecto cultural?

5. Como você pode proteger-se e aos seus familiares da "suave opressão" descrita em *Admirável Mundo Novo*?

6. Comente as diferenças entre a cultura folclórica e a popular. Quais são as melhores características regionais ou folclóricas de sua região, e o que você pode fazer para incentivar a sua apreciação?

7. Como uma mudança nas perspectivas contribuiu para um declínio na cultura popular?

8. Dê exemplos de eventos ou produtos pelos quais você tenha sentido que a mensagem positiva pareceu inadequadamente dominada pelo meio. Apesar disso, você viu algum resultado redentor?

9. O que você pode fazer para "dizer não ao pior da cultura popular"...

em sua casa?

em sua igreja?

em seus hábitos de compra?

em seu tempo livre?

10. O que você pode fazer para dizer sim à verdade, à bondade e à beleza...

em sua casa?

em sua igreja?

em seus hábitos de compra?

em seu tempo livre?

em suas aventuras criativas?

CAPÍTULO 15

11. Que elementos redentores na história de Kim você consegue conectar à sua fé e perspectiva cristãs? Como a história de Kim...

incentiva o seu espírito?

encoraja o seu testemunho?

amplia a sua visão?

12. Leia em voz alta Efésios 5.1-16. De acordo com os versículos 1 e 2, qual será o indicador mais óbvio de que estamos imitando a Deus e andando como Cristo?

13. Para viver coerentemente à luz da verdade e do amor de Deus, o que devemos evitar? O que devemos procurar cultivar?

14. Como vocês podem incentivar, uns aos outros, a caminhar na luz, como foi demonstrado neste capítulo?

VISÃO GERAL DO LIVRO

15. Considere a sua resposta à segunda parte da pergunta 3 — identificando o chamado de Deus em sua vida. Ajudem, uns aos outros, a identificar objetivos de curto prazo nas seguintes áreas:

    Coisas que preciso estudar

    Coisas que preciso mudar

    Disciplinas espirituais que preciso desenvolver

    Pessoas que eu deveria atingir no ministério

    Pessoas que eu deveria atingir para incentivo, *feedback* e apoio

    Áreas nas quais posso ajudar o ministério da minha igreja

RESUMO FINAL

Qual é a coisa mais importante que você quer se lembrar do estudo deste livro?

Complete a seguinte frase: "Mais do que qualquer coisa, eu espero e oro para que o estudo deste livro me capacite a ______________ ____".

NOTAS

INTRODUÇÃO

1 Leia a história da minha conversão em *Born Again* (Old Tappan, N.J.: Chosen, 1976).

2 Abraham Kuyper, *Christianity: A Total World and Life System* (Marlborough, New Hampshire: Plymouth Rock Foundation, 1996), 39-40.

3 Ibid., 41.

4 Cornelius Plantinga Jr., "Fashions and Folly: Sin and Character in the 90s", (apresentado nas January Lecture Series, Calvin Theological Seminary, Grand Rapids, Michigan, 15 de janeiro de 1993), 14-15.

5 Ibid.

6 Ibid.

7 Richard M. Weaver, *Ideas Have Consequences* (Chicago: University of Chicago Press, 1984).

8 Samuel Huntington, "The Clash of Civilizations", *Journal of Foreign Affairs* (verão de 1993): 22. Huntington identificou os blocos principais como o ocidental, o islâmico, o chinês, o hindu, o ortodoxo, o japonês e possivelmente as regiões africanas.

9 James Kurth, "The Real Clash of Civilization", *Washington Times*, 4 de outubro de 1994.

10 Jacques Toubon, citado em "Living in America", *Calgary Herald*, 6 de outubro de 1993.

CAPÍTULO 1

O GOLPE DE NOCAUTE

1 Embora a história notável de Danny Croce seja verdadeira, alguns dos personagens secundários desta história são compostos ou fictícios. A história é baseada em entrevistas com Danny Croce.

CAPÍTULO 2

SALVO PARA QUÊ?

1 Depois de uma cruzada evangelística de duas semanas por todas as prisões da Carolina do Norte, as infrações à disciplina caíram vertiginosamente, e a maioria dos sentinelas relataram a diminuição das tensões e um melhor comportamento entre os internos. Mesmo depois de vários meses, os estudos da Bíblia continuavam cheios de alunos e a mudança das vidas continuava. Nas prisões estaduais de Nova Iorque, a reincidência (a porcentagem dos prisioneiros libertados que voltavam à prisão) foi dramaticamente reduzida — de uma média de 41% a 14% — entre os homens que participaram de pelo menos dez programas do Prison Fellowship por ano. Veja B. R. Johnson, D. B. Larson e T. C. Pitts, "Religious Programs, Institutional Adjustment, and Recidivism among Former Inmates in Prison Fellowship Programs", *Justice Quarterly* 14, n° 1 (março de 1997): 145.

2 Os críticos algumas vezes discutem que o livro de Gênesis apresenta dois relatos da criação, o segundo começando em Gn 2.4, mas esta é uma interpretação equivocada da estrutura literária. O primeiro capítulo de Gênesis e os primeiros versículos do capítulo 2 funcionam como um prólogo, definindo o palco cósmico e erguendo a cortina. O verdadeiro drama na verdade começa no capítulo 2, quando Adão e Eva, o primeiro marido e a primeira esposa, começam a vida em sociedade. As suas tarefas de cuidar do jardim e dar nome aos animais marcam o início da vida cultural. É verdade, o autor utiliza uma técnica de retrospectiva para dar mais detalhes sobre como Adão e Eva foram criados, mas isto não faz destes versículos uma segunda história da criação. Em lugar disto, esta passagem conta como o mandamento cultural começa a ser obedecido na presente história.

3 Al Wolters, *Creation Regained: Biblical Basics for a Reformational Worldview* (Grand Rapids: Eerdmans,1985), 36. O debate que se segue se apóia fortemente em Wolters, que por sua vez popularizou o filósofo holandês Herman Dooyeweerd. Veja Dooyeweerd, *A New Critique of Theoretical Thought* (Lewinson, N.Y.: Edwin Mellen Press, 1997).

4 C. S. Lewis, *The Abolition of Man* (Nova Iorque: Touchstone, 1975).

5 O teólogo e estadista holandês Abraham Kuyper desenvolveu este raciocínio das esferas de autoridade. Veja Abraham Kuyper, *Christianity: A Total World and Life System* (Marlborough, New Hampshire: Plymouth Rock Foundation, 1996). Uma das mais surpreendentes passagens das Escrituras sobre o caráter dado por Deus da ordem da criação é Isaías 28.23-29, onde vemos que o Senhor ensina ao lavrador o seu ofício. Existe a maneira correta de arar, de semear e de debulhar, dependendo do tipo de cereal que o lavrador está cultivando. Um bom lavrador sabe disso, e este conhecimento lhe vem do Senhor, pois o Senhor o ensina. Este não é um ensinamento das Escrituras, por uma revelação especial, mas sim um ensinamento por meio das estruturas da criação, por uma revelação geral. E ele chega até nós pela experiência com o solo, com as sementes e com o arado.

6 Al Wolters escreve: "É ouvindo à voz de Deus no trabalho das suas mãos que o lavrador descobre o caminho da sabedoria na agricultura" (Wolters, *Creation Regained,* 28). A mesma coisa é verdade na economia, na política, nas artes, na medicina, nas comunicações e na educação — em todas as áreas da sociedade. Aprendemos como cuidar da criação de Deus quando nos familiarizamos com as estruturas da criação e vivemos em harmonia com elas, e formalizamos esse conhecimento em uma perspectiva cristã.

7 Veja Wolters, *Creation Regained,* capítulo 4; e Charles Colson e Ellen Santilli Vaughn, *Kingdoms in Conflict* (Nova Iorque: William Morrow; Grand Rapids: Zondervan, 1987), capítulo 7.

8 Tertuliano, conforme citado em Henry Chadwick, *The Early Church* (Nova Iorque: Penguin, 1993), 65.

9 Justino Martyr, conforme citado em Chadwick, *The Early Church,* 74-83.

10 Esta dramática história é contada na obra de Christopher Dawson, *Religion and the Rise of the Western Culture* (Nova Iorque: Doubleday, Image Books, 1991) e Thomas Cahill, *How the Irish Saved Civilization: The Untold Story of Ireland's Heroic Role from the Fall of Rome to the Rise of Medieval Europe* (Nova Iorque: Doubleday, 1995).

11 Cahill, *How the Irish Saved Civilization,* 105.

12 Kenneth Clark, *Civilization: A Personal view* (Nova Iorque: Harper & Row, 1969), 8.

13 John Henry Newman, conforme citado em Christopher Dawson, *Religion*

and the Rise of the Western Culture, 53-54. Newman prossegue explicando como os monges conseguiam tudo isso: "Homens silenciosos eram vistos no campo, ou encontrados na floresta, cavando, limpando e construindo; e outros homens silenciosos, não vistos, ficavam no claustro frio, cansando os seus olhos e conservando a sua atenção no esforço, enquanto dolorosamente copiavam e re-copiavam os manuscritos que tinham salvado".

14 Dawson, *Religion and the Rise of the Western Culture*, 126.

15 Um relato de uma testemunha descreve a transformação da cultura escandinava com as seguintes palavras: "mas depois da sua aceitação do cristianismo, eles tinham ficado imbuídos de princípios melhores e agora aprendiam a amar a paz e a verdade, e a ficarem satisfeitos com a sua pobreza... entre todos os homens, eles são os mais controlados, tanto na comida quanto nos seus hábitos, amando, acima de tudo, a economia e a modéstia" (Dawson, *Religion and the Rise of the Western Culture*, 98).

CAPÍTULO 3
NÃO SE PREOCUPE, SEJA RELIGIOSO

1 Por exemplo, uma pesquisa de 1996 mostrou que 59% dos americanos se preocupava com a "condição moral e ética do nosso país" (James Davison Hunter, *The State of Disunion: 1996 Survey of American Political Culture*, vol. 2 [Ivy, Virgínia: In Medias Res Educational Foundation, 1996], Tabela 46 F).

2 Berkeley Breathed, "Outland", 17 de outubro de 1993.

3 Christopher Jencks, conforme citado na obra de William Voegel, "Poverty and the Victim Ploy", *First Things* (novembro de 1991): 37.

4 David Larson, em entrevista pessoal com Nancy Pearcey (março de 1999). Nós não estamos negando que o governo tenha um papel a desempenhar para prover uma rede de segurança para as famílias com problemas. Mas pode-se objetar à suposição, livre de valores, de que todas as formas familiares são moralmente iguais e que o papel do governo é torná-las iguais também em todos os outros aspectos.

5 Louis W. Sullivan, "Foundation for Reform" (Washington, D.C.: Department of Health and Human Services, 1991): 15.

6 Judy Mann, "Going Up in Smoke", *Washington Post*, 26 de fevereiro de 1993.

7 Veja a nota 3 acima.

8 A maioria dos estudos seguintes está baseada em uma avaliação objetiva da freqüência à igreja (com a opção das respostas variando de "diariamente" a "nunca"). Alguns estudos também perguntam aos indivíduos qual é a importância da religião para eles (com a opção das respostas variando de "muito importante" a "de nenhuma importância"). Alguns estudos se limitaram a cristãos, ao passo que outros incluíram pessoas de todas as crenças (embora, dada a distribuição demográfica da população americana, a maioria se identificava como cristã).

9 D. B. Larson e W. P. Wilson, "Religion Life of Alcoholics", *Southern Medical Journey* 73, n° 6 (junho de 1980): 723-727.

10 David B. e Susan S. Larson, *The Forgotten Factor in Physical and Mental Health: What Does the Research Show?* (Rockville, Maryland.: National Institute for Healthcare Research, 1992), 68-69. Os Larson reuniram e/ ou realizaram um grupo de estudos sobre o impacto da religião sobre a saúde física e mental.

11 Joseph A. Califano Jr., *Behind Bars: Substance Abuse and America's Prison Population* (Nova Iorque: The National Center on addiction and Substance Abuse, Columbia University, 1998), 27.

12 Joseph A. Califano Jr. (discurso proferido no National Press Club, Washington, D. C., em 8 de janeiro de 1998).

13 Richard R. Freeman e Harry J. Holzer, eds., *The Black Youth Employment Crisis* (Chicago: University of Chicago, 1986), 353-76.

14 B. R. johnson, D. B. Larson e T. C. Pitts, "Religion Programs, Institutional Adjustment and Recidivism among Former Inmates in Prison Fellowship Programs", *Justice Quarterly* 14, n° 1 (março de 1997): 145-66.

15 Larson e Larson, *The Forgotten Factor*, 76-78.

16 George Gallup Jr., "Religion in America", *Public Perspective* (outubro / novembro de 1995).

17 Armand Nicholi Jr., "Hope in a Secular Age" *Finding God at Harvard: Spiritual Journeys of Thinking Christians*, ed. Kelly K. Monroe (Grand Rapids: Zondervan, 1996), 117.

18 Larson e Larson, *The Forgotten Factor*, 64-65.

19 Ibid., 72.

20 Howard M. Bahr e Bruce A Chadwick, "Religion and Family in Middletown, USA", *Journal of Marriage and the Family* 47 (maio de 1985): 407-14.

21 Veja N. Stinnet, et al., "A Nationwide Study of Families Who Perceive Themselves as Strong"; e Velma McBride Murry, "Incidence of First Pregnancy among Black Adolescent Females over Three Decades". Ambos os estudos são citados por Patrick Fagan, "Why Religion Matters", *The Heritage Foundation Report*, n° 1064 (25 de janeiro de 1996): 8. O excelente relatório de Fagan é uma compilação de estudos que mostram a importância da religião para uma sociedade saudável.

22 Ambos os estudos foram feitos por Larson e Larson, *The Forgotten Factor*, 73.

23 Robert T. Michael, et al., *Sex in America: A Definitive Survey* (Nova Iorque: Little, Brown & Co., 1994), 127.

24 Larson e Larson, *The Forgotten Factor*, 73-79, 109-23. Bob Condor, "Can Faith Heal?", *Chicago Tribune*, 4 de dezembro de 1996.

25 Larson e Larson, *The Forgotten Factor*, 110. Estas conclusões mostram uma associação positiva entre o comprometimento religioso e a saúde física. Isto não parece ser meramente uma correlação, mas um relacionamento causal de fato. Como ressaltam Larson e Larson, ao comentar a relação entre a baixa pressão arterial entre os fumantes com o elevado comprometimento religioso: "Estas conclusões são surpreendentes, porque com freqüência se supõe que os benefícios da religião sobre a saúde são o resultado da motivação religiosa em adotar comportamentos mais saudáveis, tais como não fumar, evitar o álcool e evitar dietas prejudiciais. Neste estudo, entretanto, foi entre os fumantes que a importância religiosa fazia a maior diferença na pressão arterial. *Conseqüentemente, os benefícios saudáveis do comprometimento religioso vão além do comportamento que evita riscos à saúde*" (116, ênfase do original). Qual era, então, a relação? Larson e Larson citam o que dizem os autores do estudo: "isto pode refletir o fato de que a religião tem um efeito moderador preferencialmente maior sobre a pressão arterial entre os indivíduos mais tensos ou nervosos que também podem ter maior probabilidade de serem fumantes" (116). Em resumo, o próprio comprometimento religioso parece ser a causa dos benefícios para a saúde.

26 Patrick Glynn, *God: The Evidence: The Reconciliation of Faith and Reason in a Postsecular World* (Rocklin, Califórnia: Prima Publishing, 1997), 67.

27 Guenter Levy, *Why America Needs Religion: Secular Modernity and Its Discontents* (Grand Rapids: Eerdmans, 1996), 112.

28 Dale A. Matthews com Connie Clark, *The Faith Factor: Proof of the Healing Power* (Nova Iorque: Viking, 1998), 77-80.

29 Herbert Benson, *Timeless Healing* (Nova Iorque: Scribner, 1996), 197, 208.

30 Larson e Larson, *The Forgotten Factor*, 86.

31 Ibid..

32 David B. Larson, "Physician, Heal Thyself!", *Guideposts* (março de 1993): 41-43.

33 Daniel Goleman, "Therapists See Religion As Aid, Not Illusion", *New York Times*, 10 de setembro de 1991.

34 Outros grupos cristãos de custo compartilhado incluem Samaritan Ministries em Greenfield, Indiana; Christian Brotherhood Newsletter em Barberton, Ohio; All Saints, em Tyler, Texas; e Helping Hands, em Oklahoma City, em Oklahoma. Veja Joe Maxwell, "Medical Cost Sharing", *Philanthropy, Culture and Society* (junho de 1996).

CAPÍTULO 4

O CAMPO DE TREINAMENTO DE DEUS

1 David Blankenhorn, "Where's Dad?" *Atlanta Journal and Constitution*, 19 de março de 1995; e Barbara Dafoe Whitehead, "Dan Quayle Was Right", *Atlantic Monthly* 271, n° 4 (abril de 1993): 47. Nós não estamos criticando os livros que verdadeiramente ajudam os filhos de famílias divorciadas — somente aqueles que encaram o divórcio como sendo moralmente insignificante.

2 Veja Norval D. Glenn, *Closed Hearts, Closed Minds: The Textbook Story of Marriage* (Nova Iorque: The Institute of American Values, 1997).

3 Ibid., 5.

4 Candice Bergen, entrevistada em "Candy is Dandy, but Don't Mess with Murphy", *TV Guide* (19 de setembro de 1992): 8.

5 Ibid.

6 Veja Robert N. Bellah, *Habits of the Heart: Individualism and Commitment in American Life* (Berkeley, Califórnia: University of California, 1985).

7 Barbara Bush (discurso proferido na Republican National Convention, 19 de agosto de 1992).

[8] Pierre Manent, "Modern individualism", *Crisis* (outubro de 1995): 35.

[9] Michael Medved, "Hollywood Chic", *Washington Post*, 4 de outubro de 1992.

[10] John Stuart Mill, *On Liberty* (Indianápolis: Hackett, 1978), 12.

[11] Michael J. Sandel, *Democracy's Discontent: America in Search of a Public Philosophy* (Cambridge, Mass.: Belknop Press, 1996), 113.

[12] Stanley Greenspan, conforme citado em Don Feder, "Day-Care Study Defies Common Sense", *Boston Herald*, 8 de março de 1999. Para um histórico sobre as mulheres e a família, veja Nancy R. Pearcey, "Is Love Enough?: Recreating the Economic Base of the Family", *The Family in America* 4, n° 1 (janeiro de 1990): 1.

[13] Steven Mintz e Susan Kellogg, *Domestic Revolution: A Social History of American Family Life* (Nova Iorque: Free Press, 1988), 117. Para um debate sobre estas tendências históricas e uma definição da masculinidade e da paternidade, veja Nancy R. Pearcey, "Redescovering Parenthood in the Information Age", *The Family in America* 8, n° 3 (março de 1994).

[14] Citado na obra de Barbara Ehrenreich, *The Hearts of Men: America Dreams and the Flight from Commitment* (Nova Iorque: Doubleday, 1983), 47.

[15] David Blankenhorn, *Fatherless America: Confronting Our Most Urgent Social Problem* (Nova Iorque: HarperPerennial, 1996).

[16] Shere Hite, "The Case against Family Values", *Washington Post*, 10 de julho de 1994.

[17] Elayne Bennett, "If She's Facing Adolescent Girls Today" (palestra dada na Heritage Foundation, em fevereiro de 1995).

[18] Uma decisão recente da Suprema Corte do Havaí que permitiu o "casamento" gay é freqüentemente retratada como uma simples abertura do casamento tradicional aos homossexuais. No entanto, em lugar de ampliar o casamento tradicional, a decisão nega completamente a existência do casamento tradicional ao redefinir o "casamento" puramente em termos dos benefícios econômicos protegidos pela lei, levando à conclusão lógica de que estes benefícios deveriam estar disponíveis a qualquer pessoa, independentemente do sexo ou da preferência sexual. Da mesma maneira, a definição da família foi tão diluída que já não apresenta nenhuma semelhança com as noções tradicionais, como quando um juiz de Nova Jersey disse que seis estudantes de faculdade juntos num acampamento de verão constituíam uma família. Veja Gerard Bradley, "The New Constitutional Covenant", *World & I* (março de 1994):374.

[19] Bonnie Angelo e Toni Morrison, "The Pain of Being Black", *Time* (22 de maio de 1989), 120.

[20] Conforme citado em William R. Mattox, "Split Personality: Why Aren't Conservatives Talking about Divorce?", *Policy Review* n° 73 (verão de 1995): 50.

[21] Ibid.

[22] Whitehead, "Dan Quayle Was Right", 47.

[23] Michael McManus, "Voters Should Care about Divorce Reform", *Detroit News*, 19 de setembro de 1996.

[24] David Popenoe, *Life Without Fathers: Compelling New Evidence That Fatherhood and Marriage Are Indispensable for the Good of Children and Society* (Nova Iorque: Free Press, 1996), 63.

[25] Whitehead, "Dan Quayle Was Right", 47.

[26] Judith S. Wallerstein e Sandra Blakeslee, *Second Chances: Men, Women and Children a Decade after Divorce* (Nova Iorque: Ticknor & Fields, 1989), 21-31.

[27] James J. Lynch, *The Broken Heart: The Medical Consequences of Loneliness in America* (Nova Iorque: Basic Books, 1977), 69-86, 87-90, 41-50, apêndice B.

[28] David Larson, conforme citado em Mattox, "Split Personality", 50.

[29] Allan Carlson é o presidente do "Howard Center for the Family, Religion and Society", que analisa a situação atual da família e dissemina pesquisas que validam empiricamente o casamento como o alicerce de uma sociedade saudável. As conclusões estão publicadas em *The Family in America*, disponível no "Howard Center for the Family, Religion and Society", 934 North Main Street, Rockford, IL 61103, telefone (815) 964-5819.

[30] Karl Zinsmeister, "The Humble Generation", *American Enterprise* 9, n° 1 (janeiro / fevereiro de 1998): 4.

[31] Elisabeth D. Dodds, *Marriage to a Difficult Man: The "Uncommon Union" of Jonathan and Sarah Edwards* (Filadélfia: Westminster Press, 1971), capítulo 4.

[32] Veja Michael J. McManus, *Marriage Savers: Helping Your Friends and Family Avoid Divorce* (Grand Rapids: Zondervan, 1995).

[33] "The National Survey of Family Growth", conforme citado em McManus, *Marriage Savers*, 93. Há inúmeros bons programas disponíveis para ajudar as igrejas a ensinar estratégias para a abstinência. Para mais informações, escreva ou ligue para True Love Waits, 127 Ninth Avenue North, Nashville, TN 37234, telefone (800) LUV-WAIT ou (800) 588-9248. Veja Também Josh McDowell, *Why Wait? What You Need to Know about the Teen Sexuality Crisis* (Nashville: Nelson, 1994); e Josh McDowell, *Why Say No to Sex?: The Case for Teaching Sexual Abstinence Outside Marriage* (Eastbourne, Inglaterra: Kingsway, 1995).

[34] "The National Survey of Family and Households", conforme citado em McManus, *Marriage Savers*, 39.

[35] PREPARE, P. O. Box 190, Minneapolis, MN 55440-0190.

[36] ENRICH, P. O. Box 190, Minneapolis, MN 55440-0190.

[37] Retrouvaille, 231 Ballantine, Houston, TX 77015, telefone: (713) 455-1656.

[38] Veja: http://www.marriagesavers.org/fourchurches.htm (10 de março de 1999).

[39] Roger Sider, "Grand Rapids Erects a Civic Tent for Marriage", *Policy Review* (julho / agosto de 1998): 6.

[40] James Sheridan, conforme citado na obra de Michael McManus, "Judge Makes Sure Couples Are Prepared for Marriage", *Fresno Bee*, 12 de abril de 1997. Em Chattanooga, no Tennessee, um grande conjunto de líderes civis formaram uma ampla organização chamada First Things First para reconstruir, renovar e revitalizar a cidade. A taxa de divórcio em Chattanooga é 50% mais alta que a média nacional, de modo que First Things First rapidamente começou a trabalhar no problema do divórcio. Dentro de apenas um ano, o bairro de Hamilton County viu uma queda de 14% dos pedidos de divórcio. Outras iniciativas incluem um programa chamado Fathering Summit que ajuda a ensinar a importância dos pais, e outro chamado Reading, Writing and Responsibility, em que os líderes da comunidade e membros das escolas ensinam aos estudantes nove valores em comum: respeito, responsabilidade, perseverança, atenção, autodisciplina, cidadania, honestidade, coragem e justiça.

[41] Mel Krantzler, *Creative Divorce* (Nova Iorque: M. Evans, 1973); e Esther Oshiver Fisher, *Divorce: The New Freedom* (Nova Iorque: Harper & Row, 1974).

42 Diane Medved, *The Case against Divorce* (Nova Iorque: Ivy Books, 1990); Michele Weiner-Davis, *Divorce Busting: A Revolutionary and Rapid Program for Staying Together* (Nova Iorque: Simon & Schuster, 1993); e William A. Galston, *Rethinking Divorce* (Minneapolis: Center for the American Experiment, 1996).

CAPÍTULO 5

AINDA EM PERIGO

1 Third International Math and Science Study, conduzido pelo National Center for Education Statistics, Michigan State University, Boston College, National Science Foundation e International Association for the Evaluation of Educational Achievement (24 de fevereiro de 1998).

2 Pesquisa conduzida pelo National Center for Education Statistics (Washington, D. C., 1993). Veja http://www.nces.ed.gov./timms, para mais informações.

3 Josephson Institute of Ethics, "1998 Report Card on the Ethics of American Youth" (Marina del Rey, Califórnia: Josephson Institute of Ethics, 1998).

4 Rita Kramer, "Inside the Teacher's Culture", *Public Interest* (janeiro de 1997): 64.

5 John Dewey, *Democracy and Education* (Nova Iorque: Macmillan, 1992); e John Dewey, *Quest for Certainty* (Nova Iorque: Putnam, 1929). Veja também Nancy R. Pearcey, "What Is Evolution Doing to Education?", *Bible-Science Newsletter* (janeiro de 1986): 6.

6 Catherine T. Fosnot, "Constructivism: A Psychological Theory of Learning", em *Constructivism: Theory, Perspectives and Practice*, ed. C. Fosnot (Nova Iorque: Teachers College Press, 1996), 8-13. Veja também James R. Gavelek e Taffy E. Raphael, "Changing Talk about Text: New Roles for Teachers and Students", *Language Arts* 73, n° 3 (1996): 182.

7 Veja Sidney B. Simon, *Beginning Values Clarification: A Guidebook for the Use of Values Clarification in the Classroom* (San Diego: Pennant Press, 1975): e Sidney B. Simon, Leland W. Howe, e Haward Kirchenbaum, *Values Clarification: A Handbook of Practical Strategies for Teachers and Students*, edição revisada (Sunderland, Massachussets.: Values Press, 1978).

8 William Wordsworth, "Ode: Intimations of Immortality from Recollections of Early Childhood".

[9] Friedrich Froebel, *The Education of Man* (Nova Iorque: Appleton, 1891). A seção se baseia em dois artigos de Nancy R. Pearcey: "The Evolving Child: John Dewey's Impact on Modern Education, parte 1", *Bible-Science Newsletter* (janeiro de 1991): 5; e "The Evolving Child: John Dewey's Impact on Modern Education, parte 2", *Bible-Science Newsletter* (fevereiro de 1991): 6.

[10] Francis Wayland Parker, conforme citado na obra de Richard Hofstadter, *Anti-Intellectualism in American Life* (Nova Iorque: Random, 1963), 366.

[11] Talvez muitas crianças dos anos 1800, criadas em um ambiente permeado por um sistema cristão de trabalho árduo e excelência moral, *efetivamente* floresceram quando receberam alguma liberdade para o seu autogoverno. Hoje em dia, com as crianças sendo criadas em um ambiente de auto-absorção e relativismo moral, o resultado é consideravelmente diferente, é claro.

[12] J. Crosby Chapman e George S. Counts, *Principles of Education* (Boston: Houghton Mifflin, 1924), 598; e George S. Counts, *Dare the Schools Build a New Social Order?* no.11 (Nova Iorque: John Day Pamphlets, 1932).

[13] Frederic T. Sommers, "A Campus Forum on Multiculturalism", *New York Times*, 9 de dezembro de 1990.

[14] A respeito do impacto do existencialismo na educação, veja George R. Knight, *Philosophy and Education: An Introduction in Christian Perspective* (Berrien Springs, Michigan.: Andrews University Press, 1980).

[15] William R. Coulson, "We Overcame Their Traditions, We Overcame Their Faith", *Latin Mass 3*, n° 1 (janeiro / feveiro de 1991): 14-22. No último livro de Carl Rogers, *Freedom to Learn for the Eighties* (Columbus, Ohio: Merrill, 1983), ele incluiu um capítulo chamado "A Pattern of Failure", no qual descreve este e outros fracassos dos seus métodos educacionais.

[16] A. H. Maslow, *The Journal of A. H. Maslow*, ed. Richard J. Lowry, 2 volumes (Monterey, Califórnia: Brooks-Cole, 1979).

[17] Richard Blum, da Universidade de Stanford, descobriu que os alunos que participam de cursos sobre drogas na verdade utilizam álcool, tabaco e maconha em quantidades maiores e em uma idade menor que os grupos de controle. Veja Richard H. Blum, et al., *Drug Education: Results and Recommendations* (Lexington, Massachussets.: Lexington Books, 1976); e Richard H. Blum, et al., "Drug Education: Further Results and Recommendations", *Journal of Drug Issues* 8, n° 4 (outono de 1978):

379-426. Uma pesquisa de Lou Harris, encomendada por Planned Parenthood em 1986 descobriu que os adolescentes que freqüentavam cursos de educação sexual apresentavam taxas mais elevadas de atividade sexual do que os seus colegas que não faziam esses cursos. Veja Lou Harris and Associates, "The Planned Parenthood Poll", *American Teens Speak — Sex Myths, TV and Birth Control* (Nova Iorque: Louis Harris and Associates, 1986).

[18] História contada por William Kilpatrick em *Why Johnny Can't Tell Right from Wrong* (Nova Iorque: Touchstone, 1993), 81.

[19] *Witness*, Paramount Pictures (1985). O uso desta cena para exemplificar a abordagem diretiva à educação é de William R. Coulson, "Sex, Drugs and School Children: What Went Wrong", *Adolescent Counselor* (setembro de 1991): 27-31.

[20] John Milton, "Of Education", *Complete Poems and Major Prose*, ed. Merritt Y. Hughes (Nova Iorque: Macmillan, 1957), 631.

[21] Por exemplo, em Connecticut, em 1996, as notas obtidas pelos alunos da East Catholic High School no Scholastic Assessment Test (Teste de Avaliação Escolar) estavam bem acima da médica nacional. Verbal: East Catholic, 545, em comparação com a média nacional de 505; Matemática: East Catholic, 517, em comparação com a média nacional de 508 ("East Catholic High School's Scholastics Assessment Test Scores", *Hartford Courant*, 6 de setembro de 1996). Um estudo de 1995 feito por estudiosos da Escola de Economia da Universidade de Maryland revelou que, para as crianças do centro da cidade, freqüentar um colégio católico aumenta a probabilidade de concluir o curso e entrar na faculdade em 17%. Ter uma escola católica na vizinhança também é bom para as escolas públicas. A economista de Harvard Caroline M. Hoxby mostrou que a competição com as escolas católicas na verdade melhorou o desempenho acadêmico das escolas públicas vizinhas. Ambos os estudos são citados por Nina Shokraii, "Catholics Schools Hold the Key to the Future for At-Risk Students", *New and Record* (Greensboro, North Carolina), 28 de setembro de 1997.

[22] Em 1997, alunos da Cornerstone Schools Associations obtiveram notas muito mais altas que a média nacional no Stanford Achievement Test. Leitura: Cornerstone, 60%, em comparação com a média nacional de 50%; Matemática: Cornerstone, 52%, em comparação com a média nacional de 50%; Idioma: Cornerstone, 61%, em comparação com a média nacional de 50%.

23 Muitas destas escolas foram inspiradas pelo livro de Douglas Wilson, *Recovering the Lost Tools of Learning: An Approach to Distinctively Christian Education* (Wheaton, Illinois: Crossway, 1991), que faz uma homenagem ao trabalho de seminário de Dorothy Sayer, "The Lost Tools of Learning". Veja também Gene Edward Veith e Andrew Kern, *Classical Education: Toward the Revival of America's Schooling* (Washington, D.C.: Capitol Research Center, 1997).

24 Em março de 1999, foi publicado um relatório de Lawrence M. Rudner, professor da Universidade de Maryland que realizou o maior estudo independente sobre os alunos educados em casa. Rudner, cujos filhos freqüentam escolas públicas, examinou os resultados das provas de 21 mil alunos e ficou chocado ao descobrir que os alunos que estudavam em casa estavam consideravelmente mais adiantados que os seus colegas da escola pública. Os que estudavam em casa estavam em média um estágio mais adiantados do que os seus correspondentes nas escolas elementares públicas ou particulares. Na oitava série, a diferença passou para quatro estágios (Philip Walzer, "Home Schooling Passes Test", *Virginia-Pilot* [24 de março de 1999]).

25 David A. Noebel, *Undestandig the Times: The Story of the Biblical Christian, Marxist / Leninist and Secular Humanist Worldviews* (Manitou Springs, Colorado: Summit Press, 1991); e Summit Ministries, P.O.Box 207, Manitou Springs, CO 80829, telefone (719) 685-9103; fax (719) 685-5268.

26 Norman Higgins, em uma entrevista com Kim Robbins (26 de fevereiro de 1999); veja também Susan Young, "The Right Direction", http://www.bangornews.com/Innovative/day1.html 26 de fevereiro de 1999).

27 Barbara Moses agora é diretora de um colégio menonita no centro de Filadélfia.

28 Tyce Palmaffy, "No Excuses", *Police Review* (janeiro / fevereiro de 1998): 18. O método da Instrução Direta é uma alternativa ao método de ensino "construtivista" da atualidade. O método construtivista permite que as crianças controlem o seu aprendizado pela experimentação e exploração. O método da instrução direta coloca o professor no controle do aprendizado das crianças, que são "guiadas pelas lições seqüenciais que fornecem a base para a compreensão do conteúdo. A freqüente repetição das lições visa a reforçar o aprendizado passado e os erros são imediatamente destacados pela recitação verbal". O diretor de Wesley, Thaddeus Lott, comentando a instrução direta, afirma: "Nós ensinamos a eles o 'como'. O 'que' e o 'por que' virão depois". Ele prossegue dizendo que "ao ensinar a eles o básico, nós lhes damos a possibilidade de fazer um trabalho independente

quando permitirmos" (Lott, "Direct Instruction / Constructivist: Models for Learning", *Daily report Card* [1º de março de 1995]).

29 Margaret Bonilla, "Be Fruitful and Multiply", *Police Review* (verão de 1994): 73-76.

30 Veja Virgil Gulker, *A World Without Welfare*, ed. David M. Wagner (Washington, D.C.: Family Research council, 1997), 107. Veja também Amy L. Sherman, *Restorers of Hope: Reaching the Poor in Your Community with Church-Based Ministries That Work* (Wheaton, Illinois: Crossway, 1997), 151-54. Isto não requer uma grande quantidade de conhecimento especializado, mas principalmente o tipo de amor e de iniciativa que Hannah Hawkins oferece a crianças no bairro de baixa renda, Anacostia, em Washington, D.C. Ali Hawkins, uma mulher afro-americana aposentada, dirige um "programa para depois da aula" para dezenas de crianças do bairro. Todas as tardes elas vêm até a sua casa, onde ela supervisiona as suas lições. Embora simples e caseiros, programas assim estão ajudando os estudantes a passar de ano e a diminuir os incidentes disciplinares.

31 Amity Shales, "A Chance to Equip My Child", *Wall Street Journal*, 23 de fevereiro de 1998.

32 Cal Thomas, "Milwaukee's School Choice' Experiment Shows That Competition Works", *Wisconsin State Journal*, 13 de novembro de 1998.

33 "In Defense of School Vouchers", *The Hill*, 6 de maio de 1998; e Robert Holland, "Free Markets and Technology Will Transform K-12 Education", *Richmond Times Dispatch*, 2 de dezembro de 1998. Há oito candidatos para cada bolsa de estudos, o que indica o quanto as famílias de baixa renda querem para os seus filhos a mesma oportunidade que os ricos podem ter. Em 26 de janeiro de 1999, a Suprema Corte do Arizona aprovou um crédito fiscal para as pessoas que doassem dinheiro para as bolsas de estudo nas escolas particulares ("Can You Spare a Million?", *Washington Times*, 18 de janeiro de 1998).

CAPÍTULO 6

TUDO PODE ACONTECER AQUI

1 Os detalhes da história do policial Salvatore Bartolomeo foram reunidos por meio de diversas entrevistas e com a ajuda de Eddie Cordelia e John Stewart. Alguns dos personagens secundários da história são baseados em pessoas que o policial Sal conheceu na sua ronda. Informações adicionais

sobre o policiamento de bairros vieram de artigos que incluem James Q. Wilson e George L Kelling, "Making Neighborhoods Safe", *Atlantic Monthly* (fevereiro 1989); Myron Magnet, "Saving the Homeless from Some Bad Ideas", *San Diego Union-Tribune*, 18 de fevereiro de 1990; John Leo, "A New Fight against Urban Decay", *Courier Journal*, 2 de fevereiro de 1992; e William D. Eggers e John O'Leary, "The Beat Generation: Community Policing at Its Best", *Policy Review*, n° 74 (outono de 1995): 4.

CAPÍTULO 7
LÁ VAI O BAIRRO

1 Ramsey Clark, o Procurador Geral da Justiça da administração de Lyndon Johnson, escreveu: "As aglomerações de milhões de pessoas pobres com as suas desvantagens acumulativas nos guetos urbanos da nossa sociedade afluente e tecnologicamente avançada não só oferece uma oportunidade fácil para os atos criminosos — mas causa o crime" (Clark, *Crime in America: Observations on Its Nature, Causes, Prevention and Control* [Nova Iorque: Simon & Schuster, 1970], 29). De maneira similar, quando houve uma grande quantidade de saques no final dos anos 70, durante um blecaute em Nova Iorque, o então Presidente Jimmy Carter explicou o fato como sendo o resultado da pobreza, embora estudos posteriores tenham mostrado que a maioria dos saqueadores estava empregada e roubou coisas de que não precisava.

2 Estes números — do FBI (Federal Bureau of Investigation); do Bureau of Alcohol, Tobacco and Firearms; e do National Center for Health Statistics — foram citados por Ted Gest, Gordon Witkin, Katia Hetter e Andrea Wright em "Violence in America", *U.S. News and World Report* 116, n° 2 (17 de janeiro de 1994): 22.

3 George L. Kelling e Catherine M. Coles, *Fixing Broken Windows: Restoring Order and Reducing Crime in Our Communities* (Nova Iorque: Free Press, 1996), 55-56.

4 Andrew Peyton Thomas, "The Rise and Fall of the Homeless", *Weekly Standard* 1, n° 29 (8 de abril de 1996): 27. Veja também Andrew Peyton Thomas, *Crime and the Sacking of America: The Roots of Chaos* (Washington, D.C.: Brussey's, 1994).

5 Para saber mais a este respeito, veja a obra de Rael Jean Isaac, *Madness in the Streets: How Psychiatry and the Law Abandoned the Mentally Ill* (Nova Iorque: Free Press, 1990).

6 James Q. Wilson e George L. Kelling, "Broken Windows", *Atlantic Monthly* (março de 1982): 29.

7 John Carlon, "How They Cleaned Up Precinct 75", *The Independent*, 7 de janeiro de 1996.

8 Veja Kelling e Coles, *Fixing Broken Windows*, capítulo 4.

9 Abraham Kuyper, *Lectures on Calvinism* (Grand Rapids: Eerdmans, 1983), 79.

10 Agostinho, *The City of God* (Nova Iorque: Modern Library, 1950), 690. Na Idade Média, Tomás de Aquino deu uma interpretação mais positiva à visão de Agostinho, argumentando que o Estado não é apenas uma instituição provisória estabelecida para restringir o pecado, mas também é por si só uma coisa boa, uma expressão da nossa natureza social. Viver dentro de instituições sociais é essencial para satisfazer a nossa própria natureza.

11 William Wilberforce, conforme citado na obra de Garth Lean, *God's Politician: William Wilberforce's Struggle* (Londres: Darton, Longman & Todd, 1980), 74.

12 Robert Peel, conforme citado em Fred Siegel, *The Future Once Happened Here: New York, D.C., L.A., and the Fate of America's Big Cities* (Nova Iorque: Free Press, 1997), 192.

13 Eric Monkkonen, *Police in Urban America: 1860-1920* (Cambridge: Cambridge University Press, 1981), conforme citado na obra de Siegel, *The Future Once Happened Here*, 192.

14 James Q. Wilson e George L. Kelling, "Beating Criminals to the Punch", *New York Times*, 24 de abril de 1989.

15 Reuben Greenberg, "Less Bang-Bang for the Buck", *Policy Review* (inverno de 1992): 56.

16 Andrew Heishell e Ralph Graves, "Soapbox: Struggling to Save Bryant Park", *New York Times*, 13 de setembro de 1998.

17 Robert J. Sampson, "Neighborhoods and Violent Crime: A Multilevel Study of Collective Efficacy", *Science* 277, nº 5328 (15 de agosto de 1997): 918.

18 Delores Kong, "Study Shows Cohesiveness Curbs Neighborhood Violence", *Boston Guide*, 15 de agosto de 1997.

19 John J. DiIulio, "Broken Bottles: Liquor, Disorder and Crime in Wisconsin", Wisconsin Policy Research Institute Report 8, nº 4 (maio de 1995).

20 Richard R. Freeman e Harry J. Holzer, eds., *The Black Youth Employment Crisis* (Chicago: University of Chicago Press, 1986), 353-76.

21 James Q. Wilson e Richard J. Herrnstein, *Crime and Human Nature* (Nova Iorque: Simon & Schuster, 1985), 432. No início dos anos 80, Wilson procurou descobrir por que a taxa de criminalidade tinha diminuído na metade do século anterior e então, depois de algumas flutuações (cresceu nos anos 20, diminuiu nos anos 30), subiu dramaticamente nos anos 60 e vem subindo a partir de então. Ele verificou todas as explicações tradicionais do comportamento criminal, mas descobriu que nenhuma delas estava relacionada com o padrão histórico. A pobreza, por exemplo. Se a pobreza causa o crime, por que havia tão poucos crimes durante a Depressão, quando mais de quarta parte da população não tinha nenhuma renda? E por que a taxa de criminalidade aumentou durante os afluentes anos 60 e 70?

– Então Wilson tropeçou no fato de que a diminuição da taxa de criminalidade no último século seguiu-se ao Segundo Grande Avivamento. À medida que o arrependimento e a renovação se espalhavam por todo o país, a filiação às igrejas subiu vertiginosamente, os cristãos formaram associações voluntárias dedicadas à educação e à reforma urbana, e a sociedade americana como um todo passou a respeitar os valores da sobriedade, do trabalho árduo, e do autocontrole — o que os sociólogos chamam de ética protestante. E à medida que a ética protestante triunfava, a taxa de criminalidade despencava.

– Desde os anos 20 até o final dos anos 30, entretanto, a ética protestante começou a perder a preferência entre as classes educadas. "As teorias psicológicas de Freud entraram na moda", explica Wilson, e as classes educadas começaram a encarar a religião e a ética como opressivas. A sua causa já não era mais a liberdade de religião — uma liberdade clássica americana — mas sim a liberdade da religião.

– A atitude destas classes educadas foi restrita pela Depressão e duas guerras mundiais, mas nos anos 60 ela finalmente invadiu a consciência popular, resultando em um disseminado desvio cultural de uma ética da autodisciplina em direção à ética da auto-expressão. O resultado foi um aumento repentino e dramático da criminalidade. Veja James Q. Wilson, "Crime and American Culture", *Public Interest* (inverno de 1983): 22.

22 John Leland e Claudia Kalb, "Savior of the Street", *Newsweek* (1º de junho de 1998): 20.

[23] Joe Klein, conforme citado em Joe Loconte, "The Bully and the Pulpit: A New Model for Chruch-State Partnership", *Policy Review* (novembro / dezembro de 1998): 28.

[24] Leslie Scanlon, "From the PEWS to the Streets: More Churches Are Going beyond Their Walls to Fight Drugs and Crime", *Courier-Journal*, 27 de julho de 1997.

[25] Roy Maynard, "Voice of Hope", *Loving Your Neighbor: A Principled Guide to Personal Charity*, ed. Marvin N. Olasky (Washington, D.C.: Capital Research Center, 1995), 57.

[26] Esta história sobre Chicago e as histórias seguintes, sobre Baltimore, Memphis e Montgomery estão contadas por John Perkins e Jo Kadlecek em *Resurrecting Hope: Powerful Stories of How God Is Moving to Reach Our Cities* (Ventura, Califórnia: Regal Books, 1995).

CAPÍTULO 8

CRIANDO A SOCIEDADE BOA

[1] Do discurso do presidente John Adams ao Exército, em 11 de outubro de 1798, conforme citado em *The Works of John Adams — Second President of the United States*, Charles Francis Adams, ed., vol. 9 (Boston: Little, Brown & Co., 1854), 229.

[2] "79 Leaders Unite to Aid Democracy", *New York Times*, 1º de junho de 1940.

[3] "To Defend Democracy", *New York Times*, 9 de junho de 1940.

[4] Fred W. Beuttler, "For the World at Large: Intergroup Activities at the Jewish Theological Seminary", em *Tradition Renewed: A History of the Jewish Theological Seminary — Beyond the Academy*, vol. 2 (Nova Iorque: The Seminary, 1997), 667. Veja também as palavras de Sidney Hook impressas em *New Republic*, 2 (28 de outubro de 1940): 684.

[5] "Scholars Confess They Are Confused", *New York Times*, 1º de setembro de 1942.

[6] Beuttler, "For the World at Large", 667. Nós temos uma dívida para com Beuttler, que realizou um excelente serviço ao estudar a história da conferência, e nós nos valemos muito da sua pesquisa. No decorrer do seu estudo, ele descobriu uma fascinante e reveladora nota de rodapé histórica. Em 1956, Nelson Rockefeller iniciou um ambicioso projeto de estudos especiais para definir os objetivos nacionais para o futuro da América.

Rockefeller colocou um jovem professor de Harvard, Henry Kissinger, na organização do projeto. Kissinger inteligentemente viu que tal esforço precisaria ter uma estrutura moral para os objetivos nacionais. Kissinger pediu conselhos a Finkelstein, então diretor do Instituto de Ética no New York Seminary, especificamente sobre a formulação de uma justificativa moral para o uso limitado de armas nucleares. A pergunta que Kissinger fez era: Pelo que nós estamos "dispostos a morrer, em termos de valores?" O Instituto, sob a direção de Finkelstein, deu início a extensos debates, mas logo fracassou, da mesma maneira como a conferência tinha fracassado anteriormente. Os participantes começaram a evitar as perguntas insistentes de Kissinger à medida que ele os forçava a lidar mais com o papel da religião e da lei natural. No final, o debate de Finkelstein desistiu de tentar chegar a um consenso, dizendo a Rockefeller e a Kissinger que somente poderiam ajudá-los a esclarecer os seus valores.

[7] Richard John Neuhaus, "The Truth about Freedom", *Wall Street Journal*, 8 de novembro de 1993.

[8] Dan Shine, "Yale OKs Return to Gift to Billionaire Lee Bass: Clash over $20 Million for Program", *Dallas Morning News*, 15 de março de 1995.

[9] Michael Novak, *Character and Crime: An Inquiry into the Causes of the Virtue of Nations* (Notre Dame, Indiana: Brownson Institute, 1986), 107.

[10] Jonathan Friendly, "Public Schools Avoid Teaching Right and Wrong", *New York Times*, 2 de dezembro de 1985.

[11] Michael Novak, "The Conservative Momentum" (discurso proferido no Center for the American Experiment, 24 de março de 1993).

[12] Michael Novak, "The Causes of Virtue" (discurso proferido em Washington, D.C., em 31 de janeiro de 1994, impresso por Prison Fellowship em *Sources*, n° 6 [1994]).

[13] James Schall, "Personal Sin and Social Sin", *Crisis* (junho de 1997): 57.

[14] Christina Hoff Sommers, "Teaching the Virtues", *Chicago Tribune*, 12 de setembro de 1993.

[15] Robert P. George, "Why Integrity Matters" (discurso proferido no National Prayer Breakfast, Washington, D.C., 7 de fevereiro de 1998).

[16] O dicionário Webster define *integrar* como "unir (partes ou elementos) para formar um todo; também unir (uma parte ou um elemento) a outra coisa, especialmente alguma coisa mais inclusiva", *Webster's New International Dictionary*, 2ª edição.

[17] C. S. Lewis, *The Abolition of Man* (Nova Iorque: Macmillan 1947), 35.

[18] Michael Novak, *Character and Crime*, 38. Novak traça um paralelo significativo com a economia. Durante séculos, as pessoas tentaram descobrir a causa da pobreza. Mas a mudança mais profunda para a melhoria econômica do mundo surgiu quando o economista do século XVIII Adam Smith inverteu a questão e perguntou: Qual é a causa da riqueza? Veja Adam Smith, *The Wealth of Nations: An Inquiry into the Nature and Causes of* (Nova Iorque: Modern Library, 1994).

[19] Deal W. Hudson, *Happiness and the Limits of Satisfaction* (Lanham, Maryland: Rowman & Littlefield, 1996).

[20] Ibid.

CAPÍTULO 9

O TRABALHO DAS NOSSAS MÃOS

[1] Dorothy L. Sayers, *Creed or Chaos?* (Manchester, New Hampshire: Sophia Press, 1949), 77.

[2] Richard John Neuhaus, *Doing Well and Doing Good: The Challenge to the Christian Capitalist* (Nova Iorque: Doubeday, 1992).

[3] O teólogo T. M. Moore, em um memorando intitulado "Economic Aspects of the Biblical Worldview" (12 de agosto de 1998).

[4] Robert A. Sirico, "The Enterpreneurial Vocation", disponível em The Acton Institute for the Study of Religion and Liberty, 1611 Ottawa NW, Suite 301, Grand Rapids:, MI 49503, telefone: (616) 454-3080. Em outra parte, Sirico escreve "As idéias brilhantes não servem à humanidade por si mesmas; para poderem servir ao homem, elas precisam ser transformadas através de processos complexos de projeto e de produção. O talento para efetuar esta transformação é tão raro e tão humanamente precioso quanto o talento em qualquer outra área" (veja Sirico, *Toward the Future: Catholic Social Thought and the U.S. Economy* [Nova Iorque: American Catholic Committee, 1984], 28).

[5] O teólogo T. M. Moore sugere que este equilíbrio entre a propriedade privada e a justiça social pode ser visto na descrição da esposa dedicada de Provérbios 31. Ela inicia livremente empreendimentos para enriquecer a si mesma e para prover para a sua família (vv. 13, 16, 19, 24). Ela é generosa para com os que passam necessidades (v. 20), e certifica-se de que as necessidades da sua própria casa sejam satisfeitas (vv. 21, 27). Como resultado dos seus esforços, ela se veste bem e não é desprezada por isso (v. 22). A sua produtividade faz com que os anciãos da cidade considerem o seu marido de forma positiva (v. 23). O segredo do seu

sucesso é o seu temor a Deus e a sua determinação de viver para Ele (v. 30). E ela merece cada centavo que ganha (v. 31)!

6 Mary Hesse, *Science and the Human Imagination: Aspects of the History and Logic of Physical Science* (Nova Iorque: Philosophical Library, 1955), 263 (ênfase no original).

7 Eusébio, conforme citado em Leland Ryken, *Work and Leisure: In Christian Perspective* (Portland, Oregon: Multnomah, 1987), 66.

8 Veja Robert A. Sirico, "The Late-Scholastic and Austrian Link to Modern Catholic Economic Thought", *Markets and Morality* 1, n° 2 (outubro de 1988): 122-29.

9 Martinho Lutero, conforme citado em Ryken, *Work and Leisure*, 95, 97. Este princípio se aplica a todas as formas de trabalho, e não apenas ao trabalho remunerado. Lutero encara todas as nossas tarefas e obrigações, incluindo aquelas que temos como pais ou como cidadãos, como sendo um chamado de Deus.

10 Lutero, conforme citado em Ryken, 135.

11 Robert A. Sirico, "The Parable of the Talents", *Freeman* 44, n° 7 (julho de 1994): 354.

12 Para uma discussão mais ampla sobre este tema, veja Chuck Colson e Jack Eckerd, *Why America Doesn't Work* (Dallas: Word, 1991).

13 Adam Smith, *The Wealth of Nations* (Nova Iorque: Modern Library, 1994), 15.

14 Michael Novak, *The Spirit of Democratic Capitalism* (Nova Iorque: Simon & Schuster, 1982), 79 (ênfase no original).

15 William Blake, *Milton*.

16 Michael Novak, *Business as a Calling: Work and the Examined Life* (Nova Iorque: Free Press, 1996).

17 Michael Novak, "Profits with Honor", *Policy Review* (maio / junho de 1996): 50. Veja também "Sweet Vindication: Award of 1994 Templeton Prize to Michael Novak for Progress in Religion", *National Review* 46, n° 6 (4 de abril de 1994): 22; e Walter Isaacson, "Exalting the City of Man", *Time* (10 de maio de 1982): 38.

18 Lance Morrow, "What Is the Point of Working?", *Time* (11 de maio de 1981): 93.

19 Robert Schrank, conforme citado em Morrow, "What Is the Point of Working?", 93.

[20] Arlie Hochschild, *The Time Bind: When Work Becomes Home and Home Becomes Work* (Nova Iorque: Metropolitan Books, 1997), 37.

[21] Veja Maggie Gallagher, "Day careless", *National Review* (26 de janeiro de 1998): 37; Karl Zinsmeister, "The Problem with Day Care", *American Enterprise* 9, n° 3 (maio / junho de 1998): 26; e William Dreskin e Wendy Dreskin, *The Day Care Decision: What's Best for You and Your Child* (Nova Iorque: M. Evans, 1983).

[22] Laura Shapiro, et al., "The Myth of Quality Time", *Newsweek* (19 de maio de 1997): 42; e Shannon Brownlee, et al., "Lies Parents Tell Themselves about Why They Work", *U.S. News and World Report* (12 de maio de 1997): 58.

[23] Morrow, "What Is the Point of Working?" 93. Até mesmo os cristãos absorveram atitudes seculares em relação ao trabalho. Um estudo muito extenso que investigou atitudes entre os jovens matriculados em faculdades e seminários americanos revelou que eles conservam uma visão secular horrorosa sobre o trabalho. James Davison Hunter, que dirigiu a pesquisa, conclui que "o trabalho perdeu qualquer significado espiritual e eterno. Mas ele é importante, à medida que favorece determinadas qualidades da personalidade" (James Davison Hunter, *Evangelicalism: The Coming Genaretion* [Chicago: University of Chicago Press, 1987], 56).

[24] Os Guinness, *The Call: Finding and Fulfilling the Central Purpose of Life* (Nashville: Word, 1998), capítulo 4.

[25] Muitas destas idéias foram discutidas na obra de Chuck Colson e Jack Eckerd, *Why america Doesn't Work* (Dallas: Word, 1991).

[26] John Stollenwerk, conforme citado na obra de Spencer Abraham e Dan Coats, "Hard-Working Churches", *American Enterprise* 8, n° 4 (julho / agosto de 1997): 13.

[27] Ronald Marino (em discurso proferido no simpósio sobre a previdência social, promovido pela Family Research Council), *A World without Welfare*, ed. David M. Wagner (Washington, D. C.: Family Research Council, 1997), 86-91.

[28] Don Michele (em discurso proferido no simpósio sobre a previdência social, promovido pela Family Research Council), *A World without Welfare*, ed. David M. Wagner (Washington, D. C.: Family Research Council, 1997), 91-93.

[29] Marvin N. Olasku, ed., *Loving Your Neighbor: A Principled Guide to Personal Charity* (Washington, D.C.: Capital Research Center, 1995), 64.

[30] John Perkins e Jo Kadlecek, *Resurrecting Hope* (Ventura, Califórnia: Regal Books, 1995), 95-97.

[31] Veja Virgil Gulker (em discurso proferido no simpósio sobre a previdência social, promovido pela Family Research Council), *A World without Welfare*, ed. David M. Wagner (Washington, D. C.: Family Research Council, 1997), 107.

[32] Os exemplos seguintes são tomados de Amy L. Sherman, "Little Miracles", *American Enterprise* 9, n° 1 (janeiro / fevereiro de 1998): 64.

[33] Alexander Solzhenitsyn, *One Day in the Life of Ivan Denisovich* (Nova Iorque: Dutton, 1963), 100.

CAPÍTULO 10

O APELO DEFINITIVO

[1] Os detalhes sobre a história de King foram tomados em grande parte de Stephen B. Oates, *Let the Trumpet Sound: A Life of Martin Luther King, Jr.* (Nova Iorque: HarperPerennial, 1994).

[2] Martin Luther King, Jr., *Why We Can't Wait* (Nova Iorque: Harper & Row, 1964), 84-85.

[3] Ibid., 75.

[4] Russell Hittinger, introdução a *Rights and Duties: Reflections on Our Conservative Constitution*, de Russell Kirk (Dallas: Spence, 1997), xxvii.

[5] A decisão foi *Dred Scott versus Sandford*, 60 US 393 (1857).

[6] Abraham Lincoln, "Proclamation for Appointing a National Fast Day" (30 de março de 1863), conforme citado por Mark Noll em *One Nation Under God?: Christian Faith and Political Action in America* (San Francisco: Harper San Francisco, 1988), 98.

[7] Robert P. George, *A Preserving Grace: Protestants, Catholics and Natural Law*, ed. Michael Cromartie (Washington, D.C.: Ethics and Public Policy Center; Grand Rapids: Eerdmans, 1997), 94.

[8] Marcus Tullius Cicero, *The Great Legal Philosophers: Selected Readings in Jurisprudence*, ed. Clarence Morris (Filadélfia: University of Pennsylvania Press, 1971), 50.

[9] Veja Willmoore Kendall, *The Conservative Affirmation in America* (Chicago: Henry Regnery, 1963), capítulo 5. A igreja desempenhou um papel importante para tornar esta tradição explícita. No século XI, o papa Gregório VII iniciou a reforma das sociedades tribais primitivas da Europa com leis extraídas diretamente das Escrituras. O primeiro livro de

direito alemão, escrito em 1220, afirmou que "Deus é a própria lei, e portanto a lei é querida para Ele". (H. J. Berman, "Religious Foundations of Law in the West: An Historical Perspective", *Journal of Law and Religion* 1, n° 1 [verão de 1983]: 3-43).

10 William Blackstone, *Commentaries on the Laws of England*, vol. 1 (Chicago: University of Chicago Press, 1979), 41.

11 John C. Rager, *The Political Philosophy of St. Robert Bellarmine: An Examination of Saint Cardinal Bellarmine's Defense of Popular Government and the Influence of His Political theory upon the Declaration of Independence* (Spokane, Washington: Apostolate of Our Lady of Siluva, 1995).

12 John Whitehead, *The Second American Revolution* (Elgin, Illinois: David C. Cook, 1982), 28-30.

13 John Finnis, *Natural Law and Natural Rights* (Nova Iorque: Oxford University Press, 1980), 146; Robert P. George, *Making Men Moral* (Nova Iorque: Oxford University Press, 1993), 47; e Robert A. Sirico, "Subsidiarity, Society and Entitlements", *Notre Dame Journal of Law, Ethics and Public Policy*, 11, n° 2 (1997): 549.

14 Abraham Kuyper, *Christianity: A Total World and Life System* (Marlborough, New Hampshire: Plymouth Rock Foundation, 1996), 60.

15 Ibid., 46. "Calvino pessoalmente preferia uma república", observa Kuyper, na qual houvesse a cooperação entre as esferas da sociedade "sob controle mútuo". Ele também considerava o ideal "onde as próprias pessoas escolhessem o seu próprio magistrado", e aconselhava as pessoas a levarem a sério a sua responsabilidade de escolher os seus líderes: "Tomem o cuidado de não perder este favor, elegendo velhacos e inimigos de Deus para as posições de maior honra" (49-50).

16 James Madison, "Federalist n° 10", *New York Packet*, 23 de novembro de 1787.

17 Os historiadores rapidamente destacam que alguns dos Fundadores não eram cristãos, mas sim deístas do Iluminismo; inclusive Jefferson e, até certo ponto, Madison. Mas os deístas e os cristãos igualmente concordam que o estado de direito está enraizado em uma lei superior, objetivamente verdadeira e obrigatória — o que Jefferson chamava de "a lei da natureza e o Deus da natureza".

– Entre os Fundadores, uma minoria seguia a idéia de Locke sobre os indivíduos com direitos iguais, baseados na sua individualidade, unindo-se e realizando um contrato político, segundo o qual eles consentem em serem governados. A maioria sustentava que um contato político é feito dentro do contexto de uma lei superior e que o contrato reflete a ordem natural das coisas ordenadas por Deus.

[18] William James, conforme citado na obra de R. C. Sproul, *Lifeviews: Understanding the ideas That Shape Society Today* (Old Tappan, New Jersey: Revell, 1986), 89.

[19] Phillip E. Johnson, *Reason in the Balance: The Case against Naturalism in Science, Law and Education* (Downers Grove, Illinois: InterVarsity Press, 1995), capítulo 7.

[20] Oliver Wendell Holmes, "Natural Law", *Harvard Law Review*, 30-32 (1918): 40.

[21] Gene Edward Veith, *Postmodern Times: A Christian Guide to Contemporary Thought and Culture* (Wheaton, Illinois: Crossway, 1994).

[22] William Orville Douglas, *Zorach versus Clauson*, 343 US 306 (1952). Veja também Richard John Neuhaus, *The Naked Public Square* (Grand Rapids: Eerdmans, 1995), introdução e capítulo 3.

[23] *Edwards versus Aguillard* 482 US 578 (1987).

[24] *Planned Parenthood versus Casey* 505 US 833 (1992).

[25] Ao criar esta lei, a Corte poderia não estar ciente de que somente uma vez na história da América (e em um caso de contrato) a Corte tinha revertido um direito protegido pela 14ª emenda.

[26] A Corte seguiu *Casey* com uma série de decisões excepcionalmente severas. Ela determinou, por exemplo, que os manifestantes pró-vida não poderiam promover manifestações dentro de uma área determinada ao redor de uma clínica de aborto, embora os pró-escolha permanecessem livres para fazê-lo (*Madsen versus Women's Health Center, Inc.*, 512 US 753 [1994]).

[27] Gerard V. Bradley, "The New Constitutional Covenant", *World & I* (março de 1994): 361. Na sua definição ampliada de liberdade em *Casey*, a Corte estava falando da liberdade de definir-se como uma mãe. Mas levada à sua conclusão lógica, esta definição de liberdade poderia minar toda a lei. Todas as leis restringem o comportamento de alguém, e todo comportamento expressa, de alguma maneira, uma perspectiva, uma crença sobre o significado da existência e do universo.

[28] *Lee versus Weisman*, 505 US 577 (1992).

[29] Ibid.

[30] *Romer versus Evans*, 517 US 620 (1996).

[31] *Compassion in Dying versus Washington*, 79 F 3d 790 (9th Cir 1996). O que é ainda mais assustador é o argumento que os juízes usaram para

chegar à sua decisão. *Compassion in Dying versus Washington*, o infame caso de suicídio assistido de 1997, chegou à Suprema Corte quando as cortes apelatórias aniquilaram um referendo aprovado pelos eleitores do Estado de Washington proibindo o suicídio assistido. Como as cortes apelatórias tinham vetado o referendo com base na própria decisão da Suprema Corte em *Planned Parenthood versus Casey*, que definia a liberdade como o direito de decidir por si mesmo o significado da vida, para ser coerente a Suprema Corte deveria ter confirmado a lei inferior. Mas nem mesmo os juízes isolados da Suprema Corte estavam prontos para enfrentar o grau de indignidade que isto poderia ter deflagrado. (Contrariamente à opinião popular, os juízes *verdadeiramente* lêem jornais e pesquisas de opinião.) Assim, o que foi que eles fizeram? Examinaram a Constituição ou a lei? Pesquisaram a história legislativa? De maneira nenhuma. Em lugar disso, eles meditaram no tribunal e escreveram na sua opinião que como uma nação nós simplesmente não tivemos experiências suficientes com o suicídio assistido — ou eutanásia — para saber se estamos preparados para isso.

Estes homens e mulheres não estavam falando em termos jurídicos; eles estavam usando a linguagem dos cientistas sociais. Esta decisão não se baseou na oposição orientada pelos princípios, mas no fato sociológico de que a América poderia não estar preparada para enfrentar o assunto. A sua única preocupação moral se reduziu a puro pragmatismo: vamos ver como as coisas acontecem. Vamos ver, realmente.

32 *Boerne versus Flores*, 521 US 507 (1997); *Employment Division versus Smith*, 494 US 872 (1990). Em discussão estava a expansão de uma paróquia católica em ampliação em Boerne, que é um subúrbio de San Antonio, no Texas. As autoridades municipais objetaram a ampliação, argumentando que a igreja era um monumento histórico e que o seu encanto singular era importante para uma área que estava sendo remodelada para o turismo. Assim, traçou-se uma linha na areia: a igreja era um museu para atrair turistas, ou um santuário para culto? A resposta que a Corte forneceu é que o turismo era mais importante.

33 Embora a maioria dos americanos desconheça o fato, o poder da revisão judicial não consta de nenhum lugar da Constituição. A Corte supôs este poder em um caso de 1803, mas somente para circunstâncias limitadas (*Marbury versus Madison*). Somente com o caso *Boerne versus Flores* de 1997 a Corte afirmou ter uma autoridade imutável para interpretar a Constituição (embora alguma coisa próxima desta reivindicação tivesse sido afirmada no caso *Cooper versus Aaron*, de 1958).

Além disso, se a decisão em *Boerne* tivesse sido a lei corrente no século XIX, este país ainda teria escravidão, porque ela teria afirmado não somente que a escravidão é um direito constitucional, como afirmava a decisão de *Dred Scott*, mas também que o Congresso não tem poder para restringir a escravidão, nem mesmo nos territórios federais. (Na verdade, Lincoln recusou-se a reconhecer a decisão de *Dred Scott* como uma lei obrigatória nos ramos executivo e legislativo do governo federal).

[34] Antonin Scalia, "Of Democracy, Morality and the Majority", *Origins* 26, n° 6 (27 de junho de 1996). Em um discurso não publicado na Gregorian Pontifical University, em Roma, em 1996, Scalia disse que embora acreditasse na lei natural, esta não tem lugar na tomada de decisões judiciais. Falando sobre a Constituição, ele disse que os juízes estão compelidos pelo significado literal das palavras do texto; eles não deveriam levar em consideração a verdade moral para fazer valer as garantias constitucionais. Assim, se o "povo quiser o aborto", concluiu Scalia, "o Estado deve permitir o aborto em uma democracia".

– Se substituirmos *aborto* por *escravidão* ou *incesto* ou *anti-semitismo* na afirmação de Scalia, a conclusão seria diferente? Logicamente, não. Pois segundo a opinião de Scalia, a maioria sempre governa "e a minoria perde, exceto até o ponto em que a maioria... tenha concordado com os direitos da minoria". (Scalia deixou claro no seu discurso que, na sua opinião, a maioria democrática deveria, para o bem da justiça, decretar proteções legais contra o aborto, mas isto não alivia o seu positivismo judicial).

[35] No caso *Casey*, na verdade a Corte se referiu à Constituição como um acordo. Veja Russell Hittinger, "A Crisis of Legitimacy", *Loyola Law Review* 44 (1998):83.

[36] Bradley, "The New Constitutional Covenant", 374.

[37] Russell Kirk, "The 'Original Intent' Controversy", *The Heritage Foundation Report*, n° 138 (15 de outubro de 1987).

[38] Veja C. S. Lewis, *The Abolition of Man* (Nova Iorque: Touchstone, 1975), e *Mere Christianity* (Nova Iorque: Touchstone, 1996).

[39] Arthur Leff, "Unspeakable Ethics, Unnatural Law", *Duke Law Journal* (discurso proferido na Duke University Law School em 2 de abril de 1979): 1229.

[40] Bradley, "The New Constitutional Covenant", 359.

[41] Michael Sandel, *Democracy's Discontent: America in Search of a Public Philosophy* (Boston: Harvard University Press, 1996).

[42] De acordo com uma pesquisa do Instituto Gallup de 1996 sobre a cultura política americana, 32% dos americanos têm "uma boa dose de confiança" no governo federal em geral, mas somente 13% na presidên-

cia e apenas 5% no Congresso (os números comparativos em 1966 eram 41% para o presidente e 42% para o Congresso). Oitenta por cento acreditam que "o nosso país é governado por uma rede fechada de interesses especiais, cargos públicos e os meios de comunicação". Somente um em cada cinco americanos está satisfeito com a qualidade do debate político. Uma quarta parte de todos os americanos acredita que o governo da nação trabalha contra os interesses dos cidadãos; três quartos acreditam que o governo é conduzido por "alguns poucos, mas grandes interessados, que só se preocupam consigo mesmos"; e um em cada cinco americanos pensa que as pessoas que governam as instituições de nossa nação estão "envolvidas em uma conspiração!" Estes números se baseiam em um estudo realizado por James Davison Hunter. Veja Hunter, *The State of Disunion: 1996 Survey of American Political Culture*, vol. 2 (Ivy, Virgínia: In Medias Res Educational Foundation, 1996).

43 É por isso que o papa João Paulo II disse: "O relativismo moral é incompatível com a democracia", pois os direitos não podem existir separados de uma lei moral (palavras proferidas aos bispos dos Estados Unidos no Vaticano, em outubro de 1998).

44 Clarence Page, "On Today's Campus: Consent for a Kiss Is Romance 101", *Orlando Sentinel*, 16 de setembro de 1993. Veja também Martin Gross, *The End of Sanity: Social and Cultural Madness in America* (Nova Iorque: Avon Books, 1998); e James Hannah, "Applications Up after College enacts Sex Rules for 'Every Step of the Way'", *Rocky Mountain News*, 15 de janeiro de 1995.

45 Meg Greenfield, "Sexual Harasser?", *Washington Post*, 30 de setembro de 1996.

46 George F. Will, "The Popcorn Board Lives!" *Newsweek* (13 de outubro de 1997): 88.

47 Eu escrevi extensivamente sobre isto em outros foros. Veja *Kingdoms in Conflict* (Nova Iorque: William Morrow; Grand Rapids: Zondervan, 1987); *Against the Night* (Ann Arbor, Michigan: Servant, 1991); *End of Democracy* (Dallas: Spence, 1997); e *We Hold These Truths* (um panfleto de "A Statement of Christian Conscience and Citizenship", redigido por 44 pessoas no dia 4 de julho de 1997; distribuído pela Prison Fellowship).

48 Daniel Ritchie, ed., *Edmund Burke: Appraisals and Applications* (News Brunswick, New Jersey: Transaction Publishers, 1900), 222.

49 No final de 1997, o presidente chinês Jiang Zemin defendeu a perseguição aos cristãos feita pelo seu governo, justificando que ele não poderia permitir que eles incitassem movimentos pela liberdade na China, como

tinham feito na Europa do Leste. Veja Diane Knippers, "How to Pressure China", *Christianity Today*, (14 de julho de 1997): 52.

50 Veja, por exemplo, Robert P. George, "God's Reasons" (discurso proferido na American Political Science Association Convention de 1998; publicado por Prison Fellowship, Reston, Virginia). Por exemplo, cinco colegas e eu, todos críticos do alcance excessivo, escrevemos sobre a crise da lei em um simpósio que provou ser enormemente controverso. Veja "The End of Democracy?", *First Things* (novembro de 1996): 18-42. Foi dito que este material foi lido pelos juízes da Suprema Corte quando eles debatiam os recentes casos de suicídio assistido.

51 Beckett Fund for Religious Liberty, 2000 Pennsylvania Ave. NW Suite 3580, Washington, D.C. 20006, telefone (202) 955-0094; American Center for Law and Justice, P.O.Box 64429, Virginia Beach, VA 23467, telefone (757) 226-2489; Center for Law and Religious Freedom (fundado pela Christian Legal Society); 4208 Evergreen Lane, Suite 222, Annandela, VZ 22003, telefone (703) 642-1070, clrf@clsnet.org; Rutherford Institute, P.O. Box 7482, Charlottesville, VA 22906, telefone (804) 978-3888; Alliance Defense Fund, 7819 East Greenway Rd., Suite 8, Scottsdale, AZ 85260, telefone (602) 953-1200.

52 Alexis de Tocqueville, *Democracy in America* (New Rochelle, N.Y.: Arlington House, 1966), 114. Para material adicional sobre os extensivos ministérios sociais conduzidos pelos cristãos no século XIX, veja Gertrude Himmelfarb, *Victorian Minds* (Chicago: I. R. Dee, 1995); e Marvin N. Olasky, *The Tragedy of American Compassion* (Washington, D.C.: Regnery Gateway, 1992).

53 Barbara Vogel, em uma entrevista com Anne Morse, editora-chefe de *BreakPoint Radio* (janeiro de 1999).

54 Entretanto, a separação institucional não quer dizer que a verdade religiosa não deva, nunca, influenciar a política pública, que é onde a concepção cristã da separação entre a igreja e o Estado difere da concepção liberal.

55 Um dos muitos exemplos foi Andrew Marshall, "Christians Out to Reclaim GOP Agenda", *Arizona Republic*, 5 de julho de 1998.

56 Sir Thomas More, conforme citado por Peter Ackroyd na obra *The Life of Sir Thomas More* (Nova Iorque: Doubleday, 1998), 405.

CAPÍTULO 11

A BASE DA VERDADEIRA CIÊNCIA

1 Daniel Dennett, *Darwin's Dangerous Idea: Evolution and the Meanings of Life* (Nova Iorque: Simon & Schuster, 1995), 520.

2 David Hume, conforme citado por John Herman Randall Jr., *The Making of the Modern Mind* (Nova Iorque: Columbia University Press, 1940), 273.

3 G. K. Chesterton, *Eugenics and Other Evils* (Nova Iorque: Dodd, mead, 1927), 98.

4 Philip H. Phenix, conforme citado por Michael D. Aeschliman em *The Restitution of Man: C. S. Lewis and the Case against Scientism* (Grand Rapids: Eerdmans, 1983), 50.

5 Arthur Koestler, conforme citado em Aeschliman, *The Restitution of Man*, 55.

6 C. S. Lewis, *The Abolition of Man* (Nova Iorque: Touchstone, 1975), 83.

7 O sociólogo cristão Jacques Ellul advertiu que o estado de espírito contemporâneo está tão completamente dominado por valores técnicos que estamos nos tornando desfamiliarizados com quaisquer outros valores. Veja Jacques Ellul, *The Technological Society* (Nova Iorque: Alfred A. Knopt, 1976).

8 C. S. Lewis, *God in the Dock: Essays on Theology and Ethics* (Grand Rapids: Eerdmans, 1970), 136.

9 A discussão a seguir está fortemente baseada na obra de Nancy R. Pearcey e Charles B. Thaxton, *The Soul of Science: Christian Faith and Natural Philosophy* (Wheaton, Illinois: Crossway, 1994).

10 *Pocahontas*, Walt Disney Productions (1995).

11 Carl Becker, *The Heavenly City of the Eighteenth-Century Philosophers* (New Haven: Yale University Press, 1932), 55.

12 Roger Cotes, prefácio à segunda edição da obra de Newton, *Principia*, em *Newton's Philosophy of Nature: Selections from His Writings*, ed. H. S. Thayer (Nova Iorque: Hafner, 1953).

13 Veja Pearcey e Thaxton, *The Soul of Science*.

14 R. G. Collingwood, *An Essay on Metaphysics* (Chicago: Henry Regnery, 1972), 253-57.

15 A teologia de Newton não era completamente a da Trindade, mas nenhum historiador questiona o fato de que ele era fervoroso e sincero na sua fé, ou que na maioria dos assuntos a sua fé era completamente cristã.

16 Isaac Newton, conforme citado em Pearcey e Thaxton, *The Soul of Science*, 72.

17 Ibid., 91.

18 Cotes, prefácio à obra de Newton, *Principia*, 134.

19 Becker, *the Heavenly City*, 55.

20 Os livros de Johnson incluem *Darwin on Trial*, *Reason in the Balance*, e *Objections Sustained.* Michael J. Behe (*Darwin's Black Box*) e William A. Dembski (*The Design Inference*) demonstram que a Criação é um conceito rigorosamente científico. A publicação profissional *Origins and Design*, editada por Paul Nelson, coleta evidências de uma extensão de campos científicos mostrando que a Criação é detectável empiricamente.

21 Na época em que este livro está sendo escrito, o vídeo *NOVA* ainda é usado pela Wheat Ridge High school (Jefferson County), na área de Denver, no Colorado. A única diferença de política do bairro é, como diz uma repórter, "assegurar que nenhum material seja previamente removido sem a revisão do conselho". Veja Cate Terwilliger, "Words of Controversy: Changes in Biology Teacher's Platform Rekindles Evolution vs. Creationism Fire", *Denver Post*, 29 de janeiro de 1998.

22 William B. Provine e Phillip E. Johnson, *Darwinism: Science of Naturalistic Philosophy?* (fita de vídeo de debate ocorrido na Universidade de Stanford em 30 de abril de 1994). Para encomendar uma fita, contate Access Research Network, P.O.Box 38069, Colorado Springs, CO 80937, telefone (888) 259-7102.

23 Jessica Mathew, "Creationism makes a Comeback", *Washington Post*, 8 de abril de 1996.

24 Karen Schmidt, "Creationists Evolve New Strategy", *Science* 273, n° 5274 (26 de julho de 1996): 420. Para um bom debate sobre o movimento de projeto moderno, veja Nancy R. Pearcey, "The Evolution Backlash: Debunking Darwin", *World* 11, n° 38 (1º de março de 1997): 12-15.

25 Johnson, *Biology* (Nova Iorque: Holt, Rinehart and Winston, 1994), conforme citado na obra de Norris Anderson, *Education or Indoctrination?: Analysis of Textbooks in Alabama* (Colorado Springs, Colorado: access Research Network, 1995), 6.

26 Miller e Levine, *Biology* (Nova Iorque: Prentice Hall, 1995) conforme citado na obra de Anderson, *Education or Indoctrination?* 7.

27 Campbell, *Biology*, (Reading, Massachussets: Addison-Wesley, 1993), conforme citado na obra de Anderson, *Education or Indoctrination?* 12.

28 Arms e Camp, *biology*, 4ª edição (Nova Iorque: Holt, Rinehart and Winston, 1995), conforme citado por Anderson, *Education or Indoctrination?* 22.

29 Norris Anderson, conforme citado por Nancy R. Pearcey, "The Evolution Backlash: Debunking Darwin", *World* 11, n° 38 (1º de março de 1997): 12.

30 Citado no programa e nos resumos da reunião nacional anual da American Association for the Advancement of Science, ocorrida em Boston em fevereiro de 1993.

CAPÍTULO 12

SOLI DEO GLORIA

1 Norman Lebrecht, "The Arts", *Daily Telegraph*, 10 de abril de 1996.

2 Veja Martha Bayles, *Hole in Our Soul: The Loss of Beauty and Meaning in American Popular Music* (Nova Iorque: Free Press, 1994), 39.

3 Morley Safer, "Yes... But Is It Art?", *60 Minutes* (setembro de 1993).

4 Calvin Seerveld, entrevista com Nancy R. Pearcey, "Christianity and the Arts", *Perspective* 18, n° 13 (junho de 1984). Veja também Calvin Seerveld, *A Christian Critique of Art and Literature* (Toronto: Tuppence Press, 1995).

5 Abbot Suger, *The Book of Suger, Abbot of St. Denis*, conforme citado em Elizabeth Gilmore Holt, ed. *A Documentary History of Art*, vol. 1 (Princeton, New Jersey: Princeton University Press, 1981), 30.

6 Christ Pasles, "Music/Dance: Hallelujah Appeal of 'Messiah' Is Enduring", *Los Angeles Times*, 26 de dezembro de 1991; Nan Robertson, "A 'Messiah' Cast of Thousands", *San Diego Union-Tribune*, 14 de dezembro de 1987; e J. Lee Anderson, "'Messiah' a Religious Experience", 5 de dezembro de 1985. Nas palavras de John Hale, diretor de educação da Louisville Bach Society, Handel "contou às pessoas, depois que compôs o 'Messias', que ele tinha tido uma visão enquanto escrevia o coro de Aleluia... ele pensou ter visto o céu aberto e o próprio Deus sentado no meio, com todos os seus anjos ao seu redor" ("All Church Music, All the Time?" *Courier-Journal* [Louisville, Kentucky], 24 de dezembro de 1995).

7 Franz Joseph Haydn, conforme citado na obra de Patrick Kavanaugh, *Spiritual Lives of the Great Composers* (Grand Rapids: Zondervan, 1996), 39.

8 Derrick Henry, "Arts and Entertainment", *Atlanta Journal and Constitution*, 27 de julho de 1995; e "Columbia Orchestra Takes Up Mozart, Mixes in Mendelssohn", *Baltimore Sun*, 28 de janeiro de 1999.

9 Antonín Dvorák, conforme citado em Kavanaugh, *Spiritual Lives of the Great Composers*, 153.

10 Coleridge tornou-se cristão enquanto lutava com o seu vício. Embora não se saiba se ele havia realmente se libertado do vício, quando se converteu

decerto estava espiritualmente liberto. Então ele passou por anos de tratamento médico (correspondência pessoal de Gene Edward Veith, autor de *State of the Arts: From Bezalel to Mapplethorpe* [Wheaton, Illinois: Crossway, 1991]).

[11] Vigen Guroian, *Tending the Heart of Virtue: How Classic Stories Awaken a Child's Moral Imagination* (Nova Iorque: Oxford University Press, 1998).

[12] Tomás de Aquino, conforme citado em Jade A. Hobbs e Robert L. Duncan, *Arts, Ideas and Civilization* (Englewood Cliffs, New Jersey: Prentice Hall, 1989), 274. Veja também Francis A. Schaeffer, *Escape from Reason* (Downers Grove, Illinois: InterVarsity Press, 1968), 9-13.

[13] Kenneth Clark, *Civilisation: A Personal View*, 13 fitas de vídeo (Nova Iorque: Ambrose Video Publishing, 1969).

[14] Gene Edward Veith, *State of the Arts: From Bezalel to Mapplethorpe* (Wheaton, Illinois: Crossway, 1991), 58-63.

[15] Martinho Lutero, conforme citado por Donald J. Drew (em uma palestra dada na L'Abri Conference em Rochester, Minnesota, em agosto de 1996), 21. Lutero também tinha a literatura em alta estima. Deveria haver "tantos poetas e retóricos quantos fosse possível", escreveu, pois através do estudo da literatura "as pessoas se capacitam para a compreensão da verdade sagrada, e para manuseá-la com talento e alegria" (conforme citado na obra de Veith, *State of the Arts*, 62).

[16] João Calvino, conforme citado na obra de Veith, *State of the Arts*, 59.

[17] Jacques Barzun, *The Use and Abuse of Art* (Princeton, New Jersey: Princeton University Press, 1975), 53.

[18] Bayles (citando o fundador do Stijl), *Hole in Our Soul*, 39.

[19] M. H. Abrams, *The Mirror and the Lamp: Romantic theory and Critical Tradition* (Nova Iorque: Oxford University Press, 1953), 285. De maneira similar, o crítico de arte Clement Greenberg escreve: "O poeta ou artista de vanguarda tenta, na verdade, imitar a Deus criando alguma coisa válida exclusivamente nos seus próprios termos" (Greenberg, *Art and Culture: Critical Essays* [Boston: Beacon Press, 1961], 6).

[20] George Bernard Shaw, conforme citado em Barzun, *The Use and Abuse of Art*, 46.

[21] Abrams, *The Mirror and the Lamp*, 275.

[22] Barzun, *The Use and Abuse of Art*, 39.

[23] Ibid., 38.

24 Ibid., 51.

25 Luigi Russolo, conforme citado na obra de Bayles, *Hole in Our Soul*, 43.

26 Robert Hughes, conforme citado na obra de Thomas Ewens, "Rethinking the Question of Quality in Art", *Arts Education Policy Review* (novembro de 1994): 2.

27 Joyce Price, "Art Turns Heads, Stomachs", *Washington Times*, 6 de julho de 1993.

28 John Simon, "Art or Child's Play? A Four-Year-Old Could Do It", *Sunday Telegraph*, 14 de fevereiro de 1993.

39 Os Guinness, "The Purpose of Invitation to the Classics", em *Invitation to the Classics: A Guide to Books You've Always Wanted to Read*, eds. Louise Cowan e Os Guinness (Grand Rapids: Baker, 1998), 14.

30 C. S. Lewis, conforme citado em Guinness, *Invitation to the Classics*, 15.

31 Veith, *State of the Arts*, 106-13.

32 "Fala-se mais sobre a eliminação dos fundos da National Endowment for the Arts do que sobre o financiamento de trabalhos criativos que poderiam ser uma força cultural saudável", afirma Ken Myers (em conversa pessoal com Kim Robbins [maio de 1999]). Myers é o apresentador de *Mars Hill*, uma revista de áudio bimestral sobre cultura contemporânea e convicções cristãs. Mars Hill, P.O.Box 7826, Charlottesville, VA 22906, telefone: (800) 331-6407.

33 C. S. Lewis, "Learning in War Time", *The Weight of Glory and Other Addresses* (Nova Iorque: Macmillan, 1980), 23.

34 Louise Cowan, "The Importance of Classics", na obra *Invitation to the Classics*, eds. Cowan e Guinness, 19-20.

35 Um relato da conversão de Irina Ratushinskaya em um campo de prisioneiros russo é narrado por Charles Colson e Ellen Santilli Vaughn, *The Body: Being Light in Darkness* (Dallas: Word, 1992), capítulo 6.

36 Bruno Bettelheim, *The Use of Enchantment: The Meaning and Importance of Fairy Tales* (Nova Iorque: Alfred A. Knopf, 1976), 10.

CAPÍTULO 13

O TOQUE DE UM MILAGRE

1 Os autores são gratos a Martha Williamson por uma entrevista pessoal em janeiro de 1998. Detalhes adicionais desta história foram tomados da obra

de Martha Williamson e Robin Sheets, *Touched by an Angel: Stories from the Hit Television Series* (Grand Rapids: Zondervan, 1997).

CAPÍTULO 14

O DIABO TEM TODA A BOA MÚSICA?

1 Marshall McLuhan, *The Medium is the Message* (Nova Iorque: Simon & Schuster, 1967).

2 Neil Postman, *Amusing Ourselves to Death* (Nova Iorque: Penguin, 1985), 10, 62, 86.

3 Ibid., 9 (ênfase no original).

4 Ibid., 9.

5 Ibid., veja também o capítulo 11.

6 Aldous Huxley, *Brave New World Revisited* (Nova Iorque: Harper & Brothers, 1958), 44.

7 Kenneth A. Myers, *All God's Children and Blue Suede Shoes: Christians and Popular Culture* (Westchester, Illinois: Crossway, 1989), 89.

8 Ibid., 134-35.

9 "Short Takes", *Time* (7 de dezembro de 1992): 83.

10 Ken Myers descreve uma tentativa feita por uma emissora de televisão cristã de produzir uma telenovela cristã. O programa era marcado pela mesma música melodramática, pelos personagens normais e pelo roteiro de provocar lágrimas, como as telenovelas seculares. A única coisa que o diferenciava dos seus parentes seculares era que "alguns dos personagens eram cristãos, que ocasionalmente falavam do papel que a sua fé tinha na solução das crises da telenovela". A mensagem cristã era um verniz fino, ao passo que o verdadeiro tom era dado pelo formato da telenovela — "você irá adorar a vilã da sua novela cristã... porque ela sempre se salva em algum momento da próxima temporada. Mas por enquanto ela é tão malvada como a sua correspondente 'secular'". O formato da telenovela é inerentemente contrário aos valores cristãos, conclui Myers, porque ele depende do "equivalente dramático da fofoca" (Myers, *All God's Children and Blue Suede Shoes*, 21).

11 Você pode ler mais sobre a dramática história de Ben Carson na sua autobiografia, *Gifted Hands* (Grand Rapids: Zondervan, 1996).

12 *Saving Private Ryan*, Paramount Pictures (1998); *Schindler's List*, Universal Pictures (1993); John Meroney, "'Live' with TAE, Randall Wallace", *American Enterprise* (maio / junho de 1998): 21.

13 Inter-Mission, First Presbyterian Chruch of Hollywood, 1760 North Gower Street, Hollywood, CA 90028, telefone: (323) 462-8460.

14 Los Angeles Film Studies Center, 3800 Barham Blvd., Suite 202, Los Angeles, CA 90068, telefone (323) 882-6224.

15 David Shiflett, "God, What a Hit", *Wall Street Journal*, 21 de agosto de 1998.

16 C. S. Lewis, *God in the Dock: Essays on Theology and Ethics* (Grand Rapids: Eerdmans, 1970). 93.

CAPÍTULO 15

E AGORA, COMO VIVEREMOS?

1 A conferência, realizada em junho de 1996, foi intitulada "Missed Opportunities?: Former U.S. and Vietnamese Leaders and Scholars Reexamine the Vietnam War, 1961-1968".

2 Robert S. McNamara e Brian VanDeMark, *In Retrospect: The Tragedy and Lessons of Vietnam* (Nova Iorque: Vintage Books, 1996).

3 Norman Boucher, "Thinking Like the Enemy", *Brown Alumni Monthly* (novembro / dezembro de 1997): 36-45.

4 As fontes da história de Kim Phuc incluem David Usborne, "Veterans of Vietnam Weep as the Girl Who Became a Symbol of Suffering Comes to Forgive 22 Years Later", *Independent*, 14 de novembro de 1996; "Portrait of Forgiveness", *Sarasota Herald-Tribune*, 14 de novembro de 1996; Elaine Sciolino, "A Painful Road from Vietnam to Forgiveness", *New York Times*, 12 de novembro de 1996; Elaine S. Povich, "A Prayer for Peace", *Newsday*, 12 de novembro de 1996. Mais informações foram fornecidas por Linh D. Vo e pelo prefeito Ronald N. Timberlake em conversas telefônicas privadas e por correspondência. Estes dois homens foram particularmente úteis na correção de impressões equivocadas criadas pela história inicial.

5 Entrevista conduzida por EO Television (Holanda), em 6 de dezembro de 1998.

6 Ibid.

7 *Kim's Story*, um documentário produzido por Bishari Films Inc. (1997).

8 O homem que se aproximou de Kim Phuc era John Plummer. Investigações posteriores determinaram que, na verdade, ele não era nem o piloto

que jogou a bomba nem o comandante que ordenou o ataque aéreo, como ele afirmava. O ataque à vila de Kim foi uma operação sul vietnamita sem envolvimento norte-americano. Apesar disso, ele representa simbolicamente a todos nós, que nos sentimos direta ou indiretamente responsáveis, e o seu encontro com Kim Phuc naquele dia fala, de forma penetrante, a respeito da verdadeira solução para a guerra e para os conflitos entre as nações.